広島市立大学国際学部叢書 4

日中韓の伝統的価値観の位相
―「孝」とその周辺

欒 竹民・飯島典子・吉 沅洪 編

Traditional Values in Japan, China, and Korea
KOU (piety) and their backgrounds

溪水社

公立大学法人・広島市立大学国際学部叢書について

　広島市立大学は「科学と芸術を軸に世界平和と地域に貢献する国際的な大学」を建学の基本理念に、「国際」「情報科学」「芸術」3学部から構成される大学として、1994（平成6）年に開学しました。その後、2010（平成22）年に公立大学法人として再出発し、現在に至っています。

　大学の究極的な使命は教育と研究にあります。それらを通じて得られた成果を限られた学問領域や学内に留めることなく、積極的に社会に公開し還元することは大学の責務でもあります。その一環として国際学部が2008（平成20）年から刊行を開始したのが、本叢書シリーズです。国際学部は学部教育と併せ、大学院国際学研究科博士前期課程（1998（平成10）年設置）と同博士後期課程（2000（平成12）年設置）を通じて高度な専門教育や研究を行っています。学部専門教育は「国際政治・平和」、「公共政策・NPO」、「多文化共生」、「言語・コミュニケーション」、「国際ビジネス」の5つのプログラムからなり、学際性を重視した教育カリキュラムを提供しています。これらの多様な研究領域をカバーすべく、学部教員は総勢約50名で構成され、各々が日々研鑽を積んでいます。学部では、個人による研究と併せ、学内外の教員とともに共同研究や共同プロジェクトに取り組むことを奨励しており、本叢書でもそうした研究によって得られた成果の公表に努めてきました。

　今回の第4巻は東アジアの精神文化を扱っております。近隣諸地域であるが故に相互の文化的な相違や国家間の緊張がマスコミ等で大々的に取り上げられがちですが、本書は敢えてその共通の精神文化である「孝」を中心とした伝統的価値観をテーマとしています。本書を通して東アジアの諸地域で精神文化が実生活に現れる表現の差違は認めつつも、その根底にある美徳の本質は変わらないことを読者諸氏が知り、更に一層東アジアに対する親近感を育んでほしいとの願いを込めました。

　研究者として自分たちの研究成果が多くの読者にご高覧いただける喜び

に勝るものはありません。学術研究の進歩・発展には、こうした発表の機会を通じて読者の皆様から建設的なフィードバックをいただくことが不可欠です。多くの皆様から本叢書に対する忌憚のないご意見やご批判をいただけることを本書の執筆者一同、心から願っております。

 2012年3月吉日

       広島市立大学国際学部　学部長　岩井　千秋

はじめに

　昨今の日・中・韓の三地域には、従来の歴史認識や賠償・補償など懸案事項に出口が見出せないところへ、更に領土問題をはじめ石油や漁業権など資源をめぐる対立が加熱している。経済的な相互依存は否応無しに強まる一方で、政治的には亀裂が深まるばかりである。いわゆる東アジア共同体構想は、時に外交上のアドバルーンとして揚げられてきたが、共同体の実現などは、夢のまた夢というしかないのが現状であろう。
　我々の共同研究は、せめて夢だけでも三地域で共有したいという願いから出発した一つの細やかな試みである。地域統合の指標を文化に絞ったのは、一つに、東アジアの文化が、歴史的にひとつながりの種々の文化層から成立していること、二つには、文化のあり方は政治経済と異なり、近代国民国家の枠を取り払った視点が可能なことからである。
　ひと昔前は、東アジアの文化を「漢字文化圏」「儒教文化圏」として、ひとくくりにその卓越性を強調し、各国の経済成長の原資とする見方があった。しかし、経済成長がそれなりに実現されつつある今、我々は逆に漢字文化や儒教文化をグローバル化のなかで検証し、その同時代的な多様化こそを強調すべきであろう。
　このような視野のもとに、本書は三分野にわたる日中韓の研究者が、儒教的な伝統的価値観、殊にその核心たる存在としての「孝」観念を中心に、その位相の探求や異同の解明を企図したものである。言語、文化分野は、「孝」についてその生成、継承及び変容、更に若い世代の様々なコミュニケーション活動を対象とし、心理学分野は「孝」と現代の若者にみる家族関係のあり方を対象とし研究を進めた。
　なお、戦前、日本が台湾・朝鮮半島・旧満州などに侵略し植民地経営する際、「孝道」や「忠孝」が共通の道徳亀鑑として宣揚された過去が存在する。「孝」の本家とも言える中国においても特に近代以降、「孝」については毀誉褒貶があり、嘗てのような賛否一辺倒が消え、若者にとっては寧

ろ時代遅れのような存在となりがちである。我々が日本から東アジア地域統合の文化指標について、「孝」の伝統的価値観を云々するときには、嘗ての大東亜共栄圏的な「孝」との決別し、時代にそぐわない封建的な「孝」との峻別を図らなければならない。本研究の目的はより具体的にいえば、伝統的観念の「孝」はもちろんのこと、「孝」の現代的多様化と日・中・韓三地域の差異の解明に重点を置こうとするものである。

本共同研究は平成20（2008）年度に、広島市立大学の特定研究として採択されて以来、3年間にわたり、言語学分野では「孝」の今昔を巡って、文献及び意識調査、分析を進め日・中・韓三言語における性向語彙（対人評価語彙）について大学生と社会人を対象にアンケート調査を通じて、三者の異同を探った。また、中国社会の激変を如実に投影する新語の中から、「孝行」に関する新語を新聞、雑誌などで調査し、データ収集、解析を行い、さらに日中両言語におけるあいさつ言語行動に現れる伝統的な価値観についてアンケート調査を行い、資料分析に努めた。心理学分野では、中国の北京・重慶・蘇州で、韓国のソウルで、日本の広島・名古屋・静岡・東京で、それぞれ質問紙法および描画法を用いて調査を行った結果日本人大学生約500名、中国人大学生約300名、韓国人大学生約200名、合計約1000名のデータを回収できた。民俗学分野では陝西省黄陵県の黄帝陵および同省宝鶏市の炎帝陵などを訪れてフィールド調査をし、また韓国の民族始祖である檀君について現地調査や資料収集を行ってきた。その研究の一環として2009年度に共同研究者全員によるシンポジウムを広島市立大学において開催出来、2011年3月にシンポジウムの発表を基に加筆した研究報告書が刊行された。

本書は主として上記した特定研究の報告書を基に修正加筆したものであるが、その内容を一層充実させるべく新鋭の力作を新たに加えたものである。

本書の第Ⅰ部では、言語・文化に立脚して伝統的価値観、特に「孝」を巡って以下の如き論述が展開されている。

第1章「中国の「孝」の位相―日本現代社会における「孝」との比較を

試みて―」においては「孝」という思想、観念についてその生成過程、背景及び要因、多様化の位相、変遷のあり方等に焦点を当てて考察した上で、日中両国の現代社会における「孝」の実態について探究、比較することによって両国の共通点と相違点をも探ってみた。

「孝」は儒教思想の核心概念として形成、重要視される。中国人の道徳観、人生観乃至世界観の形成に多大なる影響を与え続けている。今なお「孝」の履行や推進を保つため法律や家訓等公私ともの保障は不可欠な役割を果たしている。更に仏教側は独善的出家という教えを放棄して儒教の「孝」を積極的に取り入れ、偽経まで創作した。それによって「孝」は生活思想として一層社会全般に亘って受容、信奉されるようになった。一方、「孝」は偽経と共に日本に伝来し、日本人の道徳思想、宗教信仰の構成に大いに寄与している。

第2章は常志斌の「中国語の新語における性向語彙に見られる「孝」の位相について―日本語の新語を兼ねて―」という題である。初めて新語及びその中にある対人評価用の性向語彙を取り上げて実証的に現代社会における「孝」の実態に肉迫しようとした。中国現代社会の急激な高齢化や少子化及び人口移動の激化は家族、親子関係の過疎化、家庭の機能低下を招いた。それに伴い「孝」の実態にも瞥てない変化が生じ、また従来の道徳倫理と違った新しい「孝」の価値意識が生まれ、それを表す新語も続々と登場した。1980年以降の30年間に誕生した中国語の新語の中には「孝」に関する性向語彙が少なからず存在している。日本語でも同じことが言えよう。「孝」に関する新語の性向語彙は、中国社会における伝統的な「重老（親などの年輩者を重んじる）」から「重幼（子供を重んじる）」に変わり「孝」の変容及びその規範としての役割の縮小、衰弱を見せている。中国における一人っ子政策の実施と家族構成の変化は「孝」理念及びそれについての評価意識の転換をもたらした要因であると同時に「孝」に関する新性向語彙の産出をも促したのである。

第3章では施暉の「言語行動における伝統的価値観についての中日対照研究―「あいさつ」及び「敬老行為」を中心に―」を題として、アンケー

ト調査を中心に中日両言語における言語行動の対照研究を通じて両国の「敬老」「孝悌」などの伝統的価値観の様相や差異について解明に努めた。中日両国における「孝敬」「孝悌」は、従来の封建社会と異なり、形も内実も変えながら現代社会に根付いており、人々の生活及び言語行動に影響を与え続けていることが明らかになった。特に中国ではそれを国民全般にわたる徳目として唱導、推賞されるため、両国の大学生に温度差が見られ中国人の「孝敬」「孝悌」道徳意識は日本より高いものと推察されている。しかしながら、核家族化や少子化の進行に伴って、両国の若者においていずれもその「孝敬」「孝悌」という伝統的な価値意識が次第に希薄となっていることも否めない。

第4章は、李成浩の「「孝」に関する日中韓の比較―性向語彙を通して―」において日本・中国・韓国三言語における性向語彙を初めて取り上げてその調査、統計を通じて、「孝」という意味項目を中心にその語彙量、意味構造及び造語法を分析し、日常生活の場面において対人評価を行う場合、それぞれの国では「親孝行」についてどのように捉え、如何に評価しているかの実態を解明しようとした。その上で、三言語の比較を通じて三カ国の現代社会における伝統的な価値観である「孝」の位置付け、役割、異同にも迫っている。

第5章は秀茹の「外来語から見る日中両国の外来文化の受容意識の相違について」である。日中両言語における外来語について量的な比較及び両国の外来語の受容意識の異同を巡って考察を試みたが、日本語の外来語は社会の変動、経済の発展、外来文化の接触等によって変わることなく増加の一途を辿って日本人の言語生活を支える不可欠な存在となっており、その使用量も中国語のそれを遥かに上回っている。対して中国語の外来語はその語彙量が日本語の五分の一に止まり、両者の差は際立っている。日中両国語における外来語の量的な大差は言語内の要因もあれば、両国の外来文化などに対する受容意識の違いに因るところも多かったと指摘されている。

第6章は飯島典子の「台湾客家の「美徳」とその視覚化」という題であ

る。儒教文化の薫陶を受ける漢民族は、勤勉で且つ質素倹約を美徳として綿綿と唱導、教化し続けている。本論文では漢民族の一支である台湾の客家女性に焦点を当ててその伝統的美徳の伝承について考察を加えた。

90年代以降、台湾社会の中でその存在感を増した客家は経済発展の陰で失われつつある質素倹約の美徳を見直すアイコンとしても注目されている。行政院客家委員会（2001年4月設立）は客家女性美徳の「視覚化」に着手し、レトロな花柄布や台湾客家の居住区で自生する桐の花を自然保護と結びつけるなど客家美徳の「視覚化」を推進している。

客家委員会が創ったキャラクター「細妹（セーモイ　客家語で若い女性の意味）」は古色蒼然たる地味な藍色の服を着ているが、中国・台湾ともに客家女性のキャラクターは必ず農作業服姿で描かれその勤勉性を示唆することが暗黙の了解になっていて女性の質素勤勉さが美徳であるとのメッセージを発信し続けている。

第Ⅱ部は心理学の観点から変貌する東アジアの価値観を中心に下記のような論考がなさされている。

第7章で金愛慶「韓国と日本の若者における価値観の比較」においては、韓国283名、日本341名の合計623名の大学生を対象に、国民意識、価値志向性、家族機能の三つの側面から日韓の若者の価値観を比較検討し考察がなされている。その結果、日韓の若者の以下のような相対的特徴が浮き彫りになった。日本の若者は、①自分が日本人であることや自分が生まれ育った生活場である自国に対してより強い愛着を抱いている。②自然や宇宙の偉大さや森羅万象の美しさへの感受性とその表現欲求などの審美的価値志向性がより強い。韓国の若者は、①自民族・自文化の優越性や国旗・国歌といった象徴的対象への愛着を根底とし国家主義的な国民意識をより強く抱いている。②効率的・計画的に行動し、物事の論理性・合理性を追求しており、他者より優位な立場を志向する一方で他者援助による自己充足感、他者との情緒的結びつきへの欲求、目標達成のための協調性への志向性がより強い。③家族間の相互依存・扶助と情緒的結びつきをより

強く意識している。

　第8章で張平は「中日大学生の価値観、家族観、国民意識と鬱に関する比較研究」において中国人大学生271人、日本人大学生153人を対象に、グローバル化時代における中日両国大学生の価値観、家族観、国民意識及び心理の健康状態について比較調査を行った。中日共通して大学生の価値観、家族観、国民意識及び個人の心理健康状態（抑うつ）はおしなべて成長環境（家族、国家、社会発展状況）に深く影響されていることが明らかになった。また、中国大学生の抑うつ指数は日本大学生より明らかに高いことが分かった。この結果は中国社会が今転換期にあるため各種の社会矛盾と問題が比較的に目立ち、近年来の世界経済の不振と大学卒業生の激増による就職難と関連していると説かれている。

　第9章は徐明淑の「九分割統合絵画法のタイトルによる青年期在日韓国・朝鮮人の自己イメージの研究―韓国・日本の大学生との比較調査も含めて―」という題である。青年期「在日」若者のアイデンティティ形成において彼らがどのような自己イメージを持つかは重要であろう。「在日」若者は自己の存在をより普遍的な価値へ結びつけ日韓の「架け橋」的存在になりうるという結果を予備調査で得た。「架け橋」の役割を果たすためには日本文化はもちろんのこと朝鮮の伝統的な精神的文化、風土（ソンビ精神など）への理解が必要と思われるが、これらについては九分割統合絵画法を用いてより詳細に検討がなされている。

　第10章は吉沅洪の「動的家族画からみる日中韓大学生の家族関係」という題で日中韓の合計363名の大学生を対象に動的家族描画法を用いて三か国の大学生の家族関係について検討されており、以下の結果が得られた：①日中韓において、父親像＞母親像＞自分像の順に描かれており、しかも父親が最上部に位置づけられていることが明らかになり父親が一家の長であるという認識が再確認できた。②描かれた父親と母親はかなり近いが、自分自身の人物像は少し小さく描かれている。③日中韓において、父親と母親との距離＜自分と母親との距離＜自分と父親との距離ということが分かり、両親の距離が一番短いことが明らかになり親の団結力により家族が

はじめに

うまく機能していると言えよう。④父親像、母親像、自己像において、正面＞横顔＞背面の傾向が見られた。⑥韓国は日本と中国よりも全体の描画が豊かであることが分かり、このことは日中韓における感情表現の文化差異と大いに関係している。

本書の出版に当たって、三年間にわたり、学術交流協定校の国際関係学院、西南大学をはじめ他大学の研究機関との共同研究を特定研究として支えてくれた広島市立大学ならびにこの共同研究に参与して学術的な貢献を尽くしてくれた方々に、この場をお借りして心より感謝の意を表したい。また渓水社の木村社長にも大変お世話になり、謝辞を申し上げたい。

グローバル化の浸透によって所謂グローバル・スタンダードが否応なしに世界に広がっている。しかしながら、東アジアでは古来共有してきた伝統的価値観、規範意識は変容しながら現代社会、現代人の心に根付いて依然として人々の言動や日常生活の営みに影響を与え続けている。これはまぎれもなく東アジア「共同体」を構築するための不可欠で且つ強固な土台となり、東アジアの人々が共存、共栄の紐帯、基礎でもある。本書の出版が東アジアでの共通理解ひいては「共同体」の構築に少しでも資すればと切に願ってやまない。

2012年3月吉日

特定研究代表者　欒　竹民

日中韓の伝統的価値観の位相——「孝」とその周辺——

目　次

刊行辞……………………………広島市立大学国際学部長　岩井千秋… i
はじめに………………………………………………………… 樊　竹民… iii

第一部　グローバル化による言語・文化の変容

中国の「孝」の位相
　——日本現代社会における「孝」との比較を試みて——　… 樊　竹民… 5

中国語の新語における性向語彙に見られる「孝」の位相について
　——日本語の新語を兼ねて——……………………………… 常　志斌… 71

言語行動における伝統的価値観についての日中対照研究
　——「あいさつ」及び「敬老行為」を中心に——………… 施　　暉…109

「孝」に関する日中韓の比較
　——性向語彙を通して——…………………………………… 李　成浩…145

外来語から見る日中両国の外来文化の受容意識の相違について
　　　　　　　　　　　　　　………………………………… 秀　　茹…169

台湾客家の「美徳」とその視覚化 ……………………………飯島典子…187

第二部　変貌する価値観

韓国と日本の若者における価値観の比較 ……………… 金　愛慶…199

中日大学生の価値観、家族観、国民意識と鬱に関する比較研究
　　　　　　　　　　　　……………………… 張　　平…231

九分割統合絵画法のタイトルによる青年期在日韓国・朝鮮人の
自己イメージの研究
　――韓国・日本人の大学生との比較調査も含めて―― …… 徐　明淑…257

動的家族画からみる日中韓大学生の家族関係 …… 吉　沅洪…301

Traditional Values in Japan, China, and Korea —KOU (piety) and their backgrounds

Table of Contents

Address ....Iwai Chiaki（岩井千秋），
Dean of the Faculty of International Studies,
Hiroshima City University

Introduction .... Luan Zhumin（欒　竹民）

Part I Changes in Language and Culture due to Globalization

Phases of *KOU* in China —An attempted comparison with *KOU* as seen in modern Japanese society— .... Luan Zhumin（欒　竹民）

Phases of KOU as seen in gender-based vocabulary in modern Chinese terminology —Alongside Japanese neologism—
.... Chang Zhibin（常　志斌）

A Chinese-Japanese controlled study of traditional values in verbal behavior —With a focus on *greetings and acts of respect for the aged* —
....Shi Hui（施　暉）

Comparing *KOU* in Japan, China, and Korea —Through gender-based vocabulary—... Li Chengh（李　成浩）

Differences in acceptance of foreign culture in Japan and China seen in foreign words...Xiu Ru（秀　茹）

The so-called *virtues* of Taiwanese Hakka and how they are seen
...............................Iijima Noriko（飯島典子）

Part II Changing Values

Comparing the values of Korean and Japanese youth
..........................Ae-kyoung Kim（金　愛慶）

A comparative study of values, family values, public awareness and depression among Japanese and Chinese university students
...................................Zhang Ping（張　　平）

A study of self-esteem among Koreans living in Japan as adolescents seen through the Nine-in-One Drawing Method —Including a comparative survey of Korean and Japanese university students—
..........................Myungsook Seo（徐　明淑）

A kinetic sketch of family relationships among Japanese, Chinese,and Korean university students .... Ji Yuanhong（吉　沅洪）

日中韓の伝統的価値観の位相
──「考」とその周辺──

第一部
グローバル化による言語・文化の変容

中国の「孝」の位相
―― 日本現代社会における「孝」との比較を試みて ――

樊　　竹　　民

はじめに

　「孝」は儒教思想の核心概念として形成、重要視される。中国人の道徳観、人生観乃至世界観の形成に多大なる影響を与え続けている。尚、「孝」の履行や推進を保つために、法律や家訓等の公私とものこ保障は不可欠な役割を果たしている。更に仏教側は独善的出家という教えを放棄して儒教の「孝」を積極的に取り入れ、偽経まで創作したのである。それによって「孝」は生活思想として一層社会全般に亘って受容、信奉されるようになった。一方、「孝」は偽経と共に日本に伝来し、日本人の道徳思想、宗教信仰の構成に大いに寄与している。小論では、斯様な「孝」の形成、伝承、変遷を中心に考察し、更に日本現代社会においての「孝」との比較をも試みようとする。

　「孝」は、政治、道徳の諸生活を統括する最高善とされ[1]、中国において形成された数多くの思想の中で最も重要で且つ根本を為す概念の一つとして時空を超えて、今日に至っても中国文化、思想、信仰及び中国人の生活、人生観、道徳観等の深層にまで浸透して、根付いている。それのみならず、依然として中国社会を含めて、日本、韓国等の儒教文化圏にも影響を与え続けている。子が父母によく仕え、親を大事に養い、敬い、愛情を抱くという意味の「孝」は、むしろ人類の本能的な普遍の行為[2]と考えられ、特に中国に固有のものではなかろう。但し「すなわち、（一）祖先の祭祀（招魂儀礼）、（二）父母への敬愛、（三）子孫を生むこと、それら三行為をひっくるめて「孝」としたのである」[3]と解されるように、中国

では本来親と子の間にある「孝」が一族を永遠に結び付ける絆として宗教的に祖先や子孫にまで関わり合うものと観念され[4]、更に「孝」が家族の域を超越して政治社会における全ての道徳の根本となるものとされた点に中国的独特性がある[5]。

I 儒教等における「孝」

『孝経』開宗明義章に、「孝徳之本也（注：表記上の便宜のため、以下常用漢字を用いる。又、漢訳は新釈漢文大系（明治書院）を参照）、（孝は徳行の根本なり。至徳要道は元、孝より出づ。孝は之が本と為すなり）」、三才章に、「孝天之経也。地之誼也。民之行也（孝は万物の根源を為す天の法則として認識するものである。地の誼は天の経と呼応して宇宙論的秩序の根幹に据えている。人は天地の間に在って、天地の性を受けた人間の当為として、孝を営むことを己が義務としている）」、『論語』学而第一に「孝弟也者。其為仁之本与（孝弟というものは仁という徳の根本であろうか）」、『国語』周語下に、「孝は文の本なり」、『左伝』文公二年に、「孝は礼の始めなり」、『管子』戒第二十六に、「孝悌は仁の祖なり」、『孟子』告子下編に、「堯舜之道、孝弟而已矣（堯舜の道は孝弟のみ）」、『鄭玄注論語』の「孝百行之本」（孝は百行の本なり）、『顔氏家訓』の「孝為百行之首（孝は百行の首なり）」、というが如く「孝」は儒家の道徳思想を構成する根底の概念となっている。儒教において「孝」を道徳概念の根本とするのは、儒家の道徳が本来家族道徳であり、宗族の秩序、結束を維持することが、乃至国家社会の秩序を支える根本の道であると認識したからである。従って、「孝」は家族の秩序維持の原理であると同時に国家社会のそれであり、道徳の理念であると同時に政治のそれでもあった。中国の歴代王朝、わけても漢王朝以降は「孝」が社会的・政治的イデオロギーとしての色彩を濃厚に帯びて重要視されるようになった。

「百行之本」として位置づけられる「孝」という行いについての具体的な内容は如何なるものか、それに関して儒家の書物に詳説されているが、

最も体系的に叙説するのは他でもなく『孝経』である。その名の通り「孝」を主眼として、「孝」は諸徳の本、教化の根源であるとし、「身体髪膚、受于父母。弗敢毀傷、孝之始也。立身行道、揚名於後世、以顕父母、孝之終也（身体髪膚、これを父母に受く。敢て毀傷せざるは、孝の始めなり。身を立て道を行ひ、名を後世に揚げ、以て父母を顕はすは、孝の終りなり）」（開宗明義章）と説いたように「孝」とはまず親に仕えて孝養を尽くすと共に君主に仕えて国に業績を残し、それによって自らの名声と共に家名をも揚げて先祖を顕彰することである。

因って、「孝」は、親と子、君と臣との問題であり、また祖先と子孫とを結ぶ行為でもある、ということになる。父母とその子との関係は血縁という因縁によって先天的に位置づけられている。人間生命の存続、新たな創造、再生による出現は父母からその子への生命賦与という形となる。「身体髪膚、受于父母」というように、両親である父母から生を享け、いわば、子としてのわが身が父母の遺体であるため、それを大事にすべきことは孝の始となるのである。現今の世において父母の遺体であることを忘れ、生命を傷つける行為の後を絶たない世相をみるにつけても、孝道の持つ真の意味を改めて問い直す必要性と本研究の現実性が痛感せられる。「生事愛敬、死事哀慼。生民之本尽矣。死生之誼備矣。孝子之事終矣（生事に愛敬し、死事に哀慼す。生民の本尽くせり。死生の誼備はれり。孝子の事終れり）」（『孝経』喪親章）とあるように、親の死を悲しみ、悼み、弔うことによって、始めて孝子の親に対して為すべきことは完全に終了したと言うことができる。以上の引用から「孝」の実践とは次のように要説できよう。①親を扶養し愛敬すること、②立身出世し、名声を揚げること、③病気を憂えその死を悼み、また死後の祭祀を絶やさぬこと、である。この中でも殊に重視されるのは親の死を悲しみ、その祭りを怠らぬことである。それは、祖霊の祭祀をするには子が必要となる。すなわち子孫を誕生させることが必要となるためである。正に、「不孝有三。無後為大（不孝に三有り。後無きを大なりと為す）。」（『孟子』離婁章句上）とあるように、不孝に三つ有るが、その中でも子孫を絶やしてしまって、祖先の祭祀をする者

7

がなくなることが一番の不孝である。

　加地伸行氏が『儒教とは何か』に「祖先の祭祀」と「子孫を生むこと」のみで「孝」をも為すと述べられているように、孝を営むことによって、子孫が生まれ、祖霊が再生でき、自己もいずれ死を迎えるが、自分の子孫の祭祀によってこの世に再生できると考えられる。従って「身也者、父母之遺体也」(『礼記』祭義第24)とあるように、人の身体は父母の形身で、つまり親の再生であるとまで言っているのである。正に、『孝経』(開宗明義章)の結びに『詩経』大雅・文王を徴引して「亡念爾祖。聿修其徳（爾の祖を念ふこと亡からんや。其の徳を聿べ修む）」と説いたように、祖先のことを思いやって、祖先の徳を称え、受け継いでこれを子孫に伝え、一層盛んにするようにして決して怠ってはならないという。祖先の祭祀によって先祖を真に知り、祖考の善言善行を銘に刻して、子孫への警戒とすることとなり、また、己が身を以て祖考に比して以て先祖の美行を顕揚し、己を始め子孫をこの善言善行あらしめることもできる。これは孝子孝孫の善なる心の表れとなる。故に、祖先を祭ることは孝を基本として位置づけられたのである。かかる孝を通して自己の命が永遠となりうるのである。「生命論——これが孝の本質である」[6]と説かれている。つまり、「孝」を中国人の死生観、あるいは死後における存在の連続性、永遠性を表象するものとして理解されているとする[7]。

　斯様な「孝」の源流は何処にあり、何時まで遡上できるのか。上掲した『孟子』告子下編に、「堯舜之道、孝弟而已矣（堯舜の道は孝弟のみ）」とあるように夙に聖人たる堯舜の時代に孝という徳行が形成されたと考えられる。また、『孝経』には「自西自東、自南自北、無思不服」(『詩経』大雅)と引用してあるように、孝道は民族の古い伝統たる祖先崇拝に源を発すると見られる。『詩経』に見えた14例の「孝」は「孝孫」「孝祀」「孝思」「追孝」等のような11例も祖霊祭祀に関わるもので、更に金文「子犯鐘」に「用享用孝」や「「追孝」等の如く、祖霊を祭る常套句として金文にも習見している。『詩経』からの引用に「東より西より、南より北より、思ひて服せざる無し」とあって、そこには周の武王が孝徳の至れる、

而して四方みな来りて服従する美徳とする情景を賦している。なおこの詩句は『礼記』祭義編にも曾子が孝道を述べるべく援用されている。曾子はその中で尤も壮大を極めてその極に在る孝の実体を力説した上、孝の極めて普遍的な体系について語っている。即ち「曾子曰、孝有三、大孝尊親、其次弗辱、其下能養（曾子曰く、孝に三あり。大孝は親を尊ぶ。その次は辱めず。其の下は能く養ふ）。(中略)。君子之所為孝者、先意承志、諭父母於道。参直養者也。安能為孝乎（孝とは、意に先立ち志を承け、父母を道に諭す。参は直に養ふ者なり。安んぞ能く孝と為さんや）。曾子曰、身也者、父母之遺体也、行父母之遺体、敢不敬乎（曾子曰く、身なる者は、父母の遺体なり。父母の遺体を行ふ。敢て敬せざらんや）。曾子曰、夫孝、置之而塞乎天地、溥之而横乎四海、施諸後世、而無朝夕、推而放諸東海而準、推而放諸西海而準、推而放諸南海而準、推而放諸北海而準（曾子曰く、夫れ孝は之を置けば天地に塞ち、之を溥けば四海に横たはり、諸を後世に施して朝夕なく、推して諸を東海に放りて準なり。推して諸を西海に放りて準なり。推して諸を南海に放りて準なり。推して諸を北海に放りて準なり）。詩云、自西自東、自南自北、無思不服。此之謂也（詩に云ふ、東より西より、南より北より、思ひて服せざる無しとは此れの謂ひなり）。」と見えている。

　孝が儒教思想の中核に在って、儒教倫理の源流を為している。聖人や先王の時代に、このように孝を基本とする徳が既に存在したのは、『孟子』に説かれた人間本性の誠・善「天の道」であるように、古く遠い原始社会に遡って生じていたと見られる。その濫觴は未開時代にあって文字もまだ発見を見ていない人知の極低い世に孝徳は既に現れていたものと想像できる。どんなに人知が未開の時代でも、善と不善との峻別が出来れば、人間は宗教的な霊感によってそれを認知、識別することが出来るに違いない。また、如何なる未開社会であっても善不善に対しては鋭敏に感じたり、必然的に反応したりするのである。この原始的な風習は父母に事えるという自然の行為である「孝」を生成せしめる根源であろう。人の善心から生じる孝の徳は諸々の徳の中でも最も優れた善として人間に固有のものである。至徳なるが故に、孝は普遍原理として儒教倫理思想形成の根幹に在っ

て、遠く古代に遡源して民族の心性より沸き出るものである[8]。更に池澤優氏は「孝」の思想についての歴史的研究を通覧すれば、「孝はもともと殷周的な古代社会の骨格を形成していた親族集団の倫理であったが、戦国時代には親族集団構造の変質が起こる一方で、新たな国家支配形態が確立しつつあり、従って両者を関係づける新たな論理が求められており、それが「孝」の思想として結実した」と指摘している[9]。

「孝天之経也。地之誼也。民之行也」(『孝経』)のように、孝を天の経、地の誼、民の行という、三才を大なるものの内容として把捉している。これは、先ず人間存立の基本は、天地があって始めて人間の存在があるという原始の思惟に立脚して、天地の偉大さに畏敬するという発想に依っている。孝はその本を為す自覚体に他ならない。父母に仕える則も天地の常道を得て、この自然法則に法ることによって人間の存在がある。尚、『孝経』「孝治章第九」には、『詩経』大雅、抑之編にいう、「故明王之以孝治天下也如此。詩云、有覚徳行、四国順之（故に明王の孝を以て天下を治むるや此の如し。詩に云ふ、覚たる徳行有り、四国之に順ふ）。」が徴引してある。この詩は徳行に主眼があり徳行が聖なる先王の創造によるものであると語られている。このことから見て、恐らく民族が国家という政治形態が形成出来ていない原始社会において、徳行を志向する思惟が有識者の間に胚胎していたものと考えられる。「孝」はかかる母体に端を発したとも言えよう。

『書経』は、周王の子弟を領主として訓戒した政治上の心構えが主な内容となるが、そこには、最も根本的な主題として明徳と慎罰とが説かれている。明徳とは、君主自身、自己人格を修練して徳性を発揮することである。当然ながら、その徳性の本となるのは孝である。堯典に「以孝烝烝、乂不格姦（孝を以て烝烝、乂めて格せず）」とあるように、堯が舜に禅譲するに際して、「舜はよく和らげ治め、孝行を以て父母に事え、また弟をおさめて手向かいをしない」と評価されている。舜は親孝行の有徳者として堯からの禅譲を受けたのである。正に、孟子の賞賛した通りに「堯舜之道、孝弟而已矣（堯・舜の道は孝弟のみ）。」(『孟子』告子章句下）となる。

孝という徳行は儒家の絶賛する中国上古を生きた聖人に備わるものであり、また聖人になるための基本条件でもあると考えられる。同じく堯典に社会の安泰と人々の平和のために「敬敷五教。五教在寛（敬んで五教を敷け。五教在めて寛らん）」と帝（禹）が息子の契に命じた。「五教」とは「義、慈、友、恭、孝」となるが、父は義、母は慈、兄は友、弟は恭、子は孝を言う。つまり、敬んで五教を敷き広めよ。五教が始めて治まるであろう。徳政遂行を施すべく孝等の善行を押し広めるようと唱道している。人間形成と理想的な社会の構築における徳治主義を標榜している。その上徳治主義の出発点を親親中心の孝と位置付ける。また、康誥に「不孝」は最大の悪として訓戒している。「王曰、封。元悪大憝、矧惟不孝不友」とあり、「封よ、最大の悪、憝（にくまれ）とは、また不孝不友（助けあわないこと）である」と成王が諭している。換言すれば、孝は聖善であり、為政者の至徳要道でもあり、正に「務本莫貴於孝（本を務むは孝より貴きはなし）。（中略）。夫孝、三皇五帝之本務、而万事之紀也（夫れ孝は、三皇五帝の本務にして万事の紀なり）」と（『呂氏春秋』孝行覧）説いて然りである。

　孝道の依って立つ、子の父母に対する親愛の至情も自然法則に添ったものである。『詩経』谷風之什に、「父兮生我、母兮鞠我、拊我畜我、長我育我、顧我復我、出入腹我、欲報之徳、昊天罔極」とあるように、父母から受けた慈愛の大いなる恩に報いようとする子の真情―孝が自ずと生じる。「父母が私を生み、育てた。私を撫で可愛がり愛し、私を成長させ私をかばい育て、私に目をかけ私を庇護し、外でも中でも私を抱きかかえてくれた。その天の極まりなきが如き父母の大恩に報いようとする」ということは孝の発端である。

　「君子務本、本立而道生、孝弟也者、其為仁之本與（君子は本を務む。本立ちて道生ず。孝弟やは、それに仁の本と為すか）」（『論語』学而第一）のように、孝の道は人類永遠の道徳倫理の根底にある理念である。このような思考の所依する源泉なり背景なりが、中華民族の思想家には共通の基盤として出来上がっていたということができよう。孝の生ずる源流は遠くして、而も実践哲学としての孝は、常に生を受けた人の身近な徳目として、

社会の至るところに、また生活の中に深く根ざしている。しかし、近代に下り特に二千年も続いた封建社会の崩壊と内憂外患の危機に伴って、忠孝は「愚民のイデオロギー」として批判の的となり、更に現代、文化大革命において「孝」は封建社会の倫理道徳というレッテルを貼られて批判されていた[10]。文化大革命の終焉と共に、中国では史上前例のない改革開放の時代に突入し一人っ子政策による少子化、核家族化、都市化によって「養児防老」「多子多福」などの伝統的な家族関係はもはや維持できなくなり、伝統的な価値観も荒廃しつつある昨今では[11]、「孝」を含めた儒教の教えを再認識、再評価されるようになった[12]。

　同様に、日本でも明治時代に入って、「富国強兵」という国是の下で「忠孝一体」を絶対視し、「滅私奉公」に導かれ、対外侵略戦争を繰り返してきた。しかし敗戦を契機として「孝」を含めての従来の価値観が変わった。その中において「私たちが「親孝行アレルギー」に陥ったところで、何の不思議もないはずである」[13]。つまり、戦前の日本社会における子は親に絶対的、無条件的に従う「孝」と、すべての日本人がその"親"である天皇に絶対服従するという「忠」とは戦後において否定されたのである。親子関係も大きな変貌を遂げ「かつての家父長への絶対服従から、家族成員の平等、友愛へと変化している」[14]。それに止まらず、「「親孝行」が義務付けられるのではなく、親も、子も一個の独立した人格として尊重されるべきだといわれる。極端な場合は、子が親に反抗し、親から離れることがあるべき姿として奨励される傾向さえ一時期はみられた」[15]のである。

　以上は儒教思想の中核に在って、儒教倫理の源流を為しており、祖先崇拝に起因してその起源が堯舜の活躍した上古に遡れるといった「孝」について考察を加えてみたが、次に道家や墨家における「孝」を取り上げて考えてみる。『老子』に「孝」が二例確認されている。俗薄第十八に、「大道廃有仁義。智恵出有大偽。六親不和有孝慈（大道廃れて仁義有り。智恵出でて大偽有り。六親和せずして孝慈有り）」とある。仁とは孔子以来儒家が最高の徳目として掲げ、鼓吹してきているもので、主として他人に対する真

実な愛情、思いやりの心を指すものである。一方『老子』における「大道（または道）」は、そういう人間的な愛情などよりも遥かに高い宇宙的理法であり、天地開闢以前より存在し現在なお宇宙及び人生を支配している窮極的道理─「道」でそれに従うべきだと説いている。だから、その最善たる大道が廃れたために仁義という次善のものが説かれるようになった。換言すれば「道」が存続しているなら「六親不和」というような不善の行いが起ることなく、「孝慈」という次善も必要となくなるというもので、「孝」を最上の善行と標榜する儒家と拮抗し純朴泰平の太古の世に立ち返ろうというものである。二例目は還淳第十九に所見しているが、「絶仁棄義、民復孝慈（仁を絶ち義を棄つれば、民孝慈に復す）」とあるように、依然として儒家の「仁義」を否定する見解を述べている。つまり、仁とか義とかいう厳しい徳目を立ち捨てれば、人々は自然の人情として親孝行に立ち返るというもので、言わば「孝慈」は仁義と関係なく、人間が「道」の下で自然に具備する善行であるため「大道」に立ち返れば、「孝慈愛」も自ずと復活することとなる。道家は儒家の人為的な「孝」に対して批判的立場を取っているが、孝が自然の人情である点においては儒家の親子の愛によって自然発生という考え方と軌を一にしている。

　一方、墨家の代表作である『墨子』における「孝」は次のようなものである。巻之十に、「〔経〕孝。利親也。〔説〕孝。以親為芬、而能能利親。不必得（〔経〕孝。親を利するなり。〔説〕孝。親を以て芬と為し、而して能く親を能利す。必ずしも得られず）」と説かれている。孝を利によって説くところに墨家の実利本位が浮き彫りになる。「親に仕えることを本分と為し、そしてよく親を利する」と解される。梁啓超の『墨子』に関する校釈において儒家と墨家の相違について、「儒家が道徳を言うには多く動機を重んじる。墨家が道徳を言うには結果を重んじる。故に儒家が忠孝を言うには、忠孝の心が内より発すればそれでよい。墨家は必ず忠孝の結果がよくその君親を利することを要するのである」[16]と解き明かしている。つまり、墨家の孝は父母に役立つことを主眼として「しかし、必ずしも親の意を得られない」とあるように、儒家の「孝順」と相反するように思われ

る。

　法家の韓非子は各角度から法が儒家の唱える道徳理念に対して絶対的な優越性を持つことを強調する。家族愛、家族道徳の孝についても本質的に私的なものであり、国家の公共性とは相反するものであると批判する。それを説くために、次の話を挙げた。昔魯の国の兵士で、戦場に出るといつでも逃亡するものがあった。孔子が不思議に思ってその理由を尋ねたところ、その兵士は「私の家には年老いた父がおりまして、私が死ぬと養う者がなくなるからです」と答えた。すると、孔子は「これは感心な親孝行者である」と褒めたばかりか、魯の君主にも申し上げて表彰してもらった。そこまではよかったが、その後というものは魯の軍隊が戦場に出動するたびに、兵士たちは一斉に逃げるようになり、魯の国は終に衰退してしまった。

　つまり、「孝」という道徳倫理を推し進めるのには、単に道徳的な説教をするだけではまだ不十分である。だから、古く遠い時代から今日まで法律または法典を制定し親孝行と親不孝について賞と罰という対応を行ってきているのである。これは孝の教化、浸透、普及において法的な保障となり、孝の促進に資することとなる。

II　法律、家訓等における「孝」

　『孝経』五刑章第十四に、「五刑之属三千、而辜莫大於不孝（五刑の属三千、而して辜不孝より大なるは莫し）」とあるが、刑罰に五刑、つまり五種類の刑があり、それを更に細分すると、三千条目に分かれている。その中で罪として不孝の罪ほど大きいものはない。孔伝に「不孝の辜、三千の刑より大なるを言ふなり」とあるのも同じ意である。治道を害い、天下を乱すことを不孝の及ぼす影響として戒めるとしている。「五刑」は『書経』堯典に、「流宥五刑（流は五刑を宥め）」とあるように既に舜の時代に登場している。また、同じく『書経』堯典に義、慈、友、恭、孝という「五教」を定めてそれを敷き広めようとした。「五刑」について『墨子』

尚同上編に「古者聖王は五刑を為り、請（まこと）に以て其の民を治む」と説いている。『書経』堯典に「慎徽五典、五典克従（慎んで五典を徽（＝治）めしめ、五典克く従へり）」とあり、帝堯が舜に五つの大きな典を慎んで修めさせたところ、五つの典によく従ったと解されるが、鄭注に依れば、「五典は五教也」となる。『礼記』王制に不孝についての刑罰が述べられている。「祖廟有不順者為不孝、不孝者君絀以爵（祖廟順はざる有る者は不孝と為し、不孝なる者は、君、絀くるに爵を以てす）」とあるように、諸侯の祖廟を疎かにする者を不孝として責め、不孝の諸侯は罰して爵を降していたのである。

　「孝」はその運用上では最高の人倫として早くも法典などによる佑護を受けるようになった。「孝」は孝道と言われて人間行為の本を為す。従って、中国の歴代王朝の為政者が政権の安泰、社会秩序の維持、民衆の従順のために積極的に孝を賞賛、推奨することに力を惜まなかった。特に、漢代になり武帝が儒家思想を国教となすに及んで孝を柱とする家族道徳は儒教の基礎をなし、漢律を含めて中国律令もその教化政策の中心においている。先ず、不孝について重罪として定められている。漢律にも既に不道、不敬等の名目があったが、北斉律では不孝が反逆、大逆、叛、降、悪逆、不道、不敬、不義、内乱と共に重罪十条として称されていた。北周では十悪という名目は立てなかったが、不孝も相変わらず悪逆、不道、大不敬、不義、内乱と並べて重罪の六種類と制定され南朝の梁、陳にも類似の措置も見られた。隋の開皇律に至って北斉の重罪十条を改定し、十悪と称して、不孝は七番悪として列挙されている。唐律も前時代のそれを踏襲して不孝は依然として重罪と見なしており、その以降の王朝律令も不孝を十悪の一つとして厳しく罰する対象としていた。隋唐に完成された律令の中では孝の思想が強く反映されている。例えば、『唐律・闘訟』では祖父母、父母を罵ることや喪に従わないことを不孝の罪として、重く見て、「詈祖父母父母者絞」とあるように、死罪に処され、また、十の大罪（十悪）の四番目に祖父母・父母を傷つける悪逆として挙げられ、厳しい罰則規定が定められている。例えば、一般に他人を殴ったりした場合は笞打ち四十で

済むが、祖父母・父母を殴れば斬首に処せられる。これに対し、教えに従わない子・孫を父母・祖父母が殴り殺しても一年半の徒刑だけで、過失致死罪ならば無罪となる（闘訟律）。『大清律例・名例律・十悪』にも同じく「凡罵祖父母、父母及妻妾罵夫之祖父母、父母者、併絞」と罰する。また親を十分養えないことについて『唐律・闘訟』に依れば、「諸子孫違反教令及供養有缺者、徒三年」と規定されていたが、明・清律では唐律よりやや軽く「杖一百」で済んでいた。不孝の内実によってその罰としても重と軽の差異もあるようであるが、封建社会における不孝は法律によって裁かれることになったのである。

　現代に下って、不孝については封建社会のような厳しい規定はないものの、違法行為として律される。例えば、中国『憲法』第四十九条に、「成年子女有贍養扶助父母的義務」のように、親を孝養することは子の義務として規定されている。また、『婚姻法』第二十二条において、「子女対父母有贍養扶助父母的義務、子女不履行贍養義務時、無労働能力的或者生活困難的父母、有要求子女付給義務的権利」とあり、子が親孝養という義務を不履行する場合は、親が子に対して扶養費を要求する権利があると定められている。更に、『老年人権益保障法』第十一条では、「贍養人応当履行対老年人的特殊需要」とあるように、扶養者が高齢者の需要に応えるべきであると親孝行を訴えている。他方、親不孝についての刑罰としては、『刑法』第二百六十条に依れば「家族虐待して、悪質の場合は二年以下の刑を科して処す」となるが、封建時代の祖父母や父母に罵言を浴びるだけで絞首刑を処することに比して大いに緩和されている。現代中国においても親を孝養することは義務として法律上では保障されている。

　その上、伝統的な孝行という道徳倫理の蓄積もあって、中国人の若者の親孝行意識が高く保たれていると言えよう。それは次のアンケート調査の数字からも察知される。例えば、朝日新聞1996年中日世論調査に依れば、中国では92％が、子供が親の老後の世話をするのは「当然」と答えたが、日本は半数にも届かない結果となった。また、財団法人日本青少年研究所が2005年3月に発表した「日米中高校生の学習意識と日常生活」アンケー

ト調査結果に依ると、「老後の親の面倒」についての「どんなことをしてでも親の面倒をみたい」という質問に対して、中国は84％で、二位のアメリカ67％と三位の日本43％を大きく引き離してトップとなる。このような結果から中国では親と子が面倒を見合うのが当然という儒教倫理観に基づく一体感があり、伝統的な敬老精神に加え、老父母の扶養の義務は子供が負うという法律も機能しているように思われる。しかしながら、都市化、核家族化、一人っ子政策の実施等によって伝統的な孝の維持が困難になりつつあるのが現状である。

　一方、孝子順孫の孝行については大いに奨励、絶賛されている。一番注目すべきことは孝子の逸話を説話の素材として孝子伝が編集されて中国だけではなく日本も含めてその孝子説話史が両国の歴史及び文学史を貫流している。孝子伝は儒教を道徳思想の基盤とする古代中国社会において、模範として称揚された諸々の孝子の伝記を集めた書物である。その編集の背景と理由について「西野貞治氏によれば、家族制度極めて古くから発達した中国では、その維持のために孝行の教化が徹底され、孝行の実践例を掲げた孝子伝・孝子図などと題する書が、孝経と共に童蒙の必修書とされ、六朝末迄に十種以上も出現した」[17]と説明されている。孝子伝に登場している孝子は今日に至っても伝承され、中国の老若男女に知られておりその伝奇的な佳話が現代人の孝行意識の形成に負うところもある。それのみならず、歴代律令にも孝という善行を讃え、奨励する名目がある。例えば隋の『開皇令』に「有品爵及孝子順孫、義夫節婦、並免課役」のように、孝子順孫に対して「課税と労役」を免じると規定される。また、『唐令・賦役』に「諸孝子順孫、義夫節婦、志行聞於郷閭者、州県省奏聞、表其門閭、同籍悉免課役。有精誠致応者、則加優賞」とあり、孝子順孫などの善行が「郷閭」（地域）に聞えば、州県省に奏聞して、其の門閭に表せよ。同籍は全て課役免せ。精誠の痛感するもの有れば、殊に優賞加えよと解される。課税と労役を免じるばかりか、「門閭」をも「表旌」する。更に、それに感化されたものにも賞励を加える。孝子順孫の宣伝効果を出来る限り発揮させようとしたのである。続いて、北宋に成立した『冊府元亀』広

順三年五月戸部言にも孝子に対する褒賞を行うといったような内容が見られ、「孝子義夫、所宜旌表、以厚時風」とありその目的は「以厚時風」（時の民風をよくする）ためであった。

　孝行の教化と実行のために、公的法律の所依に止まることなく、私的家訓も大いに役立ったと見られる。家訓は家庭教育や啓蒙教育を進めるために作られたものである。何千年もの中国歴史の中で数多くの家訓が生まれ、文明社会の構築、人格形成、更に道徳倫理の教化と普及において果たした役割は極めて大きく、高く評価すべきである。家訓の尤も重要な目的とするのは「立徳」と言っても過言ではなかろう。「古人将「立徳」置于「三不朽（春秋時代魯国大夫叔孫豹の名言「立徳、立功、立言」）」首位、而立徳的内容主要是忠孝」[18]と述べられているように、忠孝の教化を家訓の制定の主眼としていることが分かる。春秋時代に活躍した管仲の「弟子職」は、弟子の順守すべきこととして「温柔孝悌」を訴えている。前漢歴史家、思想家である司馬談の「遺訓」に『史記』を書き上げた司馬遷に対して「且夫孝始于事親、中于事君、終于立身、揚名于後世、以顕父母、此孝之大者」とあるように、孝の実践過程とその重要性について力説されている。父親の遺訓があったため、屈辱に甘んじてでも中国史上の不朽作『史記』を完成させることができたのであろう。「事親莫若孝」（漢酈炎の「遺令書」）も生まれて二十日未満の息子止戈に親に仕える孝行をするように諭している。父親だけではなく、母親も子供に対して社会道徳教育を積極的に推し進めた。後漢犍為の大守趙宣の妻杜泰姫はその一人である。「戒諸女及女」において、「孝順以内之、忠信以発之」と子供に孝順と忠信を教えることは大事な教育であると力説している。

　「孝」は、長期に亘って公私を問わず社会や家庭において奨励、唱導されていた結果、中国人の道徳観の根幹となって今日に至っている。「孝百行之本」（孝は百行の本なり）の如く、「孝」が最善の徳目として絶対視されるという論理を推し進めると、儒家道徳の家族中心的で且つ利己的な傾向に拍車を掛けることにもなりかねない。所謂「親親相隠」という絶対化の孝ができて、法律や社会秩序と抵触し相容れぬものとなってしまう。更

に、親孝行のため、犯罪までしても刑罰が処されるどころか、却って奨励されてしまうことも起る。

　孔子の唱える「父為子隠、子為父隠」は「親親相隠」という思想の嚆矢となった。『論語』子路篇に「孔子曰、吾党之直者、異於是。父為子隠、子為父隠。直在其中矣（孔子曰わく、吾が党の直き者は是れに異なり。父は子の為めに隠し、子は父の為めに隠す。直きこと其の中に在り）」と葉公に厳かに言った。父親は子供のためにその罪を庇って隠してやり、子供は同じく父親のためにその悪いことを隠して庇ってやる。かくして親と子が、庇い合うところに、真の正直の精神が存していると解釈される。つまり、孝という名の下で親族間の犯罪行為を互いに隠して庇い合うことは正当化、容認され、罪とされないのである[19]。これは『孝経』で家名を顕すことが「孝」の究極であるとする家を国家よりも重しとする思想にも相通じる。同じような考え方が『孟子』尽心上にも看取される。桃応という人が孟子に「聖天子舜の父が人を殺しました。かかる時、舜はどうしましょうか」と問うたところ、孟子は、「舜は天子と雖も天下の法を無視するわけにはいかないから、父を逮捕する」と答えた。更に、「では殺人罪として処刑しますか」と問うと、孟子は、次のように答えた。「舜は天子の位を破れ草履のように捨て、殺人罪を犯した父を背負って海浜に逃れ（当時海浜は治外法権領域）、欣然として父に事え一生を終えたであろう」と。天子の位よりは、父子の情が大切であるという、自然の人情が孟子の根本思想である。天子となる人は他にもあろうが、父と子の代役を務めることのできる者は誰もない。父子の間、親孝行は絶対である。この原理を無視しては、道徳倫理は成立できないところに儒家の理念の根本がある。

　朱熹『論語集注・子路注』に、「父子相隠、天理人情之至也」のように、「天理人情の至り」と評価されている。血縁関係を根底とする家族・宗族の内においては「孝悌」という倫理があって始めてその人間関係が成り立つのである。それを維持することが出来なければ、家族・宗族の上に構築されている社会体制も崩壊するので「親親相隠」は孝を守るために認められてきた所以である。それだけではなく、法律を以て合法行為として

規定されてしまった。例えば、夙に秦律において父母の悪いことを告訴するのに対して罪を問うことになった。「子告父母、（中略）、告者罪」と定められる。続いて同じく漢律にも同様な名目があり、「親親得相首匿」（『公羊伝』何休の注引に依る）。更に漢以降に「親親相隠」の範囲は孔子の言う「父子」という親子の域を超え「同居者相隠」「親族相隠」に拡大するようになった。これは個人的な権利と今日に標榜され、重要視されているプライバシー的な意識の助長と専制政治の制約にも一役を買ったとも言えよう。当然ながら為政者の側からすれば、「不忠」にも繋がりかねなく、危険であり修正せねばならない。つまり、「孝と忠」の関係を如何に扱うべきかについては親子と君臣が直面する試練である。この点については後程触れることとする。

『漢書・宣帝本紀』地節四年五月の詔に、「父子之親、夫婦之道、天性也。雖有患禍、猶蒙死而存之。誠愛結于心、仁厚之至也、豈能違之哉。自今子首匿父母、妻匿夫、孫匿大父母、皆勿坐」とあるように、子供が罪を犯した父母を、妻が罪を犯した夫を、孫が罪を犯した祖父母を隠して庇うことはいずれも犯罪とならずに、刑罰を受けないという詔書である。『唐律』になって「相隠」の範囲が更に広まった。「諸同居、若大功（古代喪に服す言い方）以上親及外祖父母、外孫之婦、夫之兄弟及兄弟妻、部曲、奴婢為主隠、皆勿論」のように、同居者、外祖父母、孫、孫妻、夫兄弟等に止まらず、奴婢等の使用人まで主人の罪を隠したとしても刑事責任を追及しないと規定されている。爾来、宋、明、清各王朝が基本的に漢律、唐律を踏襲して、宋律では「有罪相容隠」、明清律では、「親親相為容隠」と称される。封建時代の終焉を迎え、中華民国刑法でも依然として「親親相隠」という二千年も続いた法律を受け継ぎ、「親族（配偶者、五等親内血親、三等親内姻親）間犯藏匿犯人及湮滅証拠罪、得減軽或免除其刑」とあり、親族間の「相隠」が容認される。封建社会における法律は政治体制、社会秩序、身分制度等を維持するものであるが、家庭倫理の最高の徳行を孝と位置付けた以上、その神聖性、崇高性、権威性を守り、更に、民衆の啓蒙、教化を推進するために、厳しい封建社会の法律とはいえ、「親親相

隠」という違法行為を認め特別扱いせざるを得ないのである。残念ながら、今の中国法律では「親親相隠」を封建社会の負の形骸と見なされ姿を消した。その代り「相証有罪」（有罪を相証する）があり、例えば『中華人民共和国刑事訴訟法』第四十七条に、「証人証言必須在法廷上経過公訴人、被害人和被告人、弁護人双方訊問、質証、聴取各方証人的証人証言并且経過査証以後、才能作為定案的根拠」とある。なお第四十八条に、「凡是知道案件情況的人、都有作証的義務」と規定されているように、国民は証人として証言する義務を負うべきであると定めてある。換言すれば、家族のために罪を隠したりすると、刑法違反となってしまうので、今の中国では、家族隠匿罪を問われる事件がしばしば起るわけである。

以上の考察を通して親孝行をすれば、様々な形で奨励されたりすることが明らかになったが、のみならず親孝行のために、罪を犯しても罰されないどころか、その行為が評価され、役人登用までされた例もある。それは中国の孝子譚を代表とする丁蘭木母の物語に登場する丁蘭である。「この丁蘭の物語は、中国の数ある孝子譚の中でも最も有名なものの一である」[20]。孝子丁蘭の名は日本の仏教説話集等様々な作品に繰り返し現れるものである。その話のあらましは次の通りである。「河内の丁蘭は、たいへん孝行者であった。幼い時に母を亡くし、十五歳になっても亡き母への思慕の情は募るばかりであった。丁蘭は木を刻んで母の像を造り、まるで生きている母に仕えるかのように供養した。丁蘭の妻は不孝者で、火で母の顔を焼いた。木母が夢で丁蘭にその事を告げると、丁蘭は妻を苔打ちにし、追い出した。また、隣の人が斧を借りに来た時、丁蘭はまずその事を木母に問うた。木母の表情がそれを快く思わない様子だったので丁蘭が貸すのを断ると、隣人は怒って帰って行った。隣人は、丁蘭の不在を見計らって、刀で木母の腕を斬った。すると、木母の腕からは血が流れ出た。丁蘭は帰宅してそれを見ると、悲しみ泣き叫び、すぐさま飛び出し隣人の頭を斬り母に祭った。役所では丁蘭の罪を問うことはせず、丁蘭に官職を与えた」[21]とする。殺人まで犯したのにその行為によって罰せられることなく却って禄位を得たとされるのである。「中国では孝廉な人物を官吏に

登用する制度が漢代に定められるなど、「孝」という徳目が早くからとりわけ重視された」[22]。また、宋代成立の類書『太平御覧』にも類似の丁蘭記事が著述されている。いずれも丁蘭が復讐のために隣人を殺めたが、「郡県其の至孝の神明に通ずるを嘉し、その形像を雲台に図くなり」のように、至高の孝を讃えるために、丁蘭の図像を雲台に描くようにし、「漢の宣帝之を嘉し、中大夫に拝す」のように「中大夫に登用する」と優遇されていた。更に唐代の仏教文献にも孝子丁蘭の話が見える。唐・道世の撰になる『法苑珠林』巻四十九に、「遂に刀を用いて木母を斫るに流血す。蘭還りて悲号し、造服行喪す。廷尉木を以死を滅ず。宣帝之を嘉し、太中大夫に拝する者なり」と記される。一方、孝行の実践例を掲げた孝子伝や孝子図等と題とする書が儒教の経典と共に中日両国における「孝」観念の遂行、唱導、普及に資するところも大きかったと言えよう[23]。

Ⅲ 「孝」と「忠」

斯様な絶対化、至高無上の孝という徳行の遂行において天子の地位も国家法規も親への孝養のためには無視してよいとされる。つまり孝の実行のためには不忠してよいのである。正に、「孝天之経也。地之誼也。民之行也」。しかしながら、このような考えは支配者にとっては不都合なので孝の絶対化に歯止めを掛けようとする動きもあった。例えば、『孝経』の編者も「紀孝行章」においては「孝」に「忠」を内含させようとしたと見られる。「五者備矣膳後能事其親。事親者、居上不驕、為下而不乱、在醜不争。居上而驕則亡、為下而乱則刑、在醜而争則兵（五つの者備はる。然る後能く其の親に事ふ。親に事ふる者は、上に居て驕らず、下と為りて乱れず、醜に在りて争はず。上に居て驕れば即ち亡し、下と為りて乱るれば、即ち刑せられ、醜に在りて争へば即ち兵せらる）」とあるように、よく親に仕える孝子は政治社会においても立派に務めるが、若し人々の上に立って驕り高ぶればたちまち地位を失い人の下となって反抗すれば刑罰を受け、群衆の中で争えば刃物沙汰になる。政治社会の面において究極の「孝」を束縛して

為政者にとって都合のいい論理を提供したということができる。更に、「広揚明章」に、「君子事親孝。故忠可移於君」とあるように、「能く親に孝なれば、即ち必ず能く君に忠なり。忠臣を求むるは必ず孝子の門に於てするなり」(『孔伝』)と解される。約九百年間の命脈を保った周も前八世紀の中頃その体制が綻びはじめ、春秋時代、続いて戦国時代を迎え、群雄割拠の状態に陥ってしまった。強力な諸侯は周天子を凌駕し、諸侯の領内でも有力な臣下が君主を凌ぐという、所謂下剋上の現象が日常茶飯事のように起る。「臣弑君」、「子弑父」、「家来弑殿様」といったような「不忠」「不孝」の事件が決して珍しくなかった。つまり、実力本位の時代では「孝」と「忠」という道徳思想が大きな試練に直面するようになっていった。

　日本の戦国時代でも同じようなことが起こった。主君を殺めたり、追い出したり、替えたりしても非難されなかった。例えば、藤堂高虎は六回も主君を替えており、「懸命に働いても、その働きに気づかぬ主君なら、その家を去れ」という遺訓まで残している。戦乱が続いている春秋時代において、孔子の監修と目される『春秋左氏伝』には、雍姫「為父弑夫」の孝行と衛国石碏「大義滅親」の忠節という話が記載されている。石碏は我が君を殺したことに加担した息子を、家老を遣わして殺させたのである。これについては、隠公四年に「君子曰、石碏純臣也。(中略)、大義滅親、其是之謂乎」とあるように、石碏は実に忠臣である。昔から大義のために骨肉の者までも殺すといわれるが、正に石碏のこうしたことを謂うものであろうかと高評された。これは「親親相隠」からすると真っ向から対立する事例であるが、長期に亘って「大義滅親」の好例として広く伝承されていた。雍姫は、婿が主君の命を受け、礼に従わない自分の父親を殺害しようとすることを事前に知っていて、それを父親に告げるか否かについて迷ったが、「親親相隠」という孝行を重んじて、父親に暗殺計画を知らせた。その結果、父親が助かったが、夫の方が父親に殺されて犠牲者となった。桓公十五年に「雍姫知之、謂其母曰、父與夫孰親。其母曰、人尽夫也。父一而已。胡可比也」とあり、「父と夫とではどちらが親しいでしょうか」

と母に訊ねると、母は、「人は誰でも夫になれるが、父は一人しかいない。比べものにはなりません」と答えた。家族愛、家族道徳を集約した「孝」は最優先として考えた行いである。また、忠と孝の間に挟まれて自殺した石渚なる人物の事例（『呂氏春秋』等に見える）もある。

儒教における「忠」は本来、君臣関係を律する政治的な道徳概念ではなく、個人の真心または誠心を尽くすことである。これは、『論語』に見える五例の「忠」がいずれも個人的道徳として用いられていることからも示唆される。学而第一に「為人謀而不忠乎」とあって、「人の世話をしながら忠実を欠いていることはなかっただろうか。忠は真心を尽くすこととなる」とあるが、この忠は「朱子が「己を尽くす、之を忠と謂ふ」といったように「こころをこめる」意であって、後世「君に忠」などと用いた忠義の意味ではない。『論語』の「忠」の字義は皆「まこと」と解しなくてはならない」[24]と説かれる。八佾第三に、「君使臣以礼、臣事君以忠」の忠も同意である。「この忠は、漢以後の、君に忠という忠孝並び称する忠とは必ずしも同一でない」[25]と注釈されている。顔淵第十二の「行之以忠」の「以忠」とは朱子「表裏一の如くであれ」ということで、誠実を以てこれに当たる。忠という概念の変化について「戦国時代に至り、忠は君臣関係を律する道徳概念としてもっぱら使われるようになり、孝も父子間を律する家族道徳の代表とされて、たがいに対応する概念となった。さらに、漢代以降になると、忠孝は個人の道徳の枠組を超え、国家・社会の秩序を支える社会的・政治的イデオロギーとしての色彩を強くおびるようになった」[26]とされる。

君臣関係の道徳として「君は臣に礼を以て接し、臣は君に対して忠を以て仕える」（『論語』八佾）、「君臣上下、父子兄弟、非礼不定」（『礼記』曲礼）とあるように、君臣関係は礼を以て差別を明らかにすべきである。『孟子』では「君之視臣如手足、則臣視君如腹心。君之視臣如犬馬、則臣視君如国人。君之視臣如土芥、則臣視君如寇讎（君の臣を視ること手足の如くなれば、即ち臣の君を視ること腹心の如し。君の臣を視ること犬馬の如くなれば、即ち臣の君を視ること国人の如し。君の臣を視ること土芥の如くなれば、

即ち臣の君を視ること寇讎の如し)」(離婁章)とあるように、君が臣を土や芥の如く見做せば、臣は君を仇敵の如く見做す。君臣関係は一方通行ではなく、双務的なものであった。つまり、一種の契約のような関係であると孟子は考えていたのである。五倫の教えでは「君臣、義あり」といっても君主と臣下との上下関係で、臣の服従の義務だけが強調されがちであるが、孟子では上下関係には違いないが、実は君臣に相互に果たすべき義務があってそれぞれに務め合わなくてはならないのである。

続いて同じ離婁章では、不義の君に対して「忠」を尽くす必要がなく、去るべきであると力説している。「今也為臣、諌則不行、言則不聴。膏澤不下於民、有故而去、則君搏執之、又極之於其所往、去之日遂収其田里。此之謂寇讎(今や臣と為りて、諌は即ち行はれず、言は即ち聴かれず。膏澤は民に下らず。故有りて去れば、即ち君之を搏執し、又之を其の往く所に極め、去るの日遂に其の田里を収む。此れ之を寇讎と謂ふ)」。去る臣下に対して行った君の酷いやり方を「寇讎」の行為と非難した。この点について、「古来孟子の論説の不穏当な文例とされるもので、特に我が国では批判されたものである。が、中国、特にその君主への教訓としては、当然なものがあるようであり、中国思想の一理念傾向には、このような相互関係的唯物的非人情的な一面も底流しているのである」[27]とされる。剰え、本居宣長『玉勝間』に「この書、人の臣たらんものの見るべき書にあらず」と極言する。臣下が力諌しても君主に聞き入れてもらわなければ、去って行くことは不忠ではなく、「仁」として讃えることは『論語』微子にも見られる。「微子去之、箕子為之奴、比干諌而死、孔子曰、殷有三仁焉(微子は之を去り、箕子は之が奴と為り、比干は諌めて死す。孔子の曰わく、殷に三仁有り)」とあるが如く、殷の紂王の庶兄の微子は、紂王の暴政を諌めたが聞かれず、嘆いて微に逃れ去る。孔子がこれを評して、殷には三人の仁者があったと称賛した。更に、『孟子』の梁恵王章では、中国の易姓革命という思想と孟子の「民を貴しと為し、社稷これに次ぎ、君を軽しと為す」という民本主義を反映して、悪政を行う暴君について、「臣弑其君、可乎。曰、賊仁者謂之賊、賊義者謂之残。謂之一夫。聞天誅一夫紂矣、未聞弑君

也（臣にして其の君を弑す、可ならんや、と。曰く、仁を賊ふ者之を賊と謂ひ、義を賊ふ者之を残と謂ふ。残賊の人、之を一夫と謂ふ。一夫紂を誅するを聞く、未だ君を弑するを聞かざるなり、と）」と、この賊残の人等は、これはもう王でもなく君でもなく、単なる一人の卑賤な男にすぎない。このような一夫たるにすぎない紂を誅したということは聞いているが、まだ、君を殺したというようなことは聞いていないのである。つまり、仁徳のない者は天子の玉座についたとしても本当の君主ではないため、早晩その位から降ろして仁賢の天子を迎えるべきであると愚忠を否定し、革命を肯定する。「本章は湯武放伐論として有名な中国革命思想の本拠をなす議論である。江戸時代の儒者などには、「人臣たらん者の読むべき書に非ず」と非難されたもの」である[28]。このような否定的な考えは江戸時代に現れた「忠」が「孝」より上に位置するという観念とも関連するものである。この点については別稿の日本における「孝」を巡って論究する。

「忠臣以事其君、孝子以事其親、其本一也（忠臣は以て其の君に事へ、孝子は以て其の親に事ふ、其の本は一なり）」(『礼記』祭統）とあるように、親に事えることは、民の父母と言われる君主などに仕えることに通じるという思想は、儒家の基本的な考えである[29]。しかし、統一帝国としての基盤が整いつつあった唐の太宗の時代になると「国家への貢献が忠と意識され、忠を尽くすことも孝を成し遂げる手段の一つに位置づけられるのである。すなわち、唐という安定した統一帝国のもとで、忠と孝の地位は逆転し君臣関係においても恩義を媒介としない忠が強調されていった」[30]。

宋になると、異民族の圧迫と侵入を度々受けて滅亡に至る過程は必然的に忠誠が求められ、社会全般に忠という観念を浸透させたのである。今日になっても「精忠報国」の英雄としての「岳飛」や忠節の「文天祥」が称賛されている所以である。「孝」と「忠」の関係について、中古の日本の官僚知識も真剣に考えていたようである。例えば、日本三大勅撰漢詩集『経国集』に収められている大神虫麻呂の答案論文からその一斑を窺わせることができる。「虫麻呂は、孝心厚い舜が帝位を継いだ例や、親の仇を討った中国の孝子の例を列挙し、また丁蘭が行った報讎に対して漢の皇帝

が刑罰を加えなかったことも例として引きつつ、家にあって孝である者はきっと国に対しては忠であると述べ、孝と忠とは並び立つものであると結論する」[31]。君としては、臣下が「大義滅親」と「忠臣」であると願うのはいうまでもないが、これによって、「百行之本」の孝という基盤を揺るがしてしまうと却って政治体制に不安定を及ぼす愚がある。だから、孝は忠に対して優越性を有すべき存在でなくてはならない。「こうして浸透した孝観念は、近現代の政治的・社会的変化をへても、中国社会に根強く生命を保っている」[32]とされる。

Ⅳ 仏教における「孝」

　仏教が中国に伝来したのは、遅くとも西暦紀元前後頃と推定され、経典の漢訳が開始されたのは二世紀中葉であった。中国思想の黄金時代とも言われる諸子百家の輩出した春秋戦国時代以降のことである。つまり、仏教伝来以前に既に中国思想は独自の文化の隆盛を呈出していたと思われる。孔子を始祖とする儒家や道家等以前の時代背景としては、宗教と政治とが一体化した国家が夙に築かれており、人民がよく生き、社会が安穏し、徳行が整ったという聖人の治世である。孔子は高くその堯舜時代を称賛している。中国に伝来したインド仏教は必然的に中国固有の思想の影響を受ける運命となり、換言すれば中国にはインド仏教を受容する土壌がある一方、それを排斥する下地もある。故に中国に定着した仏教は中国思想に基づく中国独自の宗教であり、仏教将来以前から中国には孝と思しき思想、黄老荘に見られる哲学としての流れが確固たるものとして存続しており、そこに仏教の影響を受け、中国化した新しい思想が生まれたと考えられる。「このインド仏教が儒教との論争を重ね、次第に対立から調和へと進展していったことは言うまでもない。この間、インド仏教は偽経を作り儒教の祖先祭祀の理論と儀礼とを取り入れ、独特の中国仏教を作りあげてゆく」[33]と説かれているように、中国における偽経[34]は斯様な流れの中で中国の風土や中国独有の思想に適応するべく誕生したのであろう。いうまで

もなく中国固有の「孝」という道徳観念が仏教に受け入れられたのも同様である。

そもそも仏教における剃髪出家は、「家」の秩序を破壊し、中国固有の至徳たる「孝」の儒教思想からすると相容れぬものとして真っ向から対立することも不可避であった。特に、魏晋南北以降、出家は「親を捨てるもの」として儒教側から激しい攻撃を浴びたが、それに対して仏教徒は孝の観念を巧みに取り込みながら、孝への接近融合を図った。中国で撰述された偽経等がその腐心の証しである。

仏教伝来以前の中国伝統文化は儒家文化を主流として血縁関係、家族本位の倫理道徳を核心とするものであった。親孝行と祖先祭祀はこの家族道徳の基盤を為している。一方、インド仏教には儒家のような「孝」に該当する概念がなく「報恩」を以て対応する。その所謂「孝」とは、父母が子供からの尊敬と扶養を受けると同時に、子供の養育義務を果たすべきであり、さもなければ子の孝養を得られないとされ[35] 儒家の「孝」と大いに趣を異にしている。大乗仏教では一切皆苦を基本教義とするため「苦難救済」「衆生救助」を出発点として「慈悲善施」「怨親平等」「自覚覚人」などを強調し、個人と衆生の解脱という菩薩行を最高の道徳観念とする。かかる仏教道徳観の下で親疎なく平等利他を唱え、上下尊卑なく個人解脱を求め、家庭、家族を修行の桎梏と見做し現実社会から逃避する。

親子関係については、儒教の強調する個々の親子の絆と違って、仏教が「一切衆生が五道輪転し、百千劫を経て、多生中において互いに父母と為る。互いに父母為る故に、一切男子即ち慈父也。一切女人即是慈母也」（本生心地観経）とあるように、衆生が六道輪廻を繰り返すため、人間界に生まれ変わるたびに父母が変わる。従って、互いに父子となって、親疎長幼を弁えかねるので世俗の父子の道に執着する必要がないと主張するわけである。故に『梵網経』に「一切男子是我父、一切女人是我母、我生生無不従之受生、故六道衆生皆是我父母」、更に『中本起経』には、「子非父母所致、皆是前世持戒完具、乃得作人」とある。つまり、転生とは前世の因縁に依り「持戒完具」の結果であるが、父母とは全く無関係であると説

いている。家族愛、家族血縁関係を否定してしまい、儒家の唱導する親孝行、仁礼と全く相反するもので、一般の中国人には受け入れられ難く、非難、糾弾の的となってしまった。

仏教は到来と共に、儒家の至徳の「孝」を始めとする伝統思想や王道政治、民族習俗等と鋭く対立し、抵抗に遭い排除されていた。中国での布教、定着と中国伝統文化との衝突回避を図るために、仏教は早くもその将来当初から中国化、中国文化との同化を目指し始め、中国化の過程において次第にその倫理道徳も儒学化するようになる。儒家の忠孝観念と家族思想が仏教に認められ、摂取されたことは中国仏教の道徳観における主たる特性となる。

この儒教への融和と同化に大いに役割を果たしたのは他でもなく偽経であると言っても過言ではない。而も中国だけではなく、日本にも奈良時代請来とされて、日本文化、信仰等に多大な影響を齎したとも言えよう。例えば、晋、六朝時代にそれぞれ現れた『盂蘭盆経』、『大方便仏報恩経』、初唐の成立と言われる『父母恩重経』等は早くから日本に伝わった。中国ではこのような偽経を本に、少なからぬ俗文学も演繹できた。例えば『盂蘭盆経』から『目連変文』、『大方便仏報恩経』から『双恩記』、『父母恩重経』から『孝必楽』等の変文や説話が生まれ、更に、孝道を素材とする『孝子伝』、『舜子行孝』等の孝道文学も登場した。日本でも江戸時代に『父母恩重経』の内容を分かりやすく解説した対俗教化のための書物が盛んに出版されており、中日にかかわらず広く受容され、仏教の一般への教化啓蒙の一翼を担っていたことが知られる。

『梵網経』は、鳩摩羅什訳とされるが、五世紀頃に中国で成立した偽経の一つである。その内容は、十重四十八軽戒という大乗仏教独自の戒律を規定したものである。大乗戒（菩薩戒とも謂う）を説く経典の中でも特に重要なものであり、大乗律第一の経典として中日両国において重視され、最澄伝教大師の大乗戒もこれに依っている。第四十八戒「自破内法戒」に人に破法の因縁を教え、また孝順心なく自ら仏戒を破ってはならないと律されるように、大乗戒について「父母、師僧、三宝に孝順せよ、孝順は至

道の法なり。孝を名付けて戒と為し、亦制止と名づく」と説いている。仏教の戒律は儒教の根幹たる「孝」と同義であると訴えられて、孝を戒律として厳守し不孝を犯してはならないということである。

　仏教は儒教との融和、一体化をも図ろうとしていた。『提謂波利経』にも仏教の五戒と儒教の五常との対応関係について説き、仏教の戒律と儒教倫理道徳の交渉と融合の様相を見せている。仁・義・礼・智・信の五常と、不殺・不盗・不婬・不妄語・不飲酒の五戒との一致配合を説き、五常五戒を実行することが大孝であるとし、父母を救済し、祖先に報恩するのが最大の孝であるとして、精神的救済を説いた。反対に五戒を犯すことを「不忠不孝」の行為として看做され、強く非難されていた。「仏言人不持五戒者為無五常。(中略)。先能行忠孝、乃能持五戒、不能行忠孝者、終不能行五戒。不忠、不義、不孝、不智、非仏弟子」と。

　『大方便仏報恩経』では仏教の「恩」と「報恩」についての在り方を説き、子供が父母の恩に報い、徳を以て怨を報いると提唱し、仏教と儒家との報恩思想の一致を訴えている。『父母恩重経』は母子の深い愛情を描き、父母の養育の恩に報いるべきで、写経、焼香、礼仏、布施を唱え、三宝を供養して父母の恩に報いるという、儒教的な人倫の教えを説いている。『盂蘭盆経』は『仏説盂蘭盆経』または『盂蘭経』等とも言うが、西晋三蔵高僧法師竺法護訳と記されている。『父母恩重経』等と同じく、中国で孝の倫理道徳を中心に成立したとされる。釈迦十大弟子の一人である目連尊者が餓鬼道に堕ちた亡母を救うために衆僧供養を行った結果、母にも供養の施物が届いた、という故事が説かれている。これが『目連変文』などの本となって目連が母を救う伝説が出来、広く流布したのである。

　この経典は千字足らずのもので、安居の最中、神通第一の目連尊者が亡くなった母の姿を探すと、餓鬼道に堕ちて倒懸の苦を受けているのを見つけた。喉を枯らし飢えていたので、水や食べ物を差し出したが、悉く口に入る直前に炎となって、母の口には入らなかった。あまりにも哀れに思って、釈尊に実情を話して救済の方法を問うたところ、「安居の最後の日に全ての比丘に食べ物を施せば、母親にもその布施の一端が口に入るだろ

う」と答えた。目連が釈尊の仰った通りに実行して、比丘の全てに施しを行い、比丘たちは飲んだり食べたりして大喜びした。すると、その歓喜が餓鬼道に堕ちている者にも伝わり、母の口にも入った。続いて「修孝順者、応念念常憶父母、供養乃至七世父母、年年七月十五日、常以孝順慈憶所生父母、乃至七世父母為作盂蘭盆施仏及僧、以報父母長養慈愛之恩」とも説かれている。毎年の七月十五日に盂蘭盆法事を行って仏及び僧侶に施しをすれば、自分一人の母だけでなく、一切衆生の七世父母を供養することによって、父母の大恩に報いることとなる。目連の孝行によって母の養育の恩に報い、盂蘭盆行事の功徳が七世父母にまで及ぶというような内容は中国固有の孝道と祖先崇拝を唱導するものである。この経典は仏教の孝道思想を宣伝するための有力な装置となった。

　盂蘭盆行事は、本来は安居の終わった日、旧暦七月十五日に盂蘭盆と称し、人々が衆僧に飲食等の供養をした行事が転じて、祖霊を供養し、更に餓鬼に施す行法（施餓鬼）となって行き、それに、儒教の孝行倫理の影響を受けて成立した、目連尊者の亡母の救済のための衆僧供養という伝説が付加されたものであろう。『盂蘭盆経』登場後、直ちに孝道に傾倒する中国の民衆から愛読され、広く流布するようになった。

　殊に南北朝になると、「三教合一」と力説する梁の武帝が『盂蘭盆経』を重要視して、大同四年（538年）に「幸同泰寺設帝盂蘭盆斎」（『仏祖統紀』）とあるように、帝自ら同泰寺にて盂蘭盆斎を設けたことが伝えられている。更に、「毎于七月十五日普寺送盆供養、以車日送、継目連等」（『仏祖統紀』）とあるが如く、梁の武帝の提唱によって盂蘭盆会が広まり、民間にも定着していったのである。それは、顔之推が子孫のために書き残した『顔氏家訓』終制編の一節からも察知される。「求諸内典、則無益焉、殺生為之、翻増罪累、若報罔極之徳、霜露之悲、有時斎供、及七月半盂蘭盆、望於汝也（仏教経典が教えるところにしたがって、それ以上のことを言っているわけではない。あえて殺生してまで、そうした祭祀に奉れば、却って罪業を深めることにもなるわけである。お前たちが若し限りない親の慈恩に報い、四季のめぐりと共に蘇る悲しみを偲ぶというのであれば、祭祀よりも、時

に施餓鬼会をしてくれること、また、七月十五日には盂蘭盆の法会を営んでくれることの方を、お前たちに望みたい)」と教導しているが如く不殺生の教えを守って、儒教の華美な祭祀は慎んでほしい。それより折を見て施餓鬼の法会を催し、また毎年七月十五日には盂蘭盆会を営んでほしいと言う。六朝末期の士大夫の代表とも言える顔之推が、儒教による祭祀の実行に消極的で、寧ろ仏教の報恩、不殺生に基づく法会を勧めていると首肯されよう。それは彼が敬虔に仏教を信仰していたことと当時の盂蘭盆会の浸透とに関係していたのであろう。

その後、歴代王朝では宮廷と民間共に旧暦七月十五日に盂蘭盆会が挙行され、父母の恩や祖先の徳に報いるものとされてきたがそれも次第に「孝親祭」へと変化してきた。特に唐朝では宮廷で行われた盂蘭盆会は大規模で贅を尽くしたものであると『唐書』に記されている。唐史によればこのような華やかな大規模の盂蘭盆会に関する記載が十五条もある。民間でも同様に盂蘭盆会の開催に情熱を注いでいた。その盛況振りについては遣唐僧円仁の『入唐救法巡礼記』の会昌四年 (844年) の記載からも看取される。「(長安) 城中諸寺七月十五日供養、作花蝋、花餅、仮花果樹等、各競奇妙。常例皆于仏殿前鋪設供養。傾城巡寺随喜、幸是盛会。今年諸寺鋪設供養勝于常年」。

宋代に下ると、盂蘭盆会は本来の目的から次第に遠ざかり「親孝報恩」から「死者祖霊祭祀」に変貌した。北宋の都である開封の繁栄した様子を記した『東京夢華録』巻八中元節条に、「七月十五日中元節。(中略)、印売『尊勝』、『目連経』。又以竹竿斫成三脚、高三、五尺、上織灯窩之状、謂之盂蘭盆。掛搭衣服、冥銭在上、焚之。(中略)、城外有新墳者、即往拝掃」のように、中元節に賑わう様子が描かれているが、そこでは、『尊勝経』、『目連経』の印本が売られ、一般庶民が郊外の墓に墓参りに繰り出し、法要を行う風景も生き生きと描写されている。

斯様な盂蘭盆会は明朝に至っても依然として七月十五日に漢民族の居住地域において盛大に行われて先祖を祭り、夜になると、川で灯籠流しを行う。それについて、『帝京景物略』に書き記されている。「歳中元夜、盂蘭

会、寺寺僧集、放灯蓮花中、」と、更に「（七月）十五日、諸寺建盂蘭盆会、夜于水次放灯、日放河灯。（中略）、上墳如清明」と記されている。中元節に冥銭を焚き、灯籠流しを行い、墓参りしていたことは明らかであるが、「上墳如清明」が示すように当時には墓参りは中元節のみならず清明節にも行われていたのである。今日に至って、中元節に紙銭を焚き先祖を祭る風習もあるが、一般としては清明節に墓参りをするのは主流となっているようである。つまり、中国では日本でいう旧暦七月十五日のお盆（盂蘭盆）を中元節と呼び、祖霊祭祀が行われる。地元の風習と習合して、盂蘭盆といった場合には日本と同じく仏教行事としての色彩が濃くなる。一方、日本ではお中元のことを盆礼とも言うがそれは中国において盂蘭盆と中元節の祭が早くから融合したためであろう。

　盂蘭盆会が一般に広がったのは、仏教徒以外の庶民が旧暦七月十五日を中元節と言って、先祖に供物し、灯籠を点して祖先を祭る風習によってであろう。この両者が一つとなって盂蘭盆の行事が一層栄えていったと見られる。尚、盂蘭盆会は海を渡って古くから日本に伝わり、今も本場中国に勝るとも劣らずに、正月に次ぐ大事な年中行事として盛んに営まれている。正に「盆と正月が一緒にきたよう」という慣用句の通りである。日本では、盂蘭盆会に関する初出例として『日本書紀』推古天皇十四年（606年）四月に、その日に元興寺にて斎を設けて、集まった人衆が「不可勝数」という盛況であり、続いて毎年四月八日（旧暦）と七月十五日に斎を設けると記され、また斉明天皇の三年（657年）には「作須弥山像於飛鳥寺西。且設盂蘭盆会」とあり、その五年七月には「詔群臣於京内諸寺、勧講盂蘭盆経、使報七世父母」とあるように、『盂蘭盆経』を講じて七世の父母の恩を報謝させたと書かれている。その後宮中の恒例仏事となって開催され、盂蘭盆供養、盂蘭盆供と称した。平安時代には毎年七月十五日に公事として行われ、鎌倉時代からは「施餓鬼会」（せがきえ）を併せ行った。しかし、明治初年に出された神仏分離令による廃仏毀釈のこともあって、明治五年（1872年）七月に京都府は盂蘭盆会の習俗一切を風紀上よくないと停止を命じたこともあった。お盆の概念は日本全国に広まっている

ため、その行事の内容や風習などは地方によって多種多様である。

「解脱して成仏するのか、それとも輪廻転生して苦しみつづけるのか、そのどちらかということになる。すると、成仏の場合は別として、輪廻転生するとすれば、理論的に言えば、霊魂は天界から地獄までの六つの世界のどこかに生れ変っているわけであるから、中陰の時期を除いて、霊魂はどこにも存在しないことになる」[36] と説かれているように、仏教では祖先祭祀という孝の重要な観念が不必要であると考えられる。出家して解脱しようとするために「在家事親」という孝もできない。そこで、儒家の倫理観に合うように妥協、習合しつつ儒教の孝という基本的な道徳観念を導入、摂取して儒教に接近しようとした。その過程において偽経も生まれたのである。その誕生によって儒教の孝は仏教に溶解することができた。その影響力は日本にも波及したと言ってよい。親に孝を尽くすことを儒教の徳目の第一とする儒教社会において、親を捨て家族と別れて出家することを勧奨する仏教の考え方が到底受け入れられるはずがない。仏教は反社会的、独善的教えとして糾弾された。家族の絆を壊し、不孝を奨励する異教として指弾された。そのため、孝を勧める偽経が必要とされた所以である。

V　現代社会における「孝」

　封建社会における「孝」は最高たる社会的地位と位置付けられ、伝統文化の基盤となったのみならず、社会、政治、生活の基盤でもあった。その「孝」を支えたのはほかでもなく家族主義を基底とする伝統的な農業社会である。しかし、自我を標榜し個性を唱導する現代社会では、社会の多様化、価値観の相対化などによって「孝」の社会的地位も矮小化され、「孝」の外延も制限され家庭に収斂され、社会全般への波及は不可能となった。

　即ち、現代社会における「孝」は、家庭での子供が親に対する善い態度や振る舞いといった限定的なものに変わった。換言すれば、家庭道徳の徳目としてのみ機能しており、従来の道徳倫理の基盤、核心としての役割を

失ってしまったと言え、それは以下の如きことに由来すると考えられよう。一、家長制度を基底とする封建社会の崩壊、平等意識の台頭、家長尊厳の低下、父から男子への家督相続制度の弱化などによって「孝」の基盤沈下、動揺を容赦なくもたらしている。二、現代人は自我を尊重し、個人の成功を重んじるという個人本位の価値志向のため、家庭本位を根幹とする「孝」の実施が難しくなった。また価値観、生活様式などの違いによって、親子間のジェネレーションキャップが生じて孝行を行うことは困難である。三、現代人にとって知識、情報や社会経験などの獲得において年輩者の体験や口伝が果たす役割は嘗ての如くならずに限定されたものとなっている。つまり、年齢はもはや権威の証しでもなければ、富をもたらすものでもなくなったのである。それによって年長者の家庭乃至社会における地位は嘗てなく下落してしまって、「孝」文化の基盤も脆弱化を呈している。四、夫婦を中心とする現代の家庭は、父子を核心とした封建社会における家庭を異にして、次第に核家族化が進んでいる。家族関係も親子の愛情によって構築、維持されるため、至高の倫理道徳としての「孝」の機能は弱まっている。

　現代社会における「孝」の地位、役割は紛れもなく沈下、減弱しているが、家庭生活、親子関係などが存在する限り、また、それらの対応を図る必要もある限り、「孝」の存在、作用も不可欠であると言ってよい。さて、現代社会における「孝」は伝統的な孝道に対して如何なる相違点を見せているのか、いわば、所謂新孝道の特徴とは何かを探ってみよう。先ず、考えられることは親子関係における人格上の平等である。古来「孝」は、「父慈子尊」、「父為子綱」のように「父主子従」という人格上の不平等関係の上に成り立っていたのである。つまり、親は権利の主体である。一方、子はその権利を遵守する義務のみである。親子は不平等な上下関係によって結ばれていた。

　しかし、現代社会における親子関係は人格上の平等、相互尊重という社会通念の上に立脚して形成されている。これは現代社会の孝道を構築する基本となるであろう。だから、親のいうことに従うという伝統的「孝順」

に対して、現代の人々は賛否両論の姿勢を取っている。例えば、1991年『家庭』雑誌が行った「家庭の世代と観念」に関するアンケート調査における「孝」について「父母のいうことに従う」という設問に対して賛成の回答は5割強に過ぎない。同様に筆者が2009年日中両国の男女各100名の大学生を対象に「孝」の意識についてアンケート調査を実施した。質問四「親のいうことに従うのは親孝行と思いますか」に対して両国の大学生とも7割以上「思わない」と回答したのである。かかる結果は現代社会における親子関係が平等のものであり、子が親の権威に盲従する必要はないことを物語っている。それのみならず、親子対立、ジェネレーションギャップも深刻化して、親孝行は危機に直面しつつある。例えば、2010年6月に中国青年新聞社会調査センターが3000人以上の80年代生まれの若者を対象に行った調査では、約7割は親子関係がうまく行っていない、又、ジェネレーションギャップが6割に達している、いつも親と衝突するのが1割もある、との回答結果が出た。

　親子両方が共に義務を負うという義務の双方性はもう一つの特徴として挙げられよう。封建社会における「孝」は、人格上の不平等によって義務履行において子が一方的に義務を負わされていたという不条理を招き、「重孝軽慈」という傾向が顕著である。つまり、一方的に子供に親孝行を要求するのに対して、子供を育むという親としての義務が等閑視されてきた。現代社会では、親子が相愛、相互尊重という関係にあり、親が子を慈しみ、子が親を孝行し、互いに各々の義務を負い、互いに受益するという公平で且つ公正の「孝」が求められる。日本においても同様な傾向を呈している。「一方的な子の献身のみを讃えてきた孝行譚が、親としての役割や任務をも書き加えざるをえなくなっていく点に、「近代の孝」の特質を求めることができる」と述べている[37]。

　更に、畏敬の「孝」から愛情へ変わっているという点も考えられる。現代社会では「父為子綱」という親の絶対的な権威の低下に伴って「厳父」の替わりに「慈父」が増えている。そのため、親を畏敬する子の「孝」は親子が愛情を持ち合いながら、相互尊重に変容するようになっている。封

建社会では、「孝」は、道徳観念の核心として推し崇められ、法律や家訓などによってその実施、進行が保障され、人間として遵守すべき最高の徳目である。いわば、他律性の強い道徳規範であるとも言えよう。しかしながら、現代社会では嘗てのように他律的に「孝」を推進することが出来なくなる。その代わり、盲従、形式的な「恭敬」という「孝」の説教を止め、親及び人を思いやることを諭しその意識を自覚させることは肝要である。これによって、子供が真の「孝」とは何かを理解させ自律的に親を愛し、大事にするのは現代社会における「孝」の道である。

現代社会における「孝」の変貌によって、「長幼の序」いわば親子関係が逆転してしまう。従来中国では「孝」思想の下で尊老、敬老、養老を至高の徳目として「長幼の序」を重んじてきたが、今日では都市化や家庭規模の小型化、家庭形式の多様化の進行、一人っ子政策の実施のため、子供が一躍して家族の中心となり、「小皇帝」「小公主」に変身してしまっており、「敬老」から「軽老重幼」という親子関係に変わるようになった。それによって、子供は自己中心となって、親や家族を思いやることなく、我が儘で利己的になる。親孝行どころか、親を食い物にする「啃老族（ニート）」や親に全く仕えず自分だけで贅沢な生活をするために月給を使い果てる「月光族」、学校にも行かず、仕事もせぬ家に籠る「蹲家族（家里蹲）（ひきこもり）」などの若者が数多く現れて、「孝」と相反する広範な社会現象として注目されている。よって、斯様な新語が次々と生まれて、深刻な社会問題となり、「孝」の実施に大いに影響を及ぼしている。

また、「養児防老」という伝統的な孝の観念は現代社会での実践が難しくなっている。例えば、一人暮らしのお年よりのことを表す「空巣老人」という新語が登場して、中国ではいま2340千万もの「空巣老人」が子供の面倒を受けられずに孤独の生活を強いられている。一方、新しい家庭形式「丁克家庭」も20世紀80年代から中国社会に登場するようになり、爾来、その数は雨後の筍の如く、増加の一途を辿る。「丁克」とは「DINK」の中国語の音訳で、「double income and no kids」の短縮表現であり、夫婦共稼ぎで子供を持っていないという意味とされる。つまり、結婚していても子

供を持たないという夫妻のみの家庭である。

　例えば、2005年8月に北京零点調査会社と指標データサイトとが共同して北京、上海、広州、武漢四大都市定住者1031名（18歳～60歳）を対象に、家庭形式について無作為抽出法で電話アンケートを行って、その統計結果に依れば、「丁克家庭」は全体の10.51％に達していることが明らかになった。また、同じ北京零点調査会社が2005年1月に北京、上海等の7都市の定住者2252名（14歳～60歳）を対象に訪問調査を行ったところ、37％もの被調査者は「丁克家庭」が今後も更に増えると思っていることが分かる。「丁克家庭」の出現、定着、増長はいうまでもなく中国の伝統的家庭観、「養児防老」という家族による老後扶養の意識、特に「不孝有三、無子為大」という伝統的な「孝」思想とは全く相容れないのである。と同時に、それにより本来の家庭としての社会的機能も大いに委縮、低下してしまう。

　日本も同様な傾向を呈している。例えば、2009年の内閣府の男女共同参画社会に関する世論調査では、「結婚しても、必ずしも子どもをもつ必要はない」との考え方に、「賛成」「どちらかといえば賛成」という回答が全体で4割を超えた。しかも、若い年代ほど賛成派の割合が高く、すべての年代で女性が男性よりも賛成派が多かった。即ち4割もの回答者は「丁克家庭」を選択して伝統的な家族観、親子関係、「孝」という価値観と決別しようとしている。現代社会の「孝」はかつてなく存亡の危機に瀕しているとも言えよう。

　数千年に亘る「孝」文化を誇る中国人は、現代化の波に押されて生活様式や価値観、道徳観が変わって、「孝」文化と相容れない不孝の行いが頻発しており、大いに反省すべき現実である。だからこそ、現代社会に相応しい「孝」文化を構築することは喫緊の課題である。「尊老敬老」というよき伝統を保ちながら、世代間の不平等という封建的な不合理を廃棄して、親子の愛を基とする平等の親子関係を築き上げ、新孝道を探るべきである。

VI 日中両国の現代社会における「孝」についての比較

　「孝」は、夙に日本に伝来、受容され、また、日本の社会、政治、文化等の変動と共に変容を遂げてきた。戦前まで至高の、最も大切な徳目として法律や教育方針において定められていたが、第二次大戦後、伝統的な家族制度の崩壊に伴い嘗て依存していた法的な裏付けと社会的な生存の土壌が失われてしまった。人権が幅を利かせている現代社会では、親には子供を養育する義務があると同時に子供は養われる権利を持つといった法的保障が明文化され、嘗てのように子供に一方的に親の孝行を尽くすことを道徳的にも法的にも要求していたのと対極的になったのである。つまり親は子供の養育の責任、義務を負うことによって、子供は親の自分のためにしたことを当たり前のように捉えて、感謝や恩返しを考えなくてもよいようになった。換言すれば親に対して恩を返す気持がなくなり、恩の意識も希薄になっている。法律上では子供を養育しない親は一方的に罰せられるが、成人した子供は親の養育を怠っても法的処分の対象になりかねるという現状である。この点では、中国の子供が親を養うべきであると義務付けられている現代中国の法的措置と異なるのである[38]。

　また、現代日本社会では、戦前までの行き過ぎた「忠孝」に決別を告げ、「孝」が「忠」と共にタブー視され、形骸化されるようになった。戦前への反省と是正のために、学校教育では「孝」観念が希薄化され、清算の対象となり、例えば、小・中学生の道徳指導要領には「孝」という字が消えてしまったのである[39]。それに対して、中国においては、日本と違って「孝」という道徳観については、内実や実践の形式は確かに時代と共に変貌しつつあるが、絶え間なく確実に今日まで継承され、重要視されており、社会、家庭教育はもちろんのこと、学校教育でも子供に対する道徳教育の大事で且つ不可欠な徳目として位置付けられている。例えば、2004年に『小・中学生心得』修正版が公表され、全部で10条からなるが、その7条に「孝敬父母」とあって、子供たちに親を孝行し尊敬するように提唱し

ている。また、『小中学生心得』の実施細則としてそれぞれ『小学生日常行為規範』と『中学生日常行為規範』が制定、公布された。『小学生日常行為規範』は20条、『中学生日常行為規範』は5大項目と40条によって構成され、子供たちに日常生活においての細かい心得を示し、それらを遵守するように訴えている。そのいずれにも親孝行、敬老という道徳観が確認される[40]。日中両国の現代社会に見られる「孝」意識についての相違は斯様な背景にも一因があると考えられる。

一方、家庭は家系から解放され、都市化につれて核家族化が加速化を見せ、そのため親子関係も変化した。戦前のように、親特に父親は一家を支える大黒柱として働き、子供にとって厳父として跋扈するのに対して、子供は親を尊敬、孝行するといったような親子関係は存在していない。その替わりに、親は子供を可愛がって大事に育てるが、だからといって子供に頼るつもりはなく専ら子供のために尽くす。つまり、子供の恩返しを期待せず、子供を楽しい生活の糧、家族の絆として捉えているのである。一方、子供は、親が子供の養育を楽しんでいるため、親に安心して依存するだけである。従って、親に報いるという自覚を持つのは難しくなるとされる[41]。更に、末方鉄郎氏が小学生の五、六年生に「親孝行」について作文などを書いてもらったところ、現代の子供たちの描いている「親孝行像」が、「如何に現実的、如何に物質的であるかということを感じざるを得なかった」と指摘されている[42]。

かかる親子関係の変化が親孝行の意識にも影響するのも言うまでもないことである。例えば、深谷昌志は『親孝行の終焉』において日韓の母親に「子供」がどういう意味を持つのかについて調査してみた。それに依れば、

	東京	ソウル
①成長が楽しみ	69.3%	65.8%
②無条件でかわいい	54.4%	52.4%
③夫婦をつなぐ絆	26.7%	56.1%
④家の名を継ぐ	7.9%	54.1%

⑤老後の世話をしてくれる人　　　3.6%　　　　19.8%
　　　　　　　　　（「とても」「かなり」そう思う割合）

のように、東京の母親は「子ども」は「かわいくて成長が楽しみな存在」だとの回答は殆どであるが、老後を見てくれる人と答えているのは3％強に過ぎない。韓国の母親も日本と同様に「子どもの成長が楽しみ」の割合が最高に達しているが、「老後の世話もしてくれる」と考えている割合が多い。更に、子どもに「老後の面倒をみてもらいたい」について訊ねたところ、東京の母親は「できれば」の13.3%を含めて15.8%がそう思っているのに過ぎないが、ソウルの母親が老後を見てもらいたいと思う割合は36.8%（「できれば」だけで26.5%に達するとされる[43]）。即ち、日本人の親は子育てを人生の楽しみとして捉えて、老後も含めて子供に頼ろうとしない。だから、子供に老後を見てもらいたいとする回答の割合は低かったのである。期待しないというよりも寧ろ期待できないという方が妥当であろう。それは日本の子供が「親の老後を見てくれる」というアンケート調査に対する回答率の低さからも窺える。

　例えば、日本青少年研究所平成8年度「日・米・中高校生の親孝行に関する調査」に依れば、「どんなことをしても親の面倒を見たい」に対して、日本の高校生は賛成の割合が僅か15.8%に止まり、中国の高校生は66.2%もの賛成率に達している。両国の格差は親孝行を「当然果たすべき義務である」という問いへの割合にも反映されている。「全くそう思う」は日本の高校生が26.8%のみであるが、中国の高校生は82.2%に上る。また、親が高齢になった時、「子供に面倒を見てもらうつもり」であろうと三国の高校生の想像した結果も類似している。中国の高校生は33.2%と三か国の中で最も多く、日本は13.1%に止まり最低となる。当然なことながら、老後を「子供に期待していない」では、日本が最高の14.6%となるのに対して、中国6.0%であった。同様な傾向は深谷昌志氏が行われた日中両国の調査においても看取される。

　『親孝行の終焉』において「親が年を取り歩けなくなったら」の問いに東京と中国のハルピン市の子供は以下のように答えている。

	東京	ハルピン市
①老人ホームに	24.1%	0.9%
②近くで世話	21.8%	15.1%
③自分が家で世話	54.1%	84.1%

「ハルピンの子どもたちの84.1%は親の老後をみるという。そうした限りでは少なくとも一人っ子たちは親に依存するのでなく、親孝行するつもりらしい」[44]と説明されている。いわば、「養子防老」という中国の伝統的な親孝行意識は、儒教文化の本家においてまだまだ健在であると言えよう。他方、中国の親たちは子どもに老後の面倒を見てもらいたいと期待し、老後子どもと同居しようとしているようだが日本の親はあまり期待していないようである。それは、深谷昌志氏が1994年に東京、ソウル、北京の中学生を持つ母親を対象に行った国際比較調査の結果からも見て取れる。「年をとったら子どもと同居したいか」に対して、それぞれの母親の回答率が、東京15.8%、ソウル36.8%、北京67.7%となり、北京の母親は子どもとの同居を高い割合で期待している。一方、中国の子供も親との同居をしたいという傾向を見せている。例えば、中国青年新聞社社会調査センターが2010年に中国サイトと互動サイトを通して1612人(内一人っ子42.1%)を対象に行ったアンケートの中で43.5%もの子供が親と同居して、自ら親の老後を見たいと回答している[45]。

　一方、戦前まで「どんな犠牲を払っても、子は孝を尽くさなくてはならない」と教育勅語や修身書等に於いて唱導されていた、子供に一方的に負わせられた「孝」はいうまでもなく存在する土壌を失って終焉したと言ってよい。この点について上掲した「日・米・中高校生の親孝行に関する調査」における「親孝行についてあなたはどんなイメージ持ちますか」という問いに対して、「自分が不必要な犠牲をはらわければならない」と回答した割合は、「全くそう思わない」否定率が僅か15.7%となり、つまり、親孝行を不必要な犠牲として捉えて、従来の義務的な行為である意識が希薄となったことを物語る。それに対して、中国では「不必要な犠牲を強く否定」するという伝統的な「孝」の価値観が47.2%に達して、依然として

勢力を保っているようである。一方、「子孝」に対して、「父慈」、つまり、親が子供のために犠牲を払えるのかを併せて考える必要である。例えば、『世界23カ国価値観データブック』に拠れば、「親は子供の犠牲になっても最良のことをしてあげるべき」と「親は子供の犠牲になるべきではない」という問いに対して、中国人の「犠牲派」は53.8％となって、日本人の41.8％を上回っていることが分かる[46]。つまり、中国では、子供に「子孝」という一方的な行為を求めるだけではなく、親の「父慈」も重んじられ、両者が相俟って「孝」を支えているように思われる。

さて、現代の若者が考えている「孝」とは如何なるものか、それについて、筆者が2009年に日中両国の大学生を対象に行った「孝」意識に関するアンケート調査[47]の「親孝行とは何か」という項目の回答から察知される。両国の大学生の答えについては次のように分類できる。

日本（複数回答可）
1、親を喜ばせ、安心させ、満足させること（最多の回答率）
2、実家を離れても親とよく連絡を取り、たびたび父母のもとに帰ってきて顔を見せること
3、親の老後の面倒をみること、年老いた親を養うこと
4、親の恩を返し、感謝すること
5、親を思いやり、大事にすること
6、親より長生きすること
7、就職して自立した社会人になること
8、親に学び、親を尊敬すること
　（注：数字は数量の多寡、分類の上下関係を表すものではなく、あくまで論じやすいために付けたものである。以下同）

中国（複数回答可）
1、親のいうことに従い、その気持ちを理解し尊敬すること（最多の回答率）

2、親を思いやり、大事にすること
3、親の老後の面倒をみること、年老いた親を養うこと
4、実家を離れても親とよく連絡を取り、たびたび父母のもとに帰ってきて顔を見せること
5、親を喜ばせ、安心させ、満足させること
7、就職して自立した社会人になること
8、親の恩を返し、感謝すること

　一読して分かる通り回答は『孝経』等に讃えられていた孝子の行為とはやや異なった様相を呈している。例えば、『孝経』に依れば、「孝子之事親也、居則致其敬、養則致其楽、疾則致其憂、喪則致其哀、祭則致其厳、五者備矣（孝子の親に事ふるや、居には即ち其の敬を致し、養には即ち其の楽を致し、疾には即ち其の憂を致し、喪には即ち其の哀を致し、祭には即ち其の厳を致す。五つの者備わる」（紀孝行章）とあるように、善く父母に事える子が「居、養、疾、喪、祭」という五者の孝行を行うべきであると説かれているが、両国大学生の回答を比してみれば、その違いは歴然として存在している。現代人の孝行には「喪、祭」が完全に姿を消していると言ってよいが、「孝」の念を生起させるとも言える親に感謝し、恩返しするといった「親の恩を返し、感謝すること」を孝行としている考え方が両国の若者にも根強く残っている。
　一方、「親を喜ばせ、安心させ満足させること」は、「養則致其楽（親を養う時には、できるだけ心から楽しんでするように）」と異なり「親を養う」ことを前提とするものではなく、「生活、学業に励む」とか「自分が幸せになる」とか「親の手伝いをする」というように自己の努力によって親を喜ばせるものである。また、明治以降高らかに唱導されていたが、戦後、一転して槍玉に上がった「忠孝」道徳倫理、「滅私奉公」意識もいうまでもなく全く表れていない。
　更に、両国大学生の答えを見比べれば、中国の若者には見られず、日本の若者にしかない「親より長生きすること」という親孝行と、また、日本

若者の独有の「親より先に死ぬこと」という親不孝とは注目に値すべきことである。つまり、日本の若者は命を大切にするという伝統的な「孝」の価値観を無意識のうちに身に付けているが、視点を変えて言えば、若者の自殺問題が深刻化していることも考えられよう。一方、中国の若者の「親のいうことに従い、親の気持ちを理解し、親を尊敬すること」という最多の回答率である親孝行は古来の「孝敬」という意識が依然として根強く中国社会に残っていることを裏付けたことになる。この点については『世界23カ国価値観データブック』にも示唆されている。例えば、「欠点ある親でも子は尊敬」と「欠点ある親は尊敬しない」の設問に対して、中国人は「尊敬」と答えた割合が78.2％で、日本人の65.5％を上回っており、「孝敬」価値観が機能している[48]。「枝葉連続して、親を顕し、名を揚げん事」（巻第三医師問答）と、『平家物語』にもあるように、「立身行道、揚名於後世、以顕父母、孝之終也」（『孝経』開宗明義章）という親を顕彰し、後世に名を残す「孝」は、両国の若者の「就職して自立した社会人になること」に相当し、親の「揚名」にはならないが、「親を喜ばせ、安心させ、満足させること」も立派な親孝行の実践として若者が考えている。これは『世界主要国価値観データブック』からも窺える。例えば、「人生の目標」についての「親が私を誇りに思えるように努める」という問いに対して、「賛成」と答えた割合は日中両国がそれぞれ54.5％と57.6％となって[49]、親を喜ばせようとするという現代人の親孝行意識を浮き彫りにさせている。また、「実家を離れても親とよく連絡を取り、たびたび父母のもとに帰ってきて顔を見せること」という孝行の行為は、「親を養う」ことはできないというより寧ろその必要性がなくなった現代社会では、物質的な援助よりも精神的な思いやりの方が一層大事であることを反映しており正に中国に公布されている1996年『老年人権益保障法』に訴えられ、唱導されている通りである。例えば、その第11条に「贍養人応当履行対老年人経済上供養、生活上照料和精神上慰籍的義務（贍養人は高齢者に対しての経済的な扶養義務のみならず、生活上の世話と精神的な慰めの義務をも履行すべきである）」と定められているが如く、扶養者としての子供は経済的な扶

養に止まらず、親への心の慰め、癒しも求められている。つまり、親を喜ばせたり、楽しませたりすることも現代社会における「孝」を実践するための大事な徳目となっていると言えよう。

　加地伸行氏の『孝経全訳注』などによって「祖先祭祀（過去）―親への敬愛（現在、「養」を含む）―子孫一族の繁栄（未来）の三者を併せて孝と考えている」と指摘され、同様に肖群忠氏『孝与中国文化』にも「孝在西周乃至春秋之前、其初始義是尊祖敬宗、生児育女、伝宗接代。善事父母是其後起之義、前者可以説是一種宗族倫理、後者才是家庭道徳（孝は西周乃至春秋時代前に、祖先尊重、先祖敬重と子を生み育て、代々継承するといったことを最初の原義とするが、善く父母に事えるのはその以後に生まれた概念である。前者は宗族倫理であり、後者こそは家庭道徳であると言えよう）」[50]とも説かれているが如く、両国の若者の「親孝行」には子孫を残して、先祖を祭るという大事な「孝」観念が全く見られていない。つまり、「孝」を構成する宗教的な祖先祭祀という孝行は、現代の若者にとっては完全に無縁の存在として理解されているようである。それは、「ほとんどの人は、親に対して物・心ともに尽くすこと、という道徳的なもの」[51]であるという現代社会に生きている人々の「孝」意識、志向に一因を求めることができるであろう。確かに、中国では清明節（二十四節気の一つ、いま先祖祭祀のための法定祭日となっている）の墓参りや日本ではお盆などによって祖先祭祀が行われるが、それは若者にとっては「孝」を実践するための行為であるという認識に至っていない。斯様な若者の親孝行は近世初頭『大日本野史』に表彰された孝子の尽くした「孝道」[52]と比べて見れば、大いに変容したことが分かり、時代差、社会の変化を如実に示している。

　　至孝至順孝感として適った者
　　看養或いは病親に誠を尽くした者
　　帰省して親に尽した者
　　父の仇討ちをした者
　　父母の祭祀、家礼を厚くした者

親を探索追慕した者

姑舅によく仕えた者

兄弟譲り合ったもの、その他孝悌の者

冥福供養を尽くした者

墓側で慰霊した者

或いは妻を離縁してまで或いは娶らないで孝を尽くした者

父母の悪癖を直した者

孝貞を尽くした者

自ら親の墓を作った者

辛苦艱難をして仕えた者

恭敬和親

祈って親の疾を直した者

遺体を傷つけて泣いた者

親を慰めた者

父を助けた者

　親の死後の「孝」を尽くした「孝子」が際立っている。近世では父母の死後の「供養」は「孝」の肝要な行為として位置づけられ、把捉されており、現代と大いに異なっている。また、苦労を伴った「孝子」も多く、今日のような「親を思いやり、大事にすること」という心遣いや気持ちを示すのみに止まる親孝行とは雲泥の差がある。大家族が一緒に暮らしていた近世社会では、現代の親に抱えているような孤独、寂しさを克服するための「実家を離れても親とよく連絡を取り、たびたび父母のもとに帰ってきて顔を見せること」といった親孝行は不必要だったであろう。

　他方、同じアンケート調査の「親不孝とは何か」について日中両国の大学生が具体的に答えて、それらを以下のように大別することができる。

　日本（複数回答可）
　1、親より先に死ぬこと（最多の回答率）

2、親に心配、迷惑を掛けたりして泣かせること、恥をかかせること
3、親に反抗し、暴力を振ること
4、親に感謝しないこと、恩を返さないこと
5、親の面倒を見ないこと、親を養わないこと
6、親との会話をしないこと、親と連絡を取らずに音信不通になること
7、学業を怠ったり、仕事に付かなかったりして自立できていないこと

中国（複数回答可）
1、親を気に留めないこと、理解、尊敬しないこと（最多の回答率）
2、親に反抗し、暴力を振ること
3、親に心配、迷惑を掛けたりして泣かせること、恥をかかせること
4、親に感謝しないこと、恩を返さないこと
5、親の面倒を見ないこと、親を養わないこと
6、親との会話をしないこと、親と連絡を取らずに音信不通になること
7、学業を怠ったり、仕事に付かなかったりして自立できていないこと

　日中両国の大学生の「不孝」について右のようにそれぞれ7項目と分類されるが、「親を養わない」という最大の親不孝としては目立たない存在となっている。これは、現代社会に生きている若者の「孝」と「不孝」に関する観念の変容を見せており「孝」という価値観の多様化、細分化、微小化の様態を呈している。3、5項目を除いて、いずれも親のために労力を費やすのではなく、自己の努力不足と不注意による「不孝」となる。3項目の「親に反抗し、暴力を振ること」は日中両国において大きな社会問題として注目されている親虐待事件の多発を投影しているし、「孝」という道徳観の低下、親子関係の希薄が浮き彫りになる。7分類の中に「親よ

り先に死ぬこと」と「親を大事にしないこと、理解、尊敬しないこと」が双方の独有の項目として挙げられている。日本の大学生が「親より先に死ぬこと」を親不孝として捉えていることは、「身者父母之遺体也（身なるものは父母の遺体なり）」（『呂氏春秋』孝行覧、『礼記』祭義篇、『大戴礼』曾子大孝編）や「身体髪膚、受于父母、弗敢毀傷、孝之始也（身体髪膚、これを父母に受く、敢えて毀傷せざるは、孝の始なり）」（『孝経』開宗明義章第一）という「孝」の翻案であり、両親の遺体としての大切な命を守らなければならないと理解されているのである。つまり、自分の生命を親に依っているため、子供は親に由来する自己の存在を保全すべき義務を負い、命を大事にして生きていてはじめて親孝行を全うし得るが、さもなければ親孝行の実行は単に絵に描いた餅に過ぎず、不可能であるばかりでなく親を悲しませるのみである。だから、日本人大学生は親孝行として「自分を大切にして親より長生きすること」と多く回答しているわけである。その考え方の根底には親から貰った命を粗末にしてはならず大切に扱うべきであるといった本来の「孝」意識が依然として働いているとも言えよう。

　また、裏返して言えば、「親より先に死ぬこと」を「不孝」として考えるのは若者の高い自殺率という背景によるところが大きいとも看取される。今日の日本社会では、人間関係の過疎化や社会に充満している閉塞感などのため、生活苦や心の病等を抱えながら自ら命を絶つという衝撃的な自殺事件が後を絶たずに多発している。近年来毎年自殺者が3万人を超えて、ついに日本は世界に冠たる自殺大国となった[53]。中でも二十代、三十代の自殺者が特に目立っている。これは日本の自殺についての「許容度」の高さにも関わるかと考えられる。『世界主要国価値観データブック』に拠れば、面接調査の問73「許容度」についてその「自殺」という設問に対して、「間違っている」との回答率は、日中両国がそれぞれ45.8％と63.0％となって[54]、中国人の「自殺」に対する「許容度」が低いのに対して、日本人が相当高いことが明らかである。つまり、日本の高い自殺率は斯様な自殺に対しての高い許容度にも一因があると言えよう。しかし、如何なる事情が有るとはいえ、自ら死を選ぶのは「親より先に死ぬこと」であり、

親にとって最大の不孝でありこの上ない悲痛となる。それは中国と日本を問わず、昔も今も変わらないことであろう。例えば、『延慶本平家物語』では、平家一族の棟梁、当世の良臣孝子と称賛された重盛が熊野詣での祈願において「親残留テ子ヲ前立ルは、子の為不孝ノ罪深シ」、「親ニ先立子ヲバ不孝ニ同トコソ申セ」（第二本、小松殿熊野詣事68オ⑤、69オ①）とあるように、親に先立つ子は「不孝」であり、罪も深いとされている。一方、子に先立たれた親については同じく『平家物語』において息子重盛の夭折を受けた父清盛が「親ノ子ヲ思習、愚ナルダニモ悲シ」と悲哀の心情を吐露している。また、『本朝文粋』の第十四巻に収録されている親より先に他界した子を追善する願文にも親の沈痛な思いが次のように描かれている。「泣而更泣、玉卵共破於煙巣、悲之又悲、瓊苗同枯於芝畝」（420為左大臣息女女御修冊九日願文、後江相公）、「悲之亦悲、莫悲於老後子、恨而更恨、莫恨於少先親」（424為亡息澄明冊九日願文、後江相公）、尚、この大江朝綱の哀情表出文は秀句として『古今著聞集』、『十訓抄』などに引用され、世に知られているのである。今日の若者が「不孝」として挙げられた「親より先に死ぬこと」には斯様な歴史的な背景との関連性もあると考えられよう。但し、『孟子』離婁章句上に「不孝に三あり。後無きを大なりとなす」とあるように、祖先の祭祀の承継者が最大の不孝という意識は看取されかねる。

　自殺者を減らすには、国、社会及び家族の積極的な対策が欠かせないが、「身なるものは父母の遺体」である命を大切にすべきという「孝」に関する教育も現代社会においては重要且つ不可欠である。つまり、大学生のように、「親より先に死ぬこと」を「親不孝」として認識すればおいそれとは簡単に自分の命を絶たないであろう。もう一つ憂慮すべきことは、親族間殺人事件が相次いで起って、全殺人事件の約半数に上っていることである[55]。また「孝」を構成する親の子に対する「慈愛」に反して、悲惨な子供虐待事件も頻発して人々の心を痛めている。例えば、福岡市の情報誌『リトル・ママ』が2010年8月にその会員を対象に子供の虐待に関するアンケートを行って、1103人からの回答を得たところ、「虐待をしたと感

じたことがある」という回答が33.9％に達しているという驚愕且つ心痛を禁じえない結果となった[56]。家族崩壊、親子の紐帯の綻び、人間関係の過疎化及び日本の特有の国民性等の要因が挙げられているが、現代社会における「孝」についての時代遅れの考えや等閑視にも一因を求めることが出来るのではないか。従って、現代社会でも「孝」は決して過去のものではなく、その価値を再認識、再評価すべきであると思われる。それに対して「私は「親孝行」というような概念は、はっきりと捨て去るべきだと思う」[57]という主張も見られる。

　一方、中国の大学生の最多の回答率である「親を気に留めないこと、理解、尊敬しないこと」は現代の若者の理解している「孝」を表象して、伝統的な「孝」という道徳観と乖離しているとも言えよう。それは、親子の絆が弱まり、世代間のジェネレーションギャップが生じ、人間としての平等意識が高まっているといった社会変動に関連するであろう。反対に、「孝」の核心となる「親を養う」意識は希薄になっており、6項目を併せて考えれば若者の「孝」意識として親に労力を尽くすというよりも精神的な配慮の方が一層大事となっている。つまり、親には昔のように子に養われる必要性がなく、寧ろ子どもからの日常的な気配り、思いやり、会話などをほしがっていると考えている。今、中国には新しい社会現象として注目を浴びた「空巣老人（子女と離れて暮らす高齢者）」が1億6700万人の高齢者の半分以上を占めていると言われて、孤独の生活を余儀なくさせられている。だから、親を思いやる気持ちはより一層必要とされる。つまり親の寂しさや孤独を緩和するべく、親との会話をしたり、親に電話を掛けたり手紙を寄せたりすることは大切である。伝統的な「孝」は『論語』に「子曰、父母在、子不遠遊」（巻二、里仁第四）と論じられているように、父母の存命中は、子が遠くへの旅をしないように諭している。つまり、子は親を離れずに親と一緒に居て孝行すべきであるといった農耕社会における人々の「孝」であった。しかし現代社会では仕事の多様化に伴い、実家を後にして遙か遠方で仕事に就き親子が離れ離れに暮らすことは一般化しているため、孤独の「空巣老人」が図らずも数多く生まれた。斯様な親の

寂しい心を癒し、慰めるために、一緒に暮らせないが、せめてもの親孝行として「親とよく連絡を取り、たびたび父母のもとに帰ってきて顔を見せること」と日中両国の大学生が回答している。このような「精神的慰め」は孤独の高齢者にとって物質よりも寧ろより欠かせないものであると捉えられ、その対策として中国新高齢者法の「老年人権益保障法」改定草案に「常常回家看看（高齢者と離れて住む者は頻繁に訪問したり、常に連絡を取ったりしなければならない）」という文言を新たに盛り込んだと報じられている[58]。

　儒教文献には「不孝」に関する論考が多く確認できるが、著名なものは『孟子』離婁章句下において列挙されている「五不孝」であると言えるので次にそれを挙げて、現代の若者の「不孝」と比較してみよう。「孟子曰、世俗所謂不孝者五。惰其四肢不顧父母之養、一不孝也。博弈、好飲酒、不顧父母之養、二不孝也。好貨財私妻子、不顧父母之養、三不孝也。従耳目之欲、以為父母戮、四不孝也。好勇闘很、以危父母、五不孝也」
（其の四肢を惰り、父母の養を顧みざるは、一の不孝なり。博弈し、好んで酒を飲み、父母の養を顧みざるは二の不孝なり。貨財を好み、妻子に私して、父母の養を顧みざるは、三の不孝なり。耳目の欲を従にし、以て父母の戮を為すは四の不孝なり。勇を好みて闘很し、以て父母を危くするは、五の不孝なり）」。つまり、一、二、三の不孝は親を養わないこと、父母の面倒を見ないことを言っているが、その不孝を招く因由は、怠けて仕事せずに、自立できておらず、いわば今で言う「ニート（啃老族）」のことを言っている。また、遊びほうけて贅沢三昧の日々を送っているため、「ドラ息子（敗家子）」と言ってもよい。蓄財に奔走し、その上妻子だけを大事にし親をなおざりしてしまうための不孝である。三の不孝については、現代社会では妻子を大切にするのを寧ろ提唱、奨励しているし、また親孝行とは対立していない点は注意を要する。四、五の不孝は自己の欲望に目が眩んだり、乱暴を働いたりすることによって、親に恥をかかせ、危険の目に合わせることを言っている。伝統的な「不孝」は親を「孝養」しないことに主眼が置かれていたが、現代の若者の考えている「不孝」とは全く異なったものであ

る。

　更に、従来の親のいうことに従うべきであると絶対視されてきた「孝順」という道徳規範も相対化されて、正しければ従うが、正しいと思わなければ異を唱えるべきであるといったような条件付きの肯定論が主流となっている。つまり、嘗てのような子の親に対する一方的な服従を否定するようになっている。これは、「親の言うことに従うのは親孝行と思うか」という同上のアンケート調査の回答からも示唆されよう。「思わない」という反対の割合は約8割で、「思う」という賛成の比率を遥かに上回っている。同じ調査で中国の大学生にも同様な傾向性がある。この結果は、「孝順」という伝統的価値観が変わって、従来の親の言うこと、意見にまぎれもなく従うべきであるという観念が現代の若者にとっては時代遅れの産物、自我確立の桎梏、自立の障害として考えられていることを示している。だから、「親の言うことに従うのは親孝行と思いますか」に対して「思わない」理由として「自分の意思はたとえ親であっても強制されてはいけない」、「親の言うことを参考にはしても従うのはただ自分を持っていない」、「自分の意思をしっかり持って行動することが大人として大事だ」などと挙げられている。つまり、親の言うこと、意見などについては子どもが「盲従」「盲順」するのではなく、自己判断を通して選択すると主張し、あくまでも自分が独立した人間として物事の可否を判断すべきであると考えているのである。斯様な傾向は『世界主要国価値観データブック』にも見られる。面接調査の問6「家庭で子に身に付けさせる性質で大切だと思うもの（5つ選択）」として「自主性」「勤勉さ」「責任感」「想像力・創作力」「寛容性」「節約心」「決断力・忍耐力」「信仰心」「公平さ」「従順さ」という10項目を挙げて選んでもらったが、日中両国とも「従順さ」の選択率が5.1％と14.7％であり[59]、それぞれ10項目の中で最低率と最低率に次ぐ9番目となっている。この低い値は日中両国における伝統的な「孝順」という価値観の低下傾向を物語ることになる。

　尚、「孝」の観念を構成する「孝敬」については上掲した筆者のアンケート調査の「親を敬うことは親孝行と思いますか」に対して多くは肯定

するが、否定的な意見も見られ、日本（複数回答可）「思わない」25名（男14人、女11人）、中国（複数回答可）「思わない」12名（男5人、女7人）となっている。その「思わない」理由については、日本の大学生は、「敬うことと親孝行は別のことだ」、「敬うことだけでは親孝行とはいえない」、「敬うというより大切にする方がいい」、「親だからといって正しいということはないから」、「別に敬う必要はない。感謝してればよい」、「親孝行とは恩を返すことだと考えていて、敬っていてもいなくても恩を返せば親孝行したことになる」、「親を敬うことが親孝行につながるとは思うけど、親を敬うこと自体は親孝行ではない」などと挙げられている。つまり、親を敬うことは「孝」の一環ではなく、「孝」と別のことと理解されているように見える。本来の「孝敬」という「孝」と「敬」との一体化した観念と相違した現代の若者の考え方が浮かび上がった。その傾向は日本の中、高校生にも表れていると言える。それは、財団法人日本青少年研究所が平成20年度行われた日・米・中・韓四国の「中学生・高校生の生活と意識調査」[60]からも察知される。例えば、「親を尊敬している」という問いに対して「全くそう」との回答率は日本の中学生が20.2%、高校生が21.2%であり、「まあそう」の回答率を合わせて見れば、四国の中で最低の肯定率となるが、一方、中国の中学生、高校生がそれぞれ67.1%、60.0%となり、「まあそう」を入れて合計すれば四国の中では最高の肯定率に達している。他方、その反対軸に設問された「親によく反抗する」問いに対して、日本の中、高生がそれぞれ16.9%、12.3%と回答して、四国の中でトップとなっているのに対して、中国の中、高生は2.2%、1.4%という最下位の割合である。

　一方、中国の大学生が「思わない」理由としては、「敬うことは「孝順」の一部に過ぎず、「孝順」に含められている」、「敬うのは実態を伴わない冷たいことであり、孝順は親しい親子関係の上に立って初めて出来る」「敬うのは「従う」こととなるため、全て親に従うべきではない」、「敬うことだけでは親孝行とはいえない」等と列挙している。「敬」は「孝」の構成要素の一つであるが、「従う」という要素を付随するため、

肯定しかねるように見える。
　「孝」の核心とも言える「父慈子孝」とは、親が子を大事に育てて、子どもが親に従い、親を尊敬するが、裏返せば、親が子どもを慈しまなければ、子どもからの反抗を受けかねないし、尊敬されかねるであろう。これは同上の日・米・中・韓四国のアンケート調査にある「親は私を大切にしてくれる」という項目の回答率からも証左を得ることができる。中国の中、高生の肯定率が四国の中で最も高く、「全くそう」81.5％、65.5％「まあそう」14.0％、27.8％となって、「親を尊敬している」における最高の肯定率と比例している。一方、日本の中、高生の肯定率は中国と比して目立って低く、「全くそう」35.6％、38.8％「まあそう」48.1％、49.1％となっている。親に大切にされていないため、親が子どもに尊敬されずに、反抗されることも起るのであろう。中国の親子関係では両者の連帯感、紐帯が強く、日本の場合は親子の絆が弱そうな様相が窺える。
　現代の日本社会における「孝」は、親子が互いに自立しているため、親としては嘗てのように子供に献身的な親孝行を求めず、親子の気持が通い合えるだけで、親としては幸福となり、子供からの孝行でもあろう。一方、子供も親の養育の恩に報いようという「孝」の原点でもある「報恩」意識、自覚が薄れ、風化して、親の身の回りを思いやる気持ち、態度、姿勢が今日の親孝行であろうし、親子は、親が子に、或いは子が親に、自分の人生を従属させるというような関係ではなく、親子がそれぞれの人生を支持し合い、励まし会い、協力し合う関係を樹立させなければならないとされる[61]。中国の現代社会においても同じことが言えよう。一人っ子政策によって、伝統的な大家族の形態が崩壊し、親子関係も逆転して、従来の「孝養」、「孝敬」、「孝順」ができなくなっている。「孝養」のための経済的、物質的扶養というよりも現代の親にとっては思いやる気持ちの方が一層希求されるものであろう。但し、「かつての『親孝行』は終焉するのが時の流れだと思う。(中略) 子の存在が親の心理的な安定をもたらすという意味では『新しい親孝行』が成立する」[62]であろう。現代の「孝」は、家父制度の崩壊、核家族化、社会多様化、道徳相対化等によって本質的に

違ったものになっているが、親子関係が存在している限り、日中両国民の道徳観として機能していくに違いない。

おわりに

　以上の考察を通じて中国文化における「孝」は広範で且つ豊富な文化の内実を含有していることが明らかとなった。祖先崇拝は先祖が人々の命の源泉となり、生命の根源ともなるため宗教、哲学という形而上から見れば、「孝」の核心たる祖先崇拝は宗教的な意義を具有する。「父慈子孝」は、現実社会における世代間の命を相互保護する行為であり、子孫の存続のためであり、先祖と家族との生命の連続にもつながることになる。それによって生命の永劫が実現でき、人間の死に対する恐怖感から解放される[63]。

　換言すれば、生命の崇拝とも言えよう。つまり、中国では祖先を畏敬し、最も神聖なる存在と位置付けられるのに対して、キリスト教やイスラム教の文化においては神が至高で神聖であるとされる。神の位置は最高で、先祖や父母がその存在に到底及ばないものである。中国の「孝」では人間にとっては一生涯、神様でなく、父母や家族を背負い、責務を負うべきである。それは父母が自分を創り、育み、教えるものとして神と同様の役割を果たしているためである。即ち、「親を自己を創造したもの、人間の存在自体の根源とするもので、そこでは親は存在を存在たらしめている造物主のメタファーなのであり、それと同じことが祖先についても言える」[64]。

　また、倫理道徳上では、「孝」は「敬順」「従順」を重んじ、即ち父母の意志に従って、礼儀作法に則って一生を送るのが天理に適うことである。つまり、「子は如何なる場合でも父母に絶対的服従を要する。これが中国人の孝道である」。続いて、「父母に孝順という教訓は、上は天子より下は庶民に至る迄、必ず遵奉さるべき教訓である。如何なる事情があっても子として父母に反抗するなどは、中国人の道徳として、考え得ざることであ

る」[65]。だから、たとえ親が間違っても、「世の中に間違った親はいない」とか、「親は子が死ねと言えば、子が死ぬ」とかいう「孝順」を唱える口碑が成立し市井に伝えられている。それについては自由や平等をモットーとする文化では、理解しがたいこととして顰蹙を買い寧ろ親子関係が平等であると尊ばれ、子が父母の意志に従うべきではない方が望ましく、唱導される。

　更に、中国の「孝」文化では、親に仕えることは孝の実践であり、子としての遵守すべき義務である。つまり、親孝行は絶対視され子による一方的な行為であり、決して双方対等のものではない。孝は愛情も含めているが、その愛は、平等の愛ではなく、子が親への敬愛、尊愛と親が子への慈愛であり上下関係に束縛されるものである。「父慈子孝」と言われるが、実際は、孝の歴史の中で親の「慈愛」はあまり重要視されず、子の「孝行」の方がこの上なく強調されてきた。一方、西洋の文化では高揚される親子の友愛は対等のものであり、親子双方が互いに果たすべきことである。それに対して、「孝」は、親は慈愛とともに権威をもって子を訓育すること、子は尊敬や従順で親の指導に従うことによって遂行されるのである[66]。

　それのみならず、「孝」思想、文化の外延として形成した多くの観念も西洋の文化には見られないようである。例えば、「孝者、徳之本也」、「百善孝為先」というように、「孝」は倫理道徳の最高の徳目として位置づけられること、また、「以孝治天下」というように、孝道奨励を以て、政治の第一要諦とすること、などが挙げられる。「孝」は、家と国とが同一視された政治体制の下で、国家の管理、運営において政治的な機能を果たしていること、「刑不上大夫、礼不下庶人（刑は大夫に上らず、礼は庶人に下らず」（『礼記』曲礼）、「五刑之属三千、罪莫大于不孝（五刑の属三千、而して辜不孝より大なるは莫し）」（『孝経』五刑章）というように、孝に関する厳格な階級制度や法律が定められ、実施されてきたこと、また、「夫孝徳之本也。教之所由生也（夫れ孝は徳も本なり。教の由って生ずる所なり）」（『孝経』開宗明義章）というように、「孝」をすべての教育、教化の根源、核心

と目する教育観、などの如く、「孝」は中国の独有の国民性として中国社会の深層に根付いている。

　だから、アメリカ人宣教師アーサー・H・スミス『中国人的性格』において中国の「孝」について次のように書き記されている。「中国人の特質について論述するには「孝」に触れなければならない。その上、「孝」の全容を説明、把握するのも実に難しいことでもある。この「孝」という概念は中国においてわれわれがわれわれの所で経験しているあらゆることと異なって、英語にはそれに該当する表現がないため、精確には訳すことが不可能となる」と[67]。続いて、「キリスト教信仰の西洋各国では家族関係が次第に希薄化しているため、西洋人は中国の「孝」観念を一層注目すべきである。中国では「尊老尊長」が良好な社会風習となっているが、われわれの国ではそのような教化を殆ど行われていない。われわれの国では子供が自己実現できるところを自分で自由に選択して、親元を離れて行くのが共通認識として理解され、親子が互いに気遣い合うことは無用である。しかしながら、このような社会的通念は中国人にとっては理不尽で親不孝の行為と看做されてしまう」とも力説されている[68]。

　「孝」文化の特質や西洋文化との差異はどのようにできたのか、いわばその産出の背景、因由は如何なるものか、以下にそれについて検討してみたい。先ず考えられることは家族本位と個人本位に因る文化的な差異である。この点については、「中国と西洋諸国との顕著なる相違点の一つとして、中国では家族社会の単位となり、西洋では個人が社会の単位と認められている」[69]。また、中国においても既に「五四運動」以来共通認識となり、正に陳独秀が「西洋民族が個人を本位（中心）とし、一方東洋民族が家族を本位（中心）とする」と指摘した通りである[70]。奇しくも、明治43年に小松原文相は日本と西洋との体制の相違について同じ趣旨のことを述べている。「我が帝国は西洋諸国と建国の体制を異にし、彼が個人を以て国家の単位とせるに反して、我は家を国家の単位とし、忠孝の一致世界に比類なき我が国民の特色たると共に、実に我が国道徳の基本なり」[71]。

　家族本位は中国が歴史上「宗法社会」であるため成り立ったのである。

「宗法社会」とは、家と国が一体化し、国が家の延長線にあり、政治、経済、道徳、教育等の社会生活において家父長制の家族を本位として、為政者が家族を通じて国の支配を実行するといった特徴が考えられる。「宗法社会」では、支配者が家族の安定、平和を維持、強化するのに力を傾注する。これは家族の安寧が国家を安定させる根本であるばかりか、国というものが拡大した家でもある。従って、「斉家」してはじめて「治国」できるのである故に、家庭の安穏、平和を保つことは倫理道徳の至高たる目標、宗旨となる。「孝」は「宗法社会」の倫理観念の根底として家族の繁栄や結束を維持する上で大きな役割を果たしてきた。

　それに対して、特に近代の西洋では個人本位の思想はその文化の原則として自我の自由と平等が唱導され、家族関係や人間関係において適用され、顕在化されてきた。男女、長幼乃至親子関係なども例外ではない。もう一点は世代間の連続と世代間の断絶に起因するものと考えられる。中国では「孝」が家族の繁栄、団結及び安定を維持するのには世代間の連続性が不可欠となる。一方、人間の自由、平等を最高の価値とする西洋文化では世代間の断絶を強調する必要がある。つまり、親子は互いに干渉せずに、各自の空間を持ち、対等的に付き合う。因って、世代間の断絶が生じやすくなる。かかる世代間の独立、断裂はほかでもなく親子関係上の相互独立、平等を保つための前提及び裏付けとなり、独立した自我を育む基礎でもある。世代間の連続とは上の世代と下の世代、親子世代が世代間のキャップを超えて互いに認め合い、一致団結することである。これは「孝」文化の基本精神であり、精髄でもあると言えよう。

　「孝」は、先祖を尊敬し父母に善く仕え、「三年無改於父之道可謂孝矣（三年、父の道を改むること無きを、孝と謂うべし）」（『論語』学而第一）が如く、子世代が親世代を敬順する、といったことを重視し、親不孝や不肖の子孫は厳しく糾弾、訓戒される。世代間の認め合いは対等に行われるのではなく、子世代が一方的に親世代に従順することである。従って、中国封建社会では今日に問題視されているジェネレーションギャップは存在しなかったと言って良いであろうし、たとえあったとしても「孝」によって埋

め合せられたのであろう。「万一父母に従順を欠き、反抗を敢えてする者は、如何なる位置の人でも、中国の社会に存在することが出来ぬ」[72]。

　尚、このような東西の家庭、親子関係の差異について米国の宣教師Smithが次のように批評されている。「キリスト教は男子に早くその父母の許を離れて、その妻に愛着（Cleave）すべきを命じ、孔子教はその反対に、男子に終始その父母に愛着すべきを命じ、剰えその妻にも同様の行為をとるべく要求する。若し親子の関係と夫婦の関係と衝突する場合には、後者は勿論前者の犠牲とならねばならぬ。此の如きは、より若き夫婦は、より老いたる父母の存生中、絶えずその下積となるわけで、誠に社会の不幸なる欠陥と思う」[73]。一方、中国の現代社会では本来の親子関係が逆転し「経済力のある子供は家族の中心と自負して指図を出したり、威圧したりするが、老いた親は却って服従の立場に立たされてしまう」という現実もある[74]。もちろん、「孝」という名の下で親が子供に対する過保護、過干渉も依然として根強く中国の現代社会に残っている。この点については北京の1800余人の学生の親を対象に追跡アンケート調査の結果からも示唆される。子供への過保護、過干渉型の家庭30％位、厳罰型の家庭10％前後、一方、子供への理解があり、よき相談相手となる親はわずか30％に過ぎないとされる[75]。

　更に、親子関係において親と子の存在についてどのように評価するのか、いわば、親という「年長者」と子という「年少者」に関する価値判断は如何なるものかという点においても中国は独自性を有する。中国では「敬老愛老」つまり、親世代の「老」が最も大事にされて「老年至上」となるが西洋ではむしろ子世代の「若」が重要視されて「若者至上」となる。

　人間の「老」には二つの側面があり、身体的な老いと豊富な人生経験という両義性が備わる。その両義性は社会、文化によって評価は二分される。中国では「老」に随伴する豊かな経験に着眼されるため、「老」がプラス評価されるが、アメリカなどでは往々にして年齢による老衰に目を向けがちによって「老」がマイナス評価の対象となる。この点についてアメ

リカ在住の中国人学者の許烺光が次のように述べられている。「世界ではアメリカほど子供を大事にする、または子供を優遇する国はないであろう。それに比べて少なくとも1949年前の中国は子供を一番軽んじた国と言っても過言ではない」と、更に「もしアメリカ人は自分の国には数多くの児童保護組織、団体があると自慢したら、それに対して中国人は同様に誇るべきこともある。それは中華民族の悠久な文化遺産の中で儒教が唱える子供の「孝順」を至高の理想、価値とすることである」と、続いて「アメリカ人は子供に学ぶことを恥とするどころか、却って光栄のことと考えている。一方の中国人はあくまでも子供を未熟のものとしてしか遇しなく、子供の存在を極度に見下げる。アメリカでは親が子供のために何かをすべきことを重要視するが、中国人にとってはむしろ子供が親のために何かしなければならない方が肝要である」[76]。即ち、中国では「孝」の思想の下で親または年配者が家族の頂点に立って、子孫にとって絶大の権限を有し、国や社会の支配者、被尊者であり皇帝にまで敬重され優遇される。「尊老敬老」は「孝」を重んじ、「孝」を構成する基本精神である。

　東西の文化にはそれぞれ伝統的な精神があり、各自の特色を有するのもいうまでもないが、中国の精神、思想の一つとして「孝」を挙げなければならない。「孝道の振興は、単に日本や中国の如き、東亜諸国に必要なるのみでなく、西洋諸国にとっても随分望ましいことかと思う。何となれば、孝道の精神は、西洋文化に伴う種種の弊害を、幾分緩和し得ると信ずるからである」[77]。

　中国で生まれ、成熟してきた「孝」の位相は多様化を見せて、至高の徳目として唱導、教化の道具とされてきた。何千年もの時空を超えて今日に至っても依然として中国社会の隅々に根を下ろし生活思想として中国人の日常生活の中に生き続けている。亦、夙に儒教と共に日本に伝わり受け入れられると同時に変容を遂げてきたのである。日本における「孝」の受容と展開について考察、究明することは次の研究課題とする。

付記：本稿は、2009年度中国国家社会科学基金項目（09BYY080）の研究成果の一部でもある。

注

1) 朱恒夫（2000　55頁）。「『孝』可謂中国倫理的最高原則、也是中国文化的霊魂。在漫長的中国封建社会中、孝大于一切、高于一切、統于一切」と位置付けられている。西洋の思想家も「孝」が中国の道徳の核心であるとの認識を示している。例えば、ヘーゲル『歴史哲学』『東方世界・中国』において、国家の特性即ち客観的な「家庭孝敬」となるとされる。Max Weber（康楽ほか訳　2004）では儒教とキリストとの倫理を比較文分析した上で中国人のあらゆる人間関係は「孝」を原則と為すと結論付けられている。また、桑原隲蔵（1988第2版　9頁）「孝道は中国の国元で、又その国粋である。故に中国を対象とする研究には、先ずその孝道を闡明理会せなければならぬ」と力説されている。

2) 『老子』第18に「大道廃有仁義。智恵出有大偽。六親不和有孝慈」とあるように、大道の存在する理想的な世界においては「仁義や孝」等は必要のないものである。換言すれば淳朴泰平の世を支える「大道」の下では人々が皆自然の人情として親孝行を為す。つまり「孝」は人間の自然の行為である。

3) 加地伸行（1993　19頁）。更に同書20頁に「孝」においては「キリストのような「子は神の賜物である」などという考えはまったくない」とも指摘されている。

4) 溝口雄三ほか（2001「忠・孝」条）「父子の「分形同気」を同一の祖先から分かれた人々にまで拡大したもので、この結合を維持する規範として、生前の孝養のみならず死後の祭祀まで含めた孝が機能することになった。こうして浸透した孝観念は、近現代の政治的・社会的変化を経ても中国社会に根強く生命を保っている」と説かれている。

5) 肖群忠（2001　3頁）「伝統中国社会、更是奠基于孝道之上的社会，因而孝道乃是使中華文明区別于古希臘羅馬文明和印度文明的重大文化現象之一（故に孝道は古ギリシア、ローマ文明及びインド文明と区別する重要な文化様相の一つである）」と説かれている。

6) 加地伸行（1993　21頁）続いてこの生命論としての孝を基礎として、後の儒教はその上に家族倫理（家族理論）を作り、さらにその上に宇宙論・形而上学まで作るようになったと付け加えられている。

7) 池澤優（2002　317頁）。桑原隲蔵（1988　12頁）「行孝といい祭祖といい、事柄は二つにして精神は一つである」。又、馮友蘭（1969　第14章）『中国

哲学史』において「孝」とは子孫という「新しい我」を得て、それが我の生命を継承することによって一種の不死を獲得する道なのであると説いている。加地伸行（1993　20頁）『儒教とは何か』に「自己の生命とは、実は父の生命であり、祖父の生命であり、さらに、実は遠くの祖先の生命ということになり、家系をずっと遡ることができることになる」とも説明されている。

8）陳来（1996）、馮友蘭（2000）、肖群忠（2001）に依れば、孝道は古代中国史において三代にまで遡上できるが、遅くとも西周にも既に存していた。しかし、孝を核心とする家庭価値が一切の社会道徳の根源であるといった理論はその以後に現れたものであるとされる。

9）池澤優（2002　313頁）。

10）溝口雄三ほか（2001「忠・孝」条）「忠孝批判の全面的展開は、一九一五年以降、『新青年』誌上の陳独秀、呉虞らの論説に端を発し、魯迅『狂人日記』における『人を吃う礼教』の告発に結晶する。儒教の恭順倫理は、不平等を押し付け、順民を製造する専制主義のイデオロギーとされた。現代中国では党・国家への忠誠が強調されるが、これと儒教的倫理との関係は多分に政治的な問題としてつきまとう」と記されている。更に、加地伸行（1993　220頁）「儒教の批判者たち——歴史的に言えば、老荘思想に始まり、現代の文化大革命期における批林批孔運動に至るまで、中国人たちの批判の大半は、儒教批判と言っても、実質は礼教性への批判であって、宗教性への批判ではなかった。だから、いくら批判しても、それは儒教に対する根本批判、根底からの批判とはならなかった」とも指摘されている。

11）文崇一ほか（2006　91頁）「伝統社会中那种尊卑有序的倫常関係与孝悌観念如今也很少受到強調与重視。家庭在現代社会中已喪失了原有的主導地位，諸如此類的説法，今日我們早已屢聞而不鮮了」と言われている。更に、イェール大学教授の陳志武（2009　56頁〜60頁）は「養児防老」という伝統的な孝観念を「孝」を実現するべく子が父母の生活保障を確保するための道具となり、自由を失ってしまうのでその桎梏を打破するために、大いに金融業を発展させ社会保障を充実させるべきであると主張し、非道徳の行為として卑下している。

12）姫田光義ほか（1993　279頁）「さらに注目すべきは、孔子の再評価が提起され（八三年）、孔子および儒教の思想の現代における役割と継承が主張されるようになった」と書かれている。湖北大学中国思想文化史研究所（1996　546頁）「儒学还有生命力。（中略）。中華民族的現代化離不開儒学的営養，儒学也将随着中華民族的文化現代化不断改変自己的内容和形式」ともある。

13）橋本宏子「親子関係の変貌のなかで」141頁。松永伍一ほか（1980）

14) 同上注、142頁
15) 同上注、白川蓉子「親を乗りこえ生きること」153頁
16) 山田琢（1993　446頁）
17) 黒田彰（2008　第1版第2刷　8頁）
18) 翟博（1993　序）
19) 池澤優（2002　164頁）「この話が親子関係に統治に優越する地位を与えていることは明瞭であり、犯罪を暴く証人となることは為政の観点からすれば疑いもなく正しいことであるとしても、それが家族感情に反するのなら誤りと認定されるのである」と説かれるように、「孝」には君主支配より優先権が付与された。
20) 河野貴美子（2008　4頁）
21) 同上注、陽明文庫本『孝子伝』によって要約された。
22) 同上注
23) 朱恒夫（2000　63頁）、黒田彰（2008）、徳田進（1963）などで、「孝親文化的普及与代々接受、除了儒学著作的薫陶与学校的灌輸之外、還得力于民間孝親故事的宣伝与知識分子的鼓励（孝文化の普及、世々代代の受容が出来たのは儒家経典の薫陶と学校の教導に因るだけではなく、民間の孝子説話の伝播や知識人の推進にも大いに預かったのである）」。
24) 吉田賢抗（1993）
25) 同上注
26) 溝口雄三ほか（2001　「忠・孝」条）。尚、曾広開（2010）「道家学派対忠君観念的審視」においても同様なことが述べられている。「戦国時期、随着諸侯兼併的加劇、統治者一方面極力倡導富国強兵之術、另一方面逐漸強化封建専制、鼓吹忠君観念以巩固王権」（要訳すれば、戦国時代に統治者は封建専制を強化すると同時に、忠君観念を鼓吹することによって王権支配を強固たるものにしようとした）。
27) 内野熊一郎（1993　283頁）
28) 同上注
29) 井上哲次郎（1912　271頁）日本においても殊に明治以降では「忠孝一本」の思想が栄え、強調されるようになったが、中国と違ってあくまでも「忠」は「孝」上位概念として位置づけられていた。例えば、「小なる孝を捨てて大なる孝を取る。忠は詰り孝の大なるものであります。小を捨てて大を取る。それがすなわち大義名分であります」と説いている。
30) 溝口雄三ほか（2001　116頁「忠・孝」条）
31) 河野貴美子（2008　8頁）
32) 同17注35頁

33）加地伸行（1994　21頁）
34）中国撰述経典と同義語でインドまたは中央アジアの原典から翻訳されたのではなく、中国人が漢語で著述したり、或いは長大な漢訳経典から書き写して創った経典である。このような経典は寧ろ幅広く読誦、開版されて今日まで伝わるものが数多い。わけても『父母恩重経』『盂蘭盆経』等が著名である。
35）方広錩『仏教典籍百問』等に依る。
36）加地伸行（1993　11頁）
37）広井多鶴子（2010　3頁）
38）例えば、中国『憲法』第四十九条に、「成年子女有贍養扶助父母的義務」のように、親を孝養することは子の義務として規定されている。また『婚姻法』第二十二条において、「子女対父母有贍養扶助父母的義務、子女不履行贍養義務時、無労働能力的或者生活困難的父母、有要求子女付給義務的権利」とあり、子が親孝養という義務を不履行した場合は、親が子に対して扶養費を要求する権利があると定められている。更に、『老年人権益保障法』第十一条では、「贍養人応当履行対老年人的特殊需要」とあるように、扶養者が高齢者の需要に応えるべきであると親孝行を訴えている。他方、親不孝についての刑罰としては、『刑法』第二百六十条に依れば「家族の虐待、悪質の場合は二年以下の刑を科して処す」となる。
39）例えば、平成20年『小学校学習指導要領』（102〜104頁）（文部科学省、東京書籍）の小学第１学年及び第２学年の指導要領に「幼い人や高齢者など身近にいる人に温かい心で接し、親切する」、「父母、祖父母を敬愛し、進んで家の手伝いなどをして、家族の役に立つ喜びを知る」、続いて、第３、４、５、６学年の指導要領に「生活を支えている人々や高齢者に、尊敬と感謝の気持ちをもって接する」、「父母、祖父母を敬愛し、家族みんなで協力し合って楽しい家庭をつくる」、「父母、祖父母を敬愛し、家族の幸せを求めて、進んで役に立つことをする」とある。他方、平成20年『中学校学習指導要領』（112〜113頁）（文部科学省、東山書房）には「温かい人間愛の精神を深め、他の人々に対し思いやりの心をもつ」、「父母、祖父母に敬愛の念を深め、家族の一員としての自覚をもって充実した家庭生活を築く」となどのように、親や祖父母に対しての敬愛、高齢者への尊敬を大事な道徳観念として説いて、指導しようとしている。
40）例えば、『中学生日常行為規範』に４項目「孝敬父母（親を孝敬すること）」、27条「尊重父母意見和教導（親の意見や教導を尊重すること）」、29条「体貼幇助父母長輩、主動承担力所能及的家務、関心照顧兄弟姉妹（親や祖父母などを思いやり、手伝い、進んで自分にできる家事をし、兄弟姉

妹を大事にし、世話すること）」、34条「給老幼（中略）譲座（進んで年長者や子供などに席を譲ること）」となどのように、「孝」のみならず「悌」の示す兄弟間の愛と敬も唱導されている。更に『小学生日常行為規範』を習い覚えるため『三字経』に倣って語呂合わせのよい『三字歌』も併せて公布された。当然ながらその中にも「尊長輩、愛幼少、孝父母、尊教導（年長者を敬い、年少者を愛し、父母を孝行し、教導を尊重すること）」と、「孝順」「孝敬」が唱えられている。

41) 深谷昌志（1995　184頁～205頁）親に依存してなかなか自己が確立しないという現代人の親子関係は日本文化の特質の一つである「甘え」とも関連する。
42) 末方鉄郎「子どもが親孝行に近づく道」101頁　松永伍一ほか（1980）
43) 同41注27～128頁
44) 同41注143頁
45) 『中文導報』第820期（2010年8月26日）に依る。
46) 電通総研（1999　161頁）「世界価値観調査」は、日本を含めて23カ国に18歳以上男女合計1000サンプル程度の回収を基本とした個人対象の調査であるが、政治、経済、家族など広範囲にわたる対象分野について、約90問190項目を設け1995年に面接調査によって行われた。日本と中国の有効回収票はそれぞれ1054人、1500人である。
47) 実施時期：日本、2009年10月～12月中国、2009年4月～6月被調査者：日本、広島大学、広島市立大学の学生100名（男50人、女50人）中国、蘇州大学、西南大学の学生100名（男50人、女50人）
48) 同46注179頁
49) 電通総研（2008　122頁）本調査は2005～2006年、世界の25カ国・地域の18以上の男女を対象に面接調査という方法で行われた。政治、経済、家族など約90問190項目の広範な対象分野に及ぶ。日本と中国の有効回収票はそれぞれ1096人、1991人である。
50) 肖群忠（2001　25頁）
51) 加地伸行（2007　118頁）
52) 同51注335頁
53) 警視庁生活安全局の発表によれば、日本ではこの十年自殺者が毎年三万人ラインを推移しているとされる。
54) 同49注198頁
55) 和田秀樹（2007）による
56) 尚、アンケート結果は2010年8月27日の西日本新聞夕刊の一面においても取り上げられた。

57) 白川蓉子「親を乗りこえ生きること」松永伍一ほか（1980　155頁）
58) 2011.1.5『法制晩報』、2011.1.20『中文導報』等に依る
59) 同49注103頁
60) 『中学生・高校生の生活と意識調査報告書　日本・米国・中国・韓国の比較』2009.3、財団法人日本青少年研究所
61) 橋本宏子「親子関係の変貌のなかで」松永伍一ほか（1980　145頁）
62) 同41注204頁
63) 加地伸行（1993　21頁）に「孝の行いを通じて、自己の生命が永遠であることの可能性にふれうるのである。そう考えれば、死の恐怖も不安も解消できるではないか。永遠の生命—これこそ現世の快楽を肯定する現実的感覚の中国人が最も望むものであった」と説いている。
64) 池澤優（2002　335頁）。更に同書320頁においても杜維明の説として、「神の権威が根源で、父の権威を含めて他の全てはその延長として把握されたとしている。一方、中国では家族自体が宗教性を持ち、その宗教（祖先崇拝）の中心は父であって、最重要の宗教的責務は父に対する孝であった」と引用されている。
65) 桑原隲蔵（1988　15頁）
66) しかし、李卓（2004　386頁）第8章4「中日孝道之異」において中日の「孝」の異同については「日本的孝道主要表現為子女対長輩単方面承担的一種義務」と指摘しているように、中国の「父慈子孝」という双方的義務行為と比べてみれば、日本では子の一方的孝行という行為となる。
67) アーサー・H・スミス（1991　124頁）
68) 李卓（2004　132頁）
69) 池澤優（2002　330頁）
70) 陳独秀「東西民族根本思想之差異」、『新青年』第一巻第4号（1915）
71) 有地亮（1977　212頁）
72) 桑原隲蔵（1988　15頁）
73) 桑原隲蔵（1988　71頁）（Chinese Characteristics. p.183）
74) 顧希佳（2001　344頁）
75) 『生活時報』1999年11月21日
76) 許烺光（1989　73～75頁）
77) 桑原隲蔵（1988　68頁）

引用・参考文献

〈中国〉

Max Weber原著　康楽ほか訳　2004『中国的宗教：儒教与道教』、広西師範大学出版社

アーサー・H・スミス　1991『中国人的性格』、延辺大学出版社

殷光明　2006『敦煌壁画芸術与疑偽経』、民族出版社

許烺光　1989『美国人与中国人：二種生活方式比較』、華夏出版社

顧希佳　2001『礼儀与中国文化』、人民出版社

湖北大学中国思想文化史研究所主編　1996『中国文化的現代転型』、湖北教育出版社

朱恒夫編著　2000『中国文化史教程』、江蘇省教育出版社

肖群忠　2001『孝与中国文化』、人民出版社

曾広開　2010『中国文化研究』（夏之巻）、北京語言大学出版社

陳志武　2009『金融的逻辑（金融のロジック）』、国際文化出版公司

陳独秀　1915「東西民族根本思想之差異」『新青年』第一巻第4号

翟博　1993『中国家訓経典』、海南出版社

文崇一他主編　2006『中国人：観念与行為』江蘇教育出版社

李卓　2004『中日家族制度比較研究』、人民出版社

〈日本〉

有地亮　1977『近代日本の家族観』、弘文堂

池澤優　2002『「孝」思想の宗教学的研究』、東京大学出版会

井上哲次郎　1912『国民道徳概論』、三省堂

内野熊一郎　1993『新釈漢文大系4　孟子』、明治書院

加地伸行　1993『儒教とは何か』第9版、中央新書

加地伸行　1994「儒教的仏教そして仏教的儒教」『仏教』no.35、法藏館

加地伸行　2007『孝経　全訳注』、講談社

黒田彰　2008『孝子伝の研究』、思文閣出版

桑原隲蔵　1988「中国の孝道殊に法律上より観たる中国の孝道」（現実に相応しくない表現、漢字表記を改めたところもある）『桑原隲蔵全集第三巻』、岩波書店

河野貴美子　2008「古代中日における孝子譚の展開と継承—丁蘭を例として—」『アジア遊学』112、勉誠出版）

世界23カ国価値観データブック　1999　電通総研、同友社

世界主要国価値観データブック　2008　電通総研、同友社

田中徳定　2007『孝思想の受容と古代中世文学』、新典社

徳田進　1963『孝子説話集の研究—二十四孝を中心に—』、井上書房

西野貞治　1956「陽明本孝子伝の性格並に清家本との関係について」『人文研究』7・6
姫田光義ほか　1993『中国20世紀史』、東京大学出版会
広井多鶴子　2010『修身教科書の親孝行譚―「親孝行」の近代―』（PDF）
深谷昌志　1995『親孝行の終焉』、黎明書房
松永伍一ほか　1980『「親孝行」再考』、明治図書
源了圓・厳紹璗　1995『日中文化交流叢書３思想』、大修館書店
源了圓・楊曾文　1996『日中文化交流叢書４宗教』、大修館書店
明治書院新釈漢文大系　1960～『論語』『孟子』『老子』『荘子』『墨子』『詩経』『書経』『礼記』『詩経』『管子』『国語』『呂氏春秋』『春秋左氏伝』『韓非子』『易経』『史記』『漢書』等、明治書院
山田琢　1993『新釈漢文大系51　墨子　下』、明治書院
吉田賢抗　1993『新釈漢文大系51　論語』、明治書院
和田秀樹　2007『殺人事件、9割は知人が犯人だった』宝島社
渡辺照宏　1988『日本の仏教』、岩波書店

中国語の新語における性向語彙に見られる「孝」の位相について
―― 日本語の新語を兼ねて ――

常　志　斌

はじめに

　「性向語彙」とは、対人評価語彙とも言われ、人の生まれつきの性格や日頃の振舞い、人柄などを評価の観点から捉えて表現する言葉のまとまりを指す。日本の方言学者である藤原与一氏は、性向語彙の研究の重要性を初めて指摘し、その著書『方言学』(1962年、三省堂) で、郷里方言の性向語彙を分類して記述をおこなった。同氏 (1964) は「性向語彙」研究と「語彙の繁栄化」について着目し、性向語彙と地域社会における社会的規範との相関性に注目することの重要性も論じている。その後、室山敏昭氏などの調査、研究によって、数多くの成果が上げられている[1]。それらの性向語彙に関する研究はいずれも日本語の方言を中心に行われてきたと言える。一方、中国における性向語彙についての研究は皆無に等しいと言ってよいが、李成浩の中国・日本・韓国三言語における性向語彙に関する対照研究は注目に値すべきである[2]。しかし、日中両国の新語における性向語彙についての研究はまだ管見に及んでいない。

　「孝」に関する先行研究の成果から見れば、従来の研究が、「所着重的主要是孝道的哲学本質、倫理価値及歴史意義等、而不是人們在日常生活中所持有的孝道観念、思想及行為 (日常生活に人々が持っている孝道理念、思想および行為ではなくて、主に孝道の哲学本質、倫理価値および歴史的意義を重んじている) (筆者訳)」、研究範囲も「孝」の意義、本質、根源、特徴、内容、役割および変遷などに止まっていると、葉光輝・楊国枢 (2009：4 - 5) は述べている。また、両氏の指摘によりこの十数年の間、「孝」を巡っ

て社会及び行為科学（特に「社会態度」と「認知発展」との領域）というような研究によって新たな研究領域が開拓されつつあるが、実験的な実証研究としてしか行われていない上に、心理学による研究も重要視されていないとされる[3]。いずれにしても「孝」について言語学的な視点による研究はまだ稀少であるといっても過言ではない。

　言語の発展、変化は、つねに社会の移ろいと連動し、緊密な関係をもっている。農耕社会における伝統的な「孝」と異なり、工業化、都市化という現代社会の背景における「孝」の実質は変容しつつある。それらの変化は語彙に投影されているので社会言語学的見地に立脚して、新しい「孝」の意味合いから言語現象、言語の変化から現代社会における「孝」のあり方、伝承及び展開を考究するのは「孝」に関する一つの研究方法になり得よう。一方、人間にとっての語彙体系は、その生活の必然に応じた生活語彙体系と見られる。その中で、対人評価の有り様を言語の側において性向語彙と呼ばれる現象は、日本語のみならず、中国語にも存在している[4]。本研究は人々の価値意識、道徳観等をよく表す性向語彙を社会的事実として捉え、性向語彙における現代中国語の新語、特に1980年代以降の新語に現れた「孝」に関わる性向語彙を中心に考察し、新語に現れる「孝」の実態を明らかにすると同時に現代日本語の新語に現れた「孝」に関わる性向語彙にも触れてゆく。

Ⅰ　中国語新語における「孝」について

Ⅰ−1．調査資料と方法

　1980年以降誕生した「孝」に関する中国語の新語は、主に『21世紀華語新詞語詞典』（鄒嘉彦・遊汝傑編著、複旦大学出版社、2007）、『新詞語大辞典（1978−2002）』（亢世勇・劉海潤他編、上海辞書出版社、2003）および『現代漢語新詞詞典』（于根元主編、北京語言学院出版社、1994）より抽出した。また、諸新語辞典に収録されていないが、新聞に掲載されている新語については『中国語言生活状況報告（2006）』（商務印書館、2007）や『中国語言生

活状況報告（2007）』（同、2008）などから、更に2009年と2010年の語例は
『新民晩報』（中国において最も発行部数の多い夕刊の一つである）から抽出
した。

　新語を抽出する作業は二段階に分けて行われた。第一段階として研究対
象、即ち中国現代社会における「孝道」・「孝行」のあり方と、人口増加お
よび人口政策との相関性に注目し、「孝」に関する新語と、1980年以来中
国の人口情勢の変化に関わった新語を抽出した。第二段階は、第一段階に
抽出した新語をもとに、その中から対人評価の性向語彙を取り出した。

Ⅰ－2．新語の語例

　第一段階の作業として、抽出した新語は以下のように、人口、家族、世
代、出産、老人、子孫、子供教育、理念というような意味項目に分類し
た。括弧内の数字は該当語例がメディアで初登場した年数である。なお、
下記の新語例は日本語の漢字と中国語の簡体字とを併記した。また、紙幅
の関係ですべての語例は文末に列挙して参照されたい。

（1）人口（計10語）

　人口老齢化／人口老龄化（1980）：人口の高齢化。

　人口危機／人口危机（1989）：人口危機。

　人口政策／人口政策（1995）：人口政策。

（2）家族（計65語）

（a）家庭構造（22語）

　核心家庭／核心家庭（1986）：核家族。

　単身家庭／単亲家庭（1987）：母子または父子家庭。

　丁克家庭／丁克家庭（1988）：ディンクスの家庭。ディンクス。英語
　　DINKs（double income, no kids）の音訳。

　標準家庭／标准家庭（1990）：中年ないし老年の夫婦と既婚している子
　　供がともに暮らしている家庭。

　伝統家庭／传统家庭（1990）：親子三世代がともに暮らしている家庭。
　　「核心家庭」と「標準家庭」に対して言う。

主幹家庭／主干家庭（1991）：親子三世代がともに暮らしている家庭。

二一家庭／二一家庭（1992）：両親二人と子供一人の家庭。

空巣家庭／空巣家庭（1999）：子供が不在で、取り残された老人の家庭。

（b）**婚姻**（43語）

遅婚／迟婚（1979）：晩婚。

高価婚姻／高价婚姻（1987）：高価な結納品・結婚披露宴で結婚をする。「高価結婚／高价结婚」ともいう。

丁克夫妻／丁克夫妻（1988）：ディンクスの夫妻。

丁克族／丁克族（1999）：ディンクスの人々。

単身貴族／单身贵族（1999）：独身貴族。

不婚族／不婚族（2000）：結婚適齢期であっても結婚しない人々。

網婚／网婚（2001）：ネット上のバーチャル結婚。「網絡婚姻／网络婚姻（2001）・網上結婚（2001）」の略。

懶婚族／懒婚族（2007）：よい職業、高収入、ゆたかな生活条件をもっているが結婚しようとしない人々。

黄昏離／黄昏离（2009）：熟年離婚。

（3）**世代**（計18語）

四二一総合症／四二一综合症（1986）：四二一症候群。一人っ子が溺愛されたために生じる弊害。「四」は祖父母、「二」は両親、「一」は溺愛される一人っ子をさす。「児童溺愛総合症／儿童溺爱综合症、四二幺総合症／四二幺综合症」ともいう。

新人類／新人类（1987）：新人類。

旧人類／旧人类（1999）：旧人類。1970年代以前に生まれた人々。

新新人類／新新人类（1999）：新新人類。1980年代以降に生まれた世代をさす。「80後／80后」ともいう。

新新一族／新新一族（2000）：流行に敏感でありながら、また他人とは違うことを追い求めたがる若者。

（4）**出産**（計45語）

優生／优生（1981）：優生。元の意味は優秀な学生。

優生優育／优生优育（1981）：少なく生んで、大切に育てるという計画出産のスローガン。

（5）老人（計62語）
（a）老齢社会（16語）

老齢社会／老龄社会（1986）：高齢化社会。「老年型社会／老年型社会（1986）・高齢社会／高龄社会（1999）」ともいう。

白髪浪潮／白发浪潮（1987）：高齢化の波。

老齢化社会／老龄化社会（1988）：高齢化社会。

（b）政策（10語）

拐杖工程／拐杖工程（1988）：老人プロジェクト。政府による老後生活への便宜供与の一連の措置。「拐杖」はステッキという意から、転じて、力の補助の役割をする喩え。

（c）施設（10語）

托老所／托老所（1985）：老人を定期的あるいは臨時に短期間あずける施設。

老年公寓／老年公寓（1985）：（社会福祉の性格の）高齢者向けアパート。シルバーマンション。「老人公寓／老人公寓（1991）」ともいう。

安老院／安老院（1989）：老人ホーム。養老院。

（d）暮らし（26語）

銀色人材／银色人才（1985）：定年退職後も社会に貢献し続けるお年寄り。

銀色産業／银色产业（1987）：高齢者のための商品を提供する産業。

黄昏恋／黄昏恋（1989）：老いらくの恋。

貧老／贫老（1992）：貧しい、苦しい生活を送る老人。とくに、配偶者がおらず、労働保険ももらえず働くこともできないため苦しい生活を余儀なくされている老人を言う。

留守老人／留守老人（1996）：子供たちが結婚、出稼ぎ、移民などで家を出てしまい、取り残された老人。「空巣老人／空巢老人（1999）」ともいう。

空巣感／空巣感（2004）：子供が不在で、取り残された老人の孤独感。

空巣総合症／空巣综合征（2004）：家に取り残された老人が子供の不在のために患う症状。

（6）**子孫**（計28語）

独生子女／独生子女（1980）：一人っ子。「独子女／独子女（1981）・独苗／独苗（1981）」ともいう。

小皇帝／小皇帝（1986）：小さな皇帝。一人っ子をさす。みなからちやほやされて育つところから。

小太陽／小太阳（1986）：小さな太陽。甘やかされて育つ一人っ子のたとえ。大人に囲まれて、すべてが一人っ子を中心に回るため。

小款族／少款族（1992）：年少者の大金持ち。一部の小、中・高生の中で消費水準が高く、羽振りのよい少年。「少年款爺／少年款爷、小款爺／小款爷」ともいう。

月光族／月光族（2004）：毎月の給料をすべて使い切ってしまう人々。

齧老族／啃老族（2005）：親から生活費をもらい、親に頼って暮らす若い世代。すねかじり。

傍老族／傍老族（2006）：生計能力があるにも関わらず両親に養ってもらう若者。

（7）**子供教育**（計22語）

優養／优养（1985）：子供を大切に養う。

孩奴／孩奴（2010）：子供の奴隷。自分の子供が他人の同年生まれた子供に負けないように精一杯頑張ってつい自己価値の実現を失った親の生活状態。またはこの状態に陥っている親。

（8）**理念**（計20語）

徳盲／德盲（1985）：徳を備えていない（ひと）。

道徳法廷／道德法庭（1986）：道徳法廷。

喫肉罵娘／吃肉骂娘（1987）：利を得てもなお満足せず不平不満を述べること。「端起碗吃肉／端起碗吃肉、放下碗罵娘／放下碗骂娘（碗をもって肉を食べて、碗を置いて母親を罵る）」という言葉から。

孝老愛親／孝老爱亲（2007）：老人に孝行し親族を愛する。
道徳模範・道德模范（2007）：道徳モデル。
孝星／孝星（2009）：親孝行の模範者。
孝子連盟／孝子联盟（2010）：親孝行連盟。

　管見の限り、280語に及ぶ「孝」及び「孝」との関連性が存する新語が確認できた。それは現代社会においても「孝」の綿綿たる存続を示唆している。次項では280語の新語から対人評価に用いる性向語彙を抽出して、その語彙的特徴や意味特徴について考察し、その上にそこから現代社会に根付いている「孝」のあり方にも触れておく。

Ⅰ－3．新語の語構成と意味構造
　上記した280語の新語を構成する語形態から見ると、四文字語（109語）の語数は最も多く占め、続いては三文字語（60語）、二文字語（58語）、五文字語（18語）、六文字語（5語）、七文字語（2語）という順となり、四音節語、三音節語と二音節語は目立ち、その造語力が旺盛であることが浮き彫りになる。また、品詞別に見れば、名詞は190語で最も多い語数に対し、動詞は38語、形容詞は3語である。更に意味的構造から見れば、次のような意味分類となる。各意味項目に分布する語数の量の多少に応じて並べてみると「家族」（65語）、「老人」（62語）、「出産」（45語）、「子孫」（28語）、「子供教育」（22語）、「理念」（20語）、「世代」（18語）、「人口」（10語）という順序になっている。社会を構成する末端組織である家庭を支える「家族」の新語は最も多く、現代社会における家族関係、家庭構造の変貌が顕著であることを示唆しており、「家族」に次ぐ「老人」は正に高齢化社会に突入した中国人、中国社会がいま直面している「孝」の問題を露呈している。

Ⅰ－4．新語における性向語彙
　以上に挙げた280語の新語から性向語彙と見なされる語は49語あり、以

下のような意味項目に属するものである。
「家族」の「婚姻」という項目（5語）：単身貴族、婚奴、丁克族、不婚族、懶婚族
「世代」という項目（4語）：新人類、旧人類、新新人類、新新一族
「出産」という項目（11語）：優生、超生、攀生、躲生、偸生、跑生、明生、強生、黒孩子、議価児子、偸生遊撃隊
「老人」の「暮し」という項目（4語）：銀色人材、空巣老人、留守老人、余熱
「子孫」という項目（14語）：小皇帝、小太陽、小款族、小款爺、少年款爺、壊男孩、壊女孩、飄族、飄一代、漂一族、反哺一族、月光族、齧老族、傍老族
「子供教育」という項目（6語）：優育、優養、厳養、厳教、育覇、孩奴
「理念」という項目（5語）：徳盲、喫肉罵娘、孝老愛親、道徳模範、孝星

新語における性向語彙の語構成を見ると二文字語（19語）と三文字語（17語）はほぼ肩を並べて最も多く、四文字語（12語）、五文字語（1語）がそれに続いている。品詞別から見れば名詞は32語で最も多く、動詞は12語ある。各意味項目に分布する語数の量の多さから「子孫」（14語）は最も多く占め、それは「一人っ子政策」のため、現代社会の家庭において子供が家族の中心となっていることの表れとも考えられる。続いては「出産」（11語）、「子供教育」（6語）、「理念」（5語）と「家族（婚姻）」（5語）であり、「世代」と「老人（暮し）」は共に4語で五位となっている。それを下記の表のように分類出来る。（表1）

なお、意味的特徴から見れば、49語の性向語彙は、「不婚族、懶婚族」などのようなマイナス的な対人評価に属する語が圧倒的に多く、29語に上り、一方「孝老愛親、道徳模範、孝星」のようなプラス評価となる語は僅か9語のみであるが、残りはニュートラルな対人評価となるものである。かかる結果は性向語彙に関する先行研究の調査と一致しており、改めて対

表1

| 項目 | 人口 | 家族 | | 世代 | 出産 | 老人 | | | | 子孫 | 子供教育 | 理念 |
		家庭構造	婚姻			老人社会	政策	施設	暮し			
異なり語	10	22	43	18	45	16	10	10	26	28	22	20
合計（語）	10	65		18	45	62				28	22	20
性向語彙 語数	0	0	5	4	11	0	0	0	4	14	6	5
性向語彙 語例			婚奴	新人類	黒孩子				余熱	傍老族	優育	孝星

人評価に当たって、プラス評価よりマイナス評価する方が多いという従来の指摘[5]を検証することになった。

II　新語における性向語彙から見た「孝」の変容

　社会言語学的な視点から考えれば、ことばの変化は往々として社会の変動と連動するものである。従って、世間における万端の変化は当然ながらいつでも迅速に語彙に投影される。1980年以来中国の人口情勢の変化によって人口、家族、理念などを反映する新語が続々と生まれてきた。それらの意味分野における新語に現れた性向語彙は、対人評価や価値志向などを反映するという語彙的な特質から、現代社会における「孝」に関する伝統的な価値観の実態を記録し跡付ける歴史的な証しでもある。次に現代中国の人口問題に焦点を当てて、新語から見られる「孝」の実態を巡って考察する。

　中国の人口が問題となるのは、詰まるところ人口が厖大であることによって生じたと言ってよい。現代中国の抱える人口問題の中で特に人口の高齢化、少子化及び人口流動の激化は突出している。この三者は、中国社会における伝統的な「孝」意識の変化及び役割、「孝」を実行する条件の変容に大きな影響をもたらしていると言えよう。

先ず、人口高齢化の産出背景について概観してみよう。中国では1950年代初期、人口の高出生率（44%）と高死亡率（25%）、低増加率（2.5%）という人口事情を呈していたが、毛沢東の人口増加容認政策及び中国人の「多子多福」という伝統的な価値意識の下で1962年から1973年にかけて、12年間も続いた人口増加ブームを迎え「高出生率、高増加率と低死亡率」という発展段階に突入した[6]。特に1963年の人口自然増加率は33.33%に昇り史上最高値を記録し、人口出生率も43.37%に達した。1970年代に入って中国政府は人口増加へのコントロールを重視し始め、「計画生育（計画出産）」という人口抑制政策を提唱し1979年から一人っ子政策が打ち出され、推進された。計画出産政策の実施と推進によって自然増加率は低下し1979年には11.61%まで下がり、人口増加率は17.82%となった。60年代の人口増加ブームの影響で1981年から1990年まで中国人口は再び高増加率が確認された。その後、1999年まで中国の人口出産類型は「低出生、低死亡、低増加」という時期に入った。例えば1999年中国大陸の人口出生率と自然増加率は、それぞれ15.23%と8.77%であった[7]。2008年、中国国家人口計画出産委員会の発表によると[8]、この十数年、中国総人口は毎年800万人の純増加で、2033年前後ピークに達して15億人となる（2008年10月24日『新民晩報』）が以降下降の時期に入ると推定される。中国の計画出産という人口抑制の政策を実施した30年間の人口増加の推移から見て結果的にその政策により世界総人口の70億人の突破を遅らせ、中国の人口増加を減速させることができたと言ってもよかろう。また、中国の改革においての成果も人口の低増加と経済・消費の高増加に因るところが多かったと思われる。いわば人口の低増加率は今日の中国の繁栄に大いに与かったと言えよう。

　「低出生、低死亡、低増加」という人口出生時期に入りつつある中国は、高齢化社会に変化していくという趨勢は必然である。1980年代に入り中国は徐々に高齢化社会に転化した[9]。1990年には中国における60歳以上の高齢者は国家全人口の8.59%、65歳以上の高齢者は全人口の5.58%になった。1998年末、60歳以上の高齢者が全人口の9.70%に当たる1億2千

万人（『人民日報』1999年8月11日）、2000年には全人口の10％に達した。統計によると2008年末、60歳以上の高齢者は全人口の12％に当たる1億5900万人、65歳以上の高齢者は全人口の8.3％に当たる1億956万人となった（中国発展門戸サイト2009年5月26日）とされる。中国国家人口と計画出産委員会の発表（2008年10月24日『新民晩報』）によれば、2040年代の高齢者人口は3.2億人になり、全人口の22％を占めるようになる。更に、2009年から中国の高齢化は加速し、高齢者が年平均800～900万人という速度で増加、2050年には高齢者が4.37億人に上り、全人口の30％を占める超高齢化社会に突入してゆくと、中国民政部と全国高齢者事務所が予測している（人民サイト2009年10月25日）。中国人口高齢化加速の要因は、経済の発展や育児コストの上昇、または出産観念の変化ではなく、主として計画出産政策の実施にあると考えられる。したがって中国の高齢化は、（１）高齢人口の規模が大きく高齢化も急速（２）国の経済がまだ発達していないうちに出現した（３）地域の間、都市と農村の間で高齢化の格差が大きい、という三つの特徴を有している[10]。高齢化社会の到来に伴って、言うまでもなく老人扶養いわば「養老」の問題が生じ、中国人の伝統的な「孝」という道徳観、価値観は比類なき試練に直面するようになると言ってよい。

　一方、「一人っ子政策」などによって加速された少子化にも余儀なく対処することになる。二千年もの伝統を誇る儒教文化の強い影響を受けている中国社会においては、高齢人口が総人口の8.3％にも達した際、高齢者は子供などによるより多くの孝行を享受し、と同時に子供は一層責任を持って老人を扶養するに力を尽くすべきである。しかしながら、厳しい現実が高齢者を待ち受けている。その高齢者の辛酸を如実に反映する「空巣家庭」、「留守老人」、「傍老族」のような新語は増える一方で、「隔代撫育」、「四二一総合症」などの新語も続々と現れてきたのは、現代社会における「孝」の変容、「孝」維持の脆弱化という厳しい現実を物語っている。「低出産」は結果として高齢化に拍車がかかったと共に、昔子・孫世代の数が祖父母や父母の数を大いに上回った嘗ての大家族の様態をも一変させた。今は寧ろ祖父母や父母世代の人数が子、孫の人数より多くなった

のである。つまり、少人数の子供世代は多人数の祖父母や父母世代を扶養せざるを得なくなる。2010年の国勢調査によれば、中国の0歳〜14歳の児童少年人口は全人口の16％しか占めていないばかりでなく、全人口に占める児童人口の比重もさらに減少していくということである（2011年10月28日『新民晩報』）。そのため、迅速に高齢化している中国にとって高齢者の扶養係数の増加につながっている[11]。少子化の加速によって扶養係数は上昇しつつあり、家庭の養老機能も弱められていく。親孝行かつ従順である数多くの子孫からの「扶養を享受」するのでなく老後生活の中で四人の祖父母が一人っ子の「孫を養育」しなければならなくなる。そうした背景から生まれてきた「四二一総合症」、「隔代撫育」、「隔代家長」という新語は正に中国社会の抱えている高齢化と少子化の問題を表出していると言えよう。

　次に激しい人口流動に目を転じて見よう。農村での改革実施、深化に伴って農村労働力が余るようになり、一部の余剰労働力が農村を去り、職を求めて大量に都市へ出稼ぎに出る。1995年、中国全土ではこのような流動人口と称される農民はすでに8000万人を超えた。流動する人口（かつては「盲流」という新語で呼ばれていたが、1993年頃「民工（出稼ぎ労働者）」という新語ができた）が、「ギリギリの生活水準」に満たない生活状況の改善を目指して山間地域から平野へ、農村から都市へ、貧困地域から豊かな地域へという労働移動の流れの現象は今も続いており、それによって都市人口の構成も変容させた。上海市を例として見れば、市政府の統計（2008年2月27日『新民晩報』）によると、2007年には上海市の常住人口は1858万人、戸籍人口は1378.86万人となり、つまり上海へ流入する非常住人数は約660万人に上る。上海市における農村部などからの人々の大流入は1990年初期の浦東開発と戸籍制度の改革を契機に発端して、1990年の106万人から2007年の660万人にまでも激増した。外来流入人口が上海常住人口を占める割合は1988年の8.4％から、2007年の35.5％になり、毎年平均1.35％増加し続けた（2008年10月31日『文匯報』）。つまり、現在の上海市人口は3人のうち1人が外来流入人口であることを意味している。また、類似的状

況にある他の大都市の縮図でもあると指摘されている。そういった大規模な青壮年の農村労働者の離農現象は農村人口高齢化の加速化をもたらした。中国老年学学会の発表によれば、2011年に全国農村人口高齢化の割合は既に15.4％に達し、全国の13.26％の平均数より高くなってきたばかりか、中国の都市人口高齢化も上回っている（2011年9月20日『新民晩報』）。ところが、人口高齢化に対応する能力という点では都市部の方が農村部より遥かに強いため、人口高齢化の加速につれて、農村部の人口高齢化による問題への対応は一層厳しくなり、喫緊の課題となる。

　中国の社会構造・経済体制の急速な変動のなかで、農村労働者の離農現象と都市労働者の大量移動によって、「空巣家庭（子供が不在で、取り残された老人の家庭）」という新語を産出させた最大の要因であり背景でもある。また、子供と一緒に幸せに暮らすという古来の老後の「天倫之楽」も消えつつあり、2009年、都市では「空巣家庭」が49.7％を占めている（新華サイト2009年8月26日）。2011年現在、農村では「空巣家庭」の高齢者は農村高齢者人口の37％を占め、4000万人（60歳以上）となっている（新華サイト2011年10月5日）。農村部から都市部への労働移動人口の大半が青年と壮年であるため、都市の高齢者人口の比重を下げると同時に、農村の実際の高齢化を加速させた。また、深刻化してきた「二一家庭（核家族）」化によって、1人の老人を扶養している労働力が1990年には平均11.3人、2000年には9.1人となり、2010年には8.2人、2030年には3.8人、2050年には何と僅か2.4人にまで下がると予測されている[12]。

　上述した「一人っ子」政策による少子化、急激な高齢化、人口の大流動に伴って「空巣家庭」、「二一家庭」などのような子供不在の深刻な社会問題が起こり、子供達の間では伝統的な敬老精神・扶養意識の希薄化が次第に表面化してきている。かかる背景があって、「孝」にまつわる新しい性向語彙は、続々と登場してきた。それらの新語はそのような世相を映す鏡の如く生まれた対人評価語彙として、次のように中国現代社会の価値意識、道徳観の変貌をありのまま表象していると考えられる。

　まず、現代中国における「孝」を実行する条件の変化によって、過去の

ような孝行規範は現代の子供に対する規範的な役割が衰微するようになった。古の中国では「以農立国、以孝立国（農業によって国をつくり、孝に基づいて国を立てる）」というモットーを掲げ、「多子多福」を人生の至高の目標、家族の最高の価値観として位置付けてきた。それに対し、近代化を遂げた現代中国では商工業社会へシフトしている。過去のように、最大の生活価値及び至上の徳行であり、国家体制と家族制度を安定させる徳政の根本であった「孝」は、それを支える社会構造、経済体制の解体によって、その内実も大いに変わるようになっている。「空巣家庭」、「二一家庭」などによって従来の家族による家庭内扶養システムが破綻しつつあるため、「孝」の核心とも言える親扶養は実現し得なくなり、それが後述する新語から察知される。扶養係数の急増で「四二一家庭」が増え、一人の子供は祖父母や父母などを扶養していかなくてはならず、恐らく過去のいずれの世代も経験したことのない重大な責任を負わされることになる。「四二一症候群」という新語は孝行条件の変化により新しく現れた社会現象を如実に表している。この新語は、夫婦二人で共働きしながら、一人の子供を育てると共に、四人の高齢の親（または祖父母）を扶養して面倒を見なければならず、身心とも疲労する日々が続いている現状に同情、着目して作られた。正に「心有余而力不足（親孝行をしたい心はあるが、できないのはまだ現実である）」という悲惨な境遇に立たされているため、従来のように親孝行はできなくなる。また、「空巣老人」、「留守老人」などの新語から、お年寄りの本来子供による孝行を受け得ぬ孤独感と無力感に関心を寄せて造語されたが、高齢者同士が「空巣老人」、「留守老人」という語で呼び合うと、悲哀、憤慨の気持が込められている。自称する場合、いささか自嘲や揶揄のニュアンスもあるらしい。一方、孝行条件の変化につれて、お年寄りが若者の新しい生活様式に対する態度および評価は一層寛大になっている。結婚適齢期であっても結婚しない、結婚しようとしない、または結婚していても子供を生まないといったような行いは、「不孝有三、無子為大（最大の親不孝は子いないこと）」と戒められるように親不孝の悪行為として捉えられ厳しく批判されてきたが、いまでは「不婚族」、

「懶婚族」、「丁克族」という新語の示すように、一般化されてマイナスな意味で使われても、昔のような非難、糾弾に値すべき親不孝の行為と看做されるのではなく、現実として認めるか或いは軽い不満などの気持を表出するかという程度のものとして使用されており、「孝」の規範、内実が確実に変わっていることは明らかである。親を扶養するために貯金したり、親に給料の一部を手渡したりせずに、毎月の給料をすべて使い切ってしまう行為は明らかに従来の親孝行に反するが、現在ではその行為を表す「月光族」という新語は、マイナス評価となるが、厳しく詰ったり責めたりするほどのものではない。それは、古の唯一で且つ至高の「孝」と違って現代社会では価値観や道徳観が多様化しているということに一因を求められる。なお、「不婚族」、「懶婚族」、「丁克族」、「月光族」という新語の対人評価語彙は、使用上では世代差も見せているが、若年層においてはマイナス的な意味が弱くて殆どニュートラルに使われている。それに対して親世代の使用者にとってはマイナスイメージが強い。新語の性向語彙にも、年齢別による対人評価の差異が存在している実例であると考えてもよいであろう。このように高齢化、少子化、「空巣家庭」、「二一家庭」と子供不在などによる「孝」の実践条件の変化によって家族機能も変わってきたことと、「親孝行」か「親不孝」かについての評価の意識や基準も変わってきたこととが、新語の創出と流行を招いたと言えよう。

　次に、現代中国の「孝」観念は、伝統的な「重老観念（老を重んじる観念）」から「重幼観念（子供を重んじる観念）」へ転換しつつある。「孝」に関する新語の対人評価語彙が続々と現れることは、中国現代社会における倫理道徳の変化、家族構造の変容、新たな孝理念と評価システムの形成などを反映している。例えば、「小皇帝」、「小太陽」、「小款爺」、「少年款爺」、「少款族」、「啃老族」、「傍老族」などの新語は、伝統的な「重老観念」から「重幼観念」への転換期の到来を語っている。根本的な原因は、一人っ子政策や家族構造の移り変わりにある。その結果、一人しかいない子供が正に「小皇帝」「小公主（姫）」の如く大事にされるようになった。甘やかしすぎて、親や祖父母が子供の言いなりになり、何でも聞いてあげ

るようになり、万事が子供を中心に動くので、その子供が「小皇帝」、「小太陽」と呼ばれたりする。「小皇帝」、「小太陽」のような語は、仲間と会話する際、軽く貶す意味で用いる場合もあれば、特にこれというほどの叱責をせずに軽い「からかい」程度で使われる場合もある、というように複雑な意味構造を示している。「小款爺」、「少年款爺」、「少款族」などは、マイナスに偏る評価として用いられて嘲笑・諷刺のニュアンスがある。「啃老族」と「傍老族」は親を養うどころか、親に養われるという「親不孝」であると言って然るべきである。奇しくも日本語でも所謂規制緩和などによって「啃老族」、「傍老族」を彷彿させる「ニート」「フリーター」という新語が生まれた。「啃老族／／啃老族」という語は、「啃」がかじりとって食べるという意味で、日本語の「親の脛を齧る」と同じ発想で造語され、働かずに両親に養ってもらう若者に対して厳しく非難的な意味合いを込めている性向語彙である。

　また、中国の現代社会における新しい価値志向は親孝行を実行するための規範となりつつあると指摘される。伝統的な「孝」観念、規範には現代社会に適合しない部分があるものの、家庭また家族関係が存続する限り、「孝」が必要で且つ不可欠である。従来、中国人が矜恃とする「孝」は、多人数の子孫が少人数の老人を扶養するという基礎の上に立って成り立っていたと言ってよい。しかし、今日深刻化しつつある少子化と高齢化は表裏一体となって中国人の前に横たわっている。現在と近未来の若者は史上前例のない深刻な「老人扶養」問題に直面し、その試練に挑まなければならない。この試練を克服するには伝統的な倫理および道徳をそのまま継承するのではなく、現代社会に適合させていく必要があり、現代に適応した「孝」を実践し、唱導、推奨すべきである。例えば『論語』に「子曰、父母在、子不遠遊」（巻二、里仁第四）と論じられているように、父母の存命中は、子が遠くへの旅をしないように諭している。つまり、子は親を離れずに親と一緒に居て孝行すべきであるといった農耕社会における人々の「孝」であった。しかし上述したように、現代社会は産業活動の自由化、仕事の多様化に伴い、実家を後にして、出稼ぎに行き、親子が離れ離れに

暮らすことが一般化しているため、孤独の「空巣老人」が図らずも数多く生まれた。つまり、常に親の側にいて世話することは現代を生きている子供にとって実践しかねる親孝行である。故に一緒に暮らせないが、せめての親孝行として「常回家看看（常に実家に帰って親の様子をみる）」という表現が創出され、子供の親孝行を行う最も一般的な行為として推奨されている。それは現代人の新たな形の孝行として中国新高齢者法の「老年人権益保障法」改定草案にまで書き込まれたと報じられている。一方、対人評価の新語である「孝星」、「孝老愛親」、「道徳模範」は、社会構造、経済体制が如何に変わろうと中国社会と中国人の心に根付いている「孝」の核心または深層の部分が依然として機能し人々の行動を律していることを裏付けている。つまり、「孝」実行の様式が変わることは避けられないが、「孝」の理念そのものは変わることなく中国社会共通の倫理規範であり続けているのである。それを遵守しなければ「徳盲」、「吃肉罵娘」などのようなマイナス評価語が示すように、批判、非難の対象となる。要するに、「孝」観念は、時代の変化によって変容し現在、現代社会にそぐわない部分が廃れたものの、その根底となるものは中国人の価値観、道徳観に大いに影響を与え続けていると言えよう。

Ⅲ　日本語新語における「孝」について

Ⅲ－1．調査資料と方法

1980年以降生まれてきた「孝」に関わる日本語の新語については、主に『平成・新語×流行語小辞典』（稲垣吉彦著、株式会社講談社、1999）、『20世紀のことばの年表』（加藤迪男編、東京堂出版、2001）および『みんなで国語辞典2　あふれる新語』（北原保雄編著、大修館書店、2009）より抽出したのである。

　新語を抽出する作業は、中国語の新語のそれと同じ、日本社会における「孝」の様相と、人口変動および人口政策との相関性に注目し、1980年以来生まれた「孝」に関する新語を取り出した上で、更にその中から性向語

彙となる新語を抽出した。

Ⅲ-2．新語の語例

　中国語と同様、日本社会における「孝」のあり方、また「孝」と相関性のある新語を調べるに当たって、以下のように人口、家族、世代、出産、老人、子孫、子供教育、理念というような意味項目に分類して調査を行った。括弧内の数字は該当語例がメディアで初登場した年数である。北原氏の『みんなで国語辞典2　あふれる新語』は編著者が2007年5月〜9月と2008年5月〜9月の期間に応募された作品の中から一部を選定して編集したもので、収録された語の初登場の年数は不詳なので、当辞典から抽出した語例は年数を付けないことにした。

（1）人口（計2語）

　若肉老食（1996）：「弱肉強食」のもじり。高齢社会を表す四字熟語。総務庁調査によると、96年4月現在15歳未満の子供の数が1987万人と20年の第一回国勢調査以来はじめて2000万人を下回った。総人口に占める割合も最低の15.8％。

　人口減少社会（1998）：厚生省の人口動態統計（1997年）によると、合計特殊出産率は1.39％と史上最低水準に達し、少子化に一段と拍車がかかっている。

（2）家族（計32語）

（a）家庭構造（12語）

　クレイマー家庭（1980）：父子家庭。子育ての中の男たちを「クレイマー」といった。

　3過ぎ家族（1989）：おやじは働きすぎ、子供は勉強のし過ぎ、年よりはヒマ過ぎの家族。母親は元気でパートやカルチャースクール通いに精を出す。

　不燃ゴミ（1992）：夫や子供、家庭に不満のたねがくすぶり続けている主婦のこと。

　ヤンババ（1994）：10代で子供を産んで、その子供も10代で赤ちゃんを

産み、30代半ばでおばあちゃんになった女性のこと。
ギャルママ（2000）：10代の母親。
利系家族（1989）：血縁や愛情を中心とした家系家族と違って、お金の縁を絆とする家族。
妻権家族（1989）：夫が妻に甘える、妻が頼りの家族。
「父帰る」現象（1993）：父や夫の家庭回帰現象。学校週休二日制と不況で仕事一辺倒の父親が家庭サービスをするようになった。
半分家族（1994）：夫婦が揃い子供がいる普通の家族としての機能を十分発揮していない家族。
ファミ・コン妻（1994）：実家から自立できないファミリー・コンプレックスの妻たち。
親持ち係数（1994）：父母・祖父母の何パーセントが健在なのかを示す数字。
連立家族（1998）：家事を分担し合いながら適度な距離感で結ばれている友達夫婦。

（b）**婚姻**（20語）

金妻（1983）：不倫の妻。
家庭内離婚（1985）：精神的にも肉体的にも別居同然だが、一つ屋根の下に住んで名ばかりの婚姻関係を続ける状態のこと。
開婚（1990）：「3高」（高身長、高学歴、高収入）を結婚の条件にしていた女性が条件を下げて結婚することを、「鎖国」から「開国」した日本の歴史にちなんでこう言い訳しながら呼んだ。
結婚難民（1990）：「3高」願望の条件を突きつけられて東京では結婚できなくなって、親の出身地の地方を頼って相手を探す男性のこと。
3Ｄ結婚（1990）：女性が結婚にこだわる「打算、妥協、惰性」の三要素。
触らな族（1992）：妻に性的接触をしない夫のこと。
輪廻婚（1992）：出会って一度は別れるが再会して結ばれるカップル。
下方婚（1993）：仕事のできる30代のキャリア・ウーマンが年下の男性

と結婚すること。

３Ｃ結婚（1993）：男性が結婚相手の女性に求めた結婚の最高条件。「３Ｃ」はキャリア（Career＝公務員では上級職、大企業では総合職）、クラス（Class＝上級階級の育ち）、クレバー（Clever＝才色兼備）の三つが揃っていることを指す。

たそがれ離婚（1994）：35年以上も同居しながら離婚という破局を迎える60代、70代の夫婦を指して言う。

老いらく離婚（1994）：70、80歳になってから別れる。

ジミ婚（1995）：結婚式を省略したり、身内だけのパーティだけにする地味な結婚を指して言う。「ジミ婚」の反対が「ハデ婚」、「ジミ婚」と「ハデ婚」の中間が「ハミ婚」。

パソ婚（1995）：パソコン通信で知り合って結婚すること。

オリジナル婚（1997）：レストランなどで簡素な式をする「ジミ婚」の一つ。

熟年離婚（1997）：「熟年」になってから離婚すること。還暦を迎えた時に離婚すると「還暦離婚」（1995）。

週末婚（1999）：子連れで再婚する場合子供がそれぞれの新しい親に慣れるために週末だけを一緒に過ごす結婚の形態。

ソト婚（2000）：「ジミ婚」「ハデ婚」「ハミ婚」にあやかって、海外旅行を兼ねて海外で結婚式を挙げること。

格差婚：収入や地位に差があるもの同士の結婚。

授かり婚：子供を授かったのを機にする結婚。「できちゃった婚」と同義。

（３）世代（計13語）

ピーターパン症候群（1984）：大人になりきれない現代の青年心理。ピーターパンは母親や恋人に対する甘えしかないといい、こうした男性の未熟さが夫婦や親子に大きな障害になるとアメリカの臨床心理学者が指摘している。

新人類（1985）：1960年以降に生まれたワケのわからない宇宙人のよう

な世代をくくって呼ぶ。物質的に豊かな時代に育ったため忍耐心に欠け、帰属意識や忠誠心が希薄なので平然と残業を拒否したり、転勤を命じられると退職するなどした。そのため日本経済の発展に貢献してきた「企業戦士」と呼ばれるそれ以前の世代（「新人類」に対して「旧人類」と呼ばれた）とは価値観、行動様式が違い「旧人類」からは批判の声があがった。

新新人類（1986）：新人類をおびやかす小学生たちのこと。ファミコンのコントローラーを手にし、新人類が苦労して習得したハイテクを軽々とこなした。

イチゴ族（1988）：物質的に豊かで平和な社会で育ち情報を巧みに取り入れて活用することを覚えた新たな世代として注目され始めた。

おたく族（1988）：アニメやパソコンなどに熱中して、自分だけの世界に閉じこもって対人関係を作ることが苦手な若者のこと。

アンマリ族（1989）：unmarriedで、非婚ないし不婚の女性。ライフスタイルとしてのシングル志向の女性。

あらよ世代（1990）：安定、楽したい、余裕を求めている保守的な学生たち。

コギャル（1993）：成熟した女性「ギャル」にデビューする前のポストボディコン世代の中学・高校生くらいの女の子。「高校生ギャル」或いは「小ギャル」から生まれたとも言われている。

無行少年（1993）：やりたいことを我慢し押さえ込むことに慣れて、やがて自分が何をやりたいのかもわからなくなってしまう子供たち。

サボテン女（1994）：独身生活が長くなって身の回りのことをかまわなくなった女性。

X世代（1994）：アメリカの20代を指すことば。

さ行の若者（1995）：さわやか、静か、すがすがしい、背伸びせず、そつがない若者。将来のことは考えても仕方がないと妙に落ち着いている。

アラ還：60歳前後の人。「アラウンド還暦」の略。

（4）出産（計5語）

一姫時代（1989）：二太郎を生まず一姫でやめてしまう時代。厚生省「出産力調査」によると、理想の子供数が一人の場合、女の子を望む親62.9％。前回（82年）の48.5％と比べ急上昇。

合計特殊出産率（1990）：一人の女性が一生の間に平均して何人の子供を産むかを示す女性一人当たりの平均出生数。

一・五七ショック（1990）：一・五七という合計特殊出生率の大幅落ち込みショック。厚生省の「人口動態統計の概況」により明治32年に統計を取り始めて以来の最低。

シングルマザー（1994）：結婚はしたくないが、子供はほしいという願望をもつ女性。

晩産歓（1995）：高齢出産。

（5）老人（計20語）

（a）高齢社会（10語）

お年寄り外来三点セット（1990）：年をとると寝つきが悪くなる。そこで精神安定剤を出す。薬が多いと便秘がちになるので下剤を加える。胃壁が荒れるので胃薬も。

寝かされ老人（1990）：日本の所謂寝たきり老人は介護しやすい便宜や過保護から寝かされているのであって、そのマイナスは大きいとの批判から出たことば。

エルダリー（1994）：アメリカでの高齢者の呼び方。「先輩」と敬意を込めた言い方。

介護移民（1995）：高齢者向け介護サービスが市町村によって差があるためサービスがより充実した市町村に引っ越す高齢者が増えている現象。

老いざま（1996）：死にざま→生きざま→老いざまの順に作られた新語。

保じいさん・保ばあさん（1998）：保母さん、保父さんの役割を担う高齢者。老人ホームと保育園が時間を決めて交流する試みとして、保育園が同じ敷地で老人向けの施設の経営を始めている。

うばる（姥る）：著しく老け込む。

すかい：①内容が薄い。行動が拙い。②老人っぽい。

にぼしい：①物が乾燥しているさま。②人間関係が乾いているさま。③年老いているさま。

ろうどう（老働）：定年を過ぎた年代の人が年金だけでは生活をまかえないという理由で働きに出ること。「労働」のもじり。

(b) 政策（2語）

8020運動（1990）：日本人の平均年齢80歳で20本の歯を残そうという成人歯科保健対策検討会の運動。

介護支援専門員（1998）：ケアマネージャーと呼ばれていたものがカタカナ語を嫌う小泉純一郎厚相の指示で改称。

(c) 施設（2語）

宅（託）老所（1994）：子供を預かる託児所のように在宅介護の高齢者をボランティアが一時的に預かるディサービス。

シニアタウン（1998）：従来のニュータウンが子育て世代を意識していたのに対して、高齢者向けの街づくり。

(d) 暮らし（5語）

粗大ゴミ（1981）：元大型耐久消費財の廃棄物という意。転じて、定年後家でごろごろしていて妻の目障りになる夫のたとえ。

濡れ落ち葉（1989）：地域活動や学習グループに活躍している妻にまとわりついて離れない定年後の夫。

シニアシングル（1992）：一人暮らしの高齢者。

老人深夜族（1992）：深夜ラジオやパソコン通信などで時間をつぶす眠れない老人。

定年帰農（1998）：都会のサラリーマンが定年後の第二の人生を農業にかけること。

(6) 子孫（計6語）

くれない族（1983）：何でも他人のせいにして言い訳をする甘ったれた若者の総称。1984年、主婦の不満を表す語として再流行。

93

ブーメラン・ベビー（1989）：大学を卒業し一定の収入がありながら、自立せず、親元に舞い戻る若者。

ギョーザっ子（1989）：情報化社会に育って、中に細かい具が雑多に詰まっているが、皮を少し突くと破れて収拾がつかなくなる。見分けのつかないよく似たが中身の交流はない。進学過熱のせいで片面はこげ目がついているが、それ以外は母性の蒸気でふやけている。

ちいママ娘（1992）：スナックやクラブでママを補佐するちいママ同然、退職して家でぶらぶらしながら、家事手伝いをしたり父親の世話もしたりする独身の娘。

パラサイト・シングル（1998）：30歳を過ぎても親元に同居し、基本的な生活条件を親に依存し、レジャーに旅行にブランドものにリッチな生活を謳歌する気儘な男女の未婚者を指して言う。「パラサイト（parasite）」は「寄生虫」という意味。

おりいりむすめ（檻入り娘）：非常に過保護な親の下で育った子供。親に過剰な管理をされている子供。「箱入り」のもじり。

(7) 子供教育（計6語）

育児三遷（1990）：わが子の教育のために住まいを変えた孟子の母・孟母並に、現代の猛母たちは子供のためにあえて三遷もいとわない。

箱入れママ（1991）：箱入り娘・息子たちの母親。わが子が実社会に出てぐったりしているのを見るとじっとしていられない。

育児時短（1992）：育児のための時間短縮勤務制度。

飽育の時代（1996）：飽育とは飽食のもじり造語。過度の詰め込み学校教育を批判したことば。

マザリング（1998）：母親の子育て。

モンペ：「モンスターペアレンツ」の略。自分の子供のことを思うあまりに周囲が見えなくなっている、異常なまでの親バカ。

(8) 理念（計9語）

五無主義（1980）：無気力、無関心、無責任、無感動と無作法。

ひきこもり（2000）：家から一歩も出ず、社会と接触しない人を指して

言う。
第三の家族（1990）：従来の親子、夫婦関係に次ぐ新しい結縁関係。知人同士が近くに住み、血縁を超えた緩やかな結縁で新しい生活形態をつくるなど様々。一人暮らしの気楽さと、縁を結ぶことの安心感、便利さを併せ持つこの関係を選択して暮らすシングル高齢者が目につき出した。

老後の４Ｋ（1992）：生涯学習などの教育、医療・介護などの健康、夫婦・親子の家族、年金・保険・貯蓄の経済。

世代会計（1996）：税など社会的負担を世代ごとに決算する考え方。高齢・少子化のなか、後の世代はたまらないということ。

隠れ負債（1996）：将来出費増につながり家計を圧迫する可能性のある親の介護費用や社会保障負担。

育老（1996）：老後を自分で育てること。健康・経済・心の３Ｋが条件。心は即ち生きがいで、一人になる時に備え家族といえども頼りきらず、距離を置いて生活することを心がけるべし。

老若介護（1998）：孫の世代が祖父母の世代を介護しなければならなくなること。

老人力（1998）：作家の赤瀬川原平の造語、著作の題名でもある。物忘れがひどくなったのを「老人力がついた」と表現した。

Ⅲ－3．新語に見られる性向語彙

以上の語例（92語）の中において、性向語彙と見なされる語が次のように34語ある。

「家族」という項目（２語）：不燃ゴミ、ファミコン妻、触らな族

「世代」という項目（10語）：新人類、新新人類、イチゴ族、おたく族、アンマリ族、あらよ世代、コギャル、無行少年、サボテン女、さ行の若者

「出産」という項目（１語）：シングルマザー

「老人」の「老齢社会」という項目（３語）：介護移民、保じいさん、

保ばあさん
「老人」の「暮し」という項目（4語）：寝かされ老人、粗大ゴミ、濡れ落ち葉、シニアシングル、老人深夜族
「子孫」という項目（6語）：くれない族、ブーメラン・ベビー、ギョーザっ子、ちいママ娘、パラサイト・シングル、おりいりむすめ
「子供教育」という項目（2語）：箱入れママ、モンペ
「理念」という項目（5語）：五無主義、ひきこもり、育老、老若介護、老人力

　マイナス評価語は「不燃ゴミ」「ひきこもり」などのように26語も見られるに対して、プラス評価語は「イチゴ族」「老若介護」などのように僅か8語にすぎない。日本語の新語における性向語彙も中国のそれと同じく対人評価においてマイナス評価が優勢である傾向を見せている。「孝」に関わる性向語彙などを挙げてみれば、少子化を惹起した原因とも思われる「アンマリ族」「サボテン女」「触らな族」に注目すべきである。中国語の「丁克族」「単身貴族」と類似して結婚願望がないか、また結婚していても子を作らない、つまり、子孫を残すという「孝」の核心的な観念と相反するものである。換言すれば、一族または一家を繁栄させるための子作りという「孝」思想は日本にせよ中国にせよ希薄となっていると言えよう。「寝かされ老人」「シニアシングル」は高齢化社会に突入した日本が直面している問題を切実に表している。家庭内での扶養は少子化などのためできなくなる代りに社会に期待を寄せるが、「寝かされ老人」という悲惨な現実を待っている。一方、「老後の4K」「育老」「ろうどう（老働）」などのように、高齢化社会を積極的で且つ前向きに生きて行こうとする高齢者もいる。上掲した中国語には斯様なプラス指向の新語がないようである。つまり、日本の老人は子供を頼らずに自立して自分で自分の老後をみるべく、懸命に働こうとする姿勢を見せている。これは中国において僅か20％しかない60〜65歳の男性就業率の低さと比べ、日本において実に60〜65歳の8割、65〜70歳の5割の男性は様々な形式の仕事に携わっているという

統計（『新民晩報』2011年10月31日）からも窺える。高齢化社会における日本の高齢者の「育老（1996）」と「老働」という積極的な生き方は中国の高齢者にとって生き甲斐のある老後生活を送るための手本であると言ってもよい。

中国より早く高齢化社会となった日本では、ここ30年間老人に関する新語は今回調査した限り、「老後の４K（1992）」、「老人深夜族（1992）」、「老いらく離婚（1994）」、「老若介護（1998）」、「老人力（1998）」などが挙げられ、高齢者問題は看過できないほど社会の関心事となっている。また、日本では介護保険法が1997年（平成９年）に成立した。それに伴うように「介護移民（1995）」、「介護支援専門員（1998）」、「老若介護（1998）」などの新語は生まれ、日本における高齢者向け介護サービス重視の反映とも言える。一方、養護施設を頼らずに、孫世代まで祖父母看護、介護に加わる「老若介護」という新語は、今日の親孝行の難しさを示すように、悲喜交々である。加藤迪男は2001年に、次は「高齢者が自分の親を介護する「老老介護」時代だと予測した[13]。「老人力」というと、作家の赤瀬川原平が同題名の著作の中で、物忘れがひどくなったのを「老人力がついた」と表現した。年をとると名前が思い出せないなどのことを「老人力」と呼び、それに「つく」を付けると、暗いイメージが薄れて、ポジティブに「老い」を捉えるようになると見られる。だが、この語は早くも「老人も老人なりに持っている力」といった誤解が生じている。稲垣吉彦は、老人が「ここは老人力を出さなきゃ」といっているのを聞いたことがあるというところから、流行語が「たちまち誤解の解釈のほうが通用してしまうことがある」と指摘されている[14]。

それらの新語の中で、中国の新語と似たような表現もある。中国語と日本語の順に挙げてみれば、

「托老所（1985）」と「宅（託）老所（1994）」、「黄昏離（2009）」と「老いらく離婚（1994）」「不婚族（2000）」と「アンマリ族（1989）」、「啃老族（2005）・傍老族（2006）」と「パラサイト・シングル（1998）」、「网婚（2001）・网络婚姻（2001）・網上結婚（2001）」と「パソ婚（1995）」

などがあるが、両国とも同じような問題もしくは課題を抱えている。新語誕生の年次から見れば、日本語の新語のほうが先に現れたという傾向があるように見える。また、中国語の「新人类（1987）」と「新新人类（1999）」という新語は、日本語の「新人類（1985、翌年度の流行語大賞にもなった。）」と「新新人類（1986）」と類似するため、日本語からの借用新語でもあると考えられる。ほかに日本語の新語である「格差婚」と同じ語形の新語は2011年中国に現れて使われるようになった。そして対人評価の用語としての「……族」は日本語にも中国語にも多く見られ、旺盛な造語力を見せてマイナス的な評価を表し、非難や揶揄が込められているという共通点がある。

おわりに

「孝」は、中国社会において文化的な意義を有する道徳観念、価値規範に止まらず、日常生活の具体的な営みであり、今日に至っても依然として重要な役割を果たしている。しかし、上述したように、現代社会の高齢化や少子化による「空巣家庭」、「核心家庭」「二一家庭」などの示すように、家族及び親子関係の過疎化、家庭様式の多様化による機能低下を呈出している。それに伴って、「孝」の実態にも嘗てない変化が生じ、また従来の道徳倫理と違った新しい「孝」価値意識が生まれ、それを表す新語も続々と登場した。以上の考察によって以下のことが明らかになった。①1980年以降の30年間に誕生した中国語の新語の中には「孝」に関する性向語彙が少なからず存在している。日本語でも同じことが言えよう。②「孝」に関する新語の性向語彙は、中国社会における伝統的な「重老」から「重幼」に変わって、「孝」の変容及びその役割の縮小、衰弱を如実に示している。③中国における一人っ子政策の実施と家族構成の変化は、「孝」理念及びそれについての評価意識の転換をもたらした要因であると同時に「孝」に関する新性向語彙の産出をも促したと言えよう。

中国と日本における「孝」は近代以降西洋文化からの影響を受けなが

ら、それぞれの社会に適応するために変わってきた。今回の調査で日本語の新語については語例を列挙するのみに止まって、対照研究には至らなかったが、今後、調査資料を充実させて、中日両言語における新語及びその性向語彙に見られる「孝」の位相について対照研究を行って、両国の現代社会の伝統的な価値観の実態及びその差異を究明していきたい。

付記：本稿は、2009年度中国国家社会科学基金項目（09BYY080）の研究成果の
　　　一部でもある。

注
1）李成浩著、2009、『中国・日本・韓国三言語における大学生の「性向語彙」についての対照研究』、中国伝媒大学出版社：5頁。
2）同注1
3）葉光輝・楊国枢著、2009、『中国人的孝道：心理学的分析』、重慶大学出版社：4-5頁。
4）中日両言語に「性向語彙」がともに生存していることについては、同注1で既に実証された。
5）藤原与一『方言学』（1962年、三省堂）室山敏昭『『ヨコ』社会の構造と意味』（2001年、和泉書院）等
6）李建新、2000、『世界人口格局中的中国人口転変及其特点』、『人口学刊』第5期：3頁。
7）庄平・畢偉玉著、2001、『当代社会問題与青少年教育』、山東教育出版社：19-20頁。
8）1956年に発表された国連の報告書で、65歳以上の人口が総人口に7％、または60歳以上の人口が総人口に10％占める割合に到達・超過する社会を「高齢化社会」と呼ぶ。そして、65歳以上の人口が総人口の7％の2倍の14％になった社会を「高齢社会」と呼ぶ。上海市は1979年に中国全土に先駆けて「高齢化社会」、1982年に「高齢社会」になった。1990年から1995年にかけて、北京市、天津市、江蘇省、浙江省も相次いで「高齢社会」になった。（同注6：39頁）
9）2011年、60歳以上の老人が全人口の13.26％に当たる1億7800万人という数値が更新され更に増加する傾向がある。（2011年9月20日『新民晩報』）による。）
10）同注6：38-39頁。

11）扶養係数とは人口学の学術用語で、ある規模の労働人口に扶養されなければならない児童少年人口と高齢者人口をさす。大別して総扶養係数、児童少年人口扶養係数と高齢者人口扶養係数に分けられ扶養係数が高いほど社会供養負担が重くなる。
12）同注6：41頁。
13）加藤迪男編、2001、『20世紀のことばの年表』、東京堂出版：266頁。
14）稲垣吉彦著、1999、『平成・新語×流行語小辞典』、講談社：253頁。

参考文献
李成浩著、2009、『中国・日本・韓国三言語における大学生の「性向語彙」についての対照研究』、中国伝媒大学出版社
李建新、2000、「世界人口格局中的中国人口転変及其特点」、『人口学刊』第5期
葉光輝・楊国枢著、2009、『中国人的孝道：心理学的分析』、重慶大学出版社
庄平・畢偉玉著、2001、『当代社会問題与青少年教育』、山東教育出版社
商務印書館辞書研究中心、2003、『新華新詞語詞典』、商務印書館
亢世勇・劉海潤主編、2003、『新詞語大辞典（1978-2002）』、上海辞書出版社
于根元主編、1994、『現代漢語新詞詞典』、北京語言学院出版社
鄒嘉彦・遊汝傑編著、2007、『21世紀華語新詞語詞典』、複旦大学出版社
『中国語言生活状況報告』課題組編、2007、『中国語言生活状況報告（2006）』、商務印書館
『中国語言生活状況報告』課題組編、2008、『中国語言生活状況報告（2007）』、商務印書館
相原茂編、2007、『現代中国語新語辞典』、講談社
稲垣吉彦著、1999、『平成・新語×流行語小辞典』、講談社
加藤迪男編、2001、『20世紀のことばの年表』、東京堂出版
北原保雄編著、2009、『みんなで国語辞典2　あふれる新語』、大修館書店

中国語における新語の全用例

（1）人口（計10語）

人口老齢化／人口老龄化（1980）：人口の高齢化。人口危機／人口危机（1989）：人口危機。人口形勢／人口形势（1990）：人口に関する様々な状況。人口状況。人口失控／人口失控（1990）：出生率が計画を超えて、コントロールを失うこと。人口膨張／人口膨胀（1990）：人口膨張。人口意識／人口意识（1991）：人口意識。　人口総合素質／人口综合素质（1993）：人口の総合的な素質。人口素質／人口素质（1995）：人口の資質。国民の体格や教育レベルなどをさす。"人口质量"ともいう。人口政策／人口政策（1995）：人口政策。

（2）家族（計65語）

（a）家庭構造（22語）

独男戸／独男户（1983）：生まれた一人っ子が男の子である家庭。農村でよく使われている語。核心家庭／核心家庭（1986）：核家族。単身家庭／单亲家庭（1987）：母子または父子家庭。親系／亲系（1987）：親族間の血縁関係。丁克家庭／丁克家庭（1988）：ディンクスの家庭。丁克、ディンクス。英語DINKs（double income, no kids）の音訳。二女戸／二女户（1988）：生まれた二人の子が女の子である家庭。「双女戸」ともいう。城郷家庭／城乡家庭（1989）：夫妻の中の一人は都市戸籍、もう一人は農村戸籍をもっている家庭。独女戸／独女户（1989）：生まれた一人っ子が女の子である家庭。農村でよく使われている語。女児戸／女儿户（1989）：女の子ばかりの家庭。純女戸／纯女户（1989）：「女児戸」の意と同じ。単身父親／单身父亲（1989）：配偶者が亡くなった、または離婚した後、子供と共に暮らしている父親。単身母親／单身母亲（1989）：配偶者が亡くなった、または離婚した後、子供と共に暮らしている母親。標準家庭／标准家庭（1990）：中年ないし老年の夫婦と既婚している子供がともに暮らしている家庭。伝統家庭／传统家庭（1990）：親子三世代がともに暮らしている家庭。「核心家庭」と「標準家庭」に対して言う。主幹家庭／主干家庭（1991）：親子三世代がともに暮らしている家庭。二一家庭／二一家庭（1992）：両親二人と子供一人の家庭。単身／单亲（1995）：片親。単身媽媽／单亲妈妈（1999）：母子家庭の母親。空巣家庭／空巢家庭（1999）：子供が不在で、取り残された老人の家庭。独生父母家庭／独生父母家庭（2004）：一人っ子同士、または一人っ子と非一人っ子が結婚して作った家庭。

（b）婚姻（43語）

遅婚／迟婚（1979）：晩婚。婚齢／婚龄（1981）：結婚年齢。としごろ。法定の結婚年齢。婚姻介紹所／婚姻介绍所（1982）：結婚紹介所。"婚介機構／婚介

机构"ともいう。事実婚姻／事实婚姻（1983）：結婚登録せずに夫婦生活をしている婚姻。高価婚姻／高价婚姻（1987）：高価な結納品・結婚披露宴で結婚をする。「高価結婚／高价结婚」ともいう。婚姻沙竜／婚姻沙龙（1987）：（自発的に形成された）結婚と恋愛を前提とする交際およびその場所。恋愛角／恋爱角（1987）：同「婚姻沙竜」。丁克夫妻／丁克夫妻（1988）：ディンクスの夫妻。婚姻文化／婚姻文化（1988）：婚姻と関わる理念、礼儀などの文化要素の総称。協議離婚／协议离婚（1988）：協議離婚。略して「協離／协离」ともいう。「訴訟離婚／诉讼离婚」と対。高価離婚／高价离婚（1988）：高額な財産を条件として婚姻解消を求める。試婚／试婚（1989）：結婚前に男女が試験的に同居する。従妻居／从妻居（1989）：結婚後、新郎が新婦の住居地に転居して暮らす。和平離婚／和平离婚（1989）：平和的手段による離婚。離婚餐庁／离婚餐厅（1989）：一席設けて離婚前の男女または離婚者をもてなすレストラン。離婚宴会／离婚宴会（1989）：離婚前または離婚直後の男女が設けた宴席。新聞婚礼／新闻婚礼（1989）：新聞などのメディアに結婚の知らせを掲載し、婚礼の代わりとする新しい形式の結婚式。新婚学校／新婚学校（1990）：新婚夫妻を対象として婚姻と生育などの知識を教える教室。両人世界／两人世界（1990）：子供をつくらない夫婦ふたりだけの生活。「二人世界／二人世界」ともいう。郵購新娘／邮购新娘（1990）：手紙のやり取りによって嫁入りさせることと妻を迎えること。フィリピンより伝来。郵婚／邮婚（1991）：文通で知り合って、互いに感情を伝えて、縁組をむすぶこと。跳板婚姻／跳板婚姻（1993）：策略結婚。離男／离男（1995）：離婚男子の略称。離女／离女（1995）：離婚女子の略称。丁克族／丁克族（1999）：ディンクスの人々。単身貴族／单身贵族（1999）：独身貴族。不婚族／不婚族（2000）：結婚適齢期であっても結婚しない人々。網婚／网婚（2001）：ネット上のバーチャル結婚。「網絡婚姻／网络婚姻（2001）・網上結婚（2001）」の略。閃婚／闪婚（2005）：電撃結婚。閃婚族／闪婚族（2005）：電撃結婚した人々。急婚族／急婚族（2006）：急いで結婚しようとする人々。婚奴／婚奴（2007）："高价结婚"のため、結婚してから長期的に金銭面での苦境に追い込まれる人々。畢婚族／毕婚族（2007）：大学を卒業した後すぐ結婚する若者。懶婚族／懒婚族（2007）：よい職業、高収入、ゆたかな生活条件をもっているが結婚しようとしない人々。群体離婚／群体离婚（2007）：（立ち退き補償や、労働保障制度による賠償、手当てまたは福祉などは、二人の単身者のほうが一組の夫婦より多くもらえるため）複数の夫婦がいっせいにわざと離婚する社会現象。試離婚／试离婚（2009）：試験的に離婚する。黄昏離／黄昏离（2009）：熟年離婚。

（3）世代（計18語）

　　隔代撫育／隔代抚育（1985）：祖父母が孫を養育すること。「隔代撫養／隔代

抚养」ともいう。代際関係／代际关系（1985）：世代間関係。四二一総合症／四二一综合症（1986）：四二一症候群。一人っ子が溺愛されたために生じる弊害。「四」は祖父母、「二」は両親、「一」は溺愛される一人っ子をさす。「児童溺愛総合症／儿童溺爱综合症、四二幺総合症／四二幺综合症」ともいう。代際／代际（1987）：世代間。新人類／新人类（1987）：新人類。隔代家長／隔代家长（1989）：孫を養育する祖父母。親子／亲子（1995）：親子。旧人類／旧人类（1999）：旧人類。1970年代以前に生まれた人々。新新人類／新新人类（1999）：新新人類。1980年代以降に生まれた世代をさす。「80後／80后」ともいう。新新話語／新新话语（1999）：新新人類が好んで使う言い回し。新新一族／新新一族（2000）：流行に敏感でありながら、また他人とは違うことを追い求めたがる若者。Ｙ一代／Ｙ一代（2000）：①1970年代末から80年代はじめに生まれた世代。「Ｘ一代／Ｘ一代」（1960年代半ばから1970年代末までに生まれた世代）に対していう。②ネットの影響のもとで育ってきた世代。独二代／独二代（2006）：一人っ子としての両親が生んだ一人っ子の二世代。

（4）**出産**（計45語）

優生／优生（1981）：優生。元義は優秀な学生。優生優育／优生优育（1981）：少なく生んで、大切に育てるという計画出産のスローガン。一胎率／一胎率（1982）：一人っ子率。一年間に出生した乳児のうちで一人っ子が占める割合。代孕／代孕（1987）：代理妊婦。代生／代生（1987）：代理出産する。代生母／代生母（1987）：代理母。「代生母親／代生母亲」ともいう。超生／超生（1987）：産児制限の枠を超えて出産する。移地超生／移地超生（1987）：他郷へ移って産児制限の枠を超えて出産する。攀生／攀生（1988）：周りの産児者と比べ張り合う。躱生／躱生（1988）：産児制限の枠を超えて出産し、戸籍を届けずに隠れて育てること。「偸生／偸生（1989）・跑生／跑生（1989）」ともいう。多孩率／多孩率（1988）：産児制限の枠を超えて出産した子供の割合。生育高峰／生育高峰（1988）：出産ラッシュ。ベビーブーム。議価児子／议价儿子（1988）：産児制限の枠を超えるために罰金を受け入れることを代価として出産した男の子。「議価」は「協議価格（公定価格に対していう）」というもとの意から転じて、諧謔的にいう。超生夫妻／超生夫妻（1989）：産児制限の枠を超えて産児した夫婦。超生遊撃隊／超生游击队（1989）：異郷へ行って産児制限の基準を超えて出産した人々。「遊撃隊」は「ゲリラ部隊」という意から転じて、諧謔的にいう。偸生遊撃隊／偸生游击队（1989）：産児制限の枠を超えて出産し、戸籍を届けずに隠れて育てる人々。多胎率／多胎率（1989）：一年間に出生した乳児のうちで非一人っ子が占める割合。黒孩子／黑孩子（1989）：出生届を出していない子供。戸籍のない子供。黒孩現象／黑孩现象（1989）：出生届を出していない子供ないし戸籍のない子供がいるという社会現象。　計生／计生（1989）：計画出産をおこ

なう。バースコントロールする。「計画生育／计划生育」の略。計生委／计生委（1989）:「計画生育委員会／计划生育委员会」の略。計生辦／计生办（1989）:「計画生育辦公室（計画出産事務所）」の略。計生協／计生协（1989）:「計画生育協会」の略。計画出産について研究を行う学術的協会。計画生育学校／计划生育学校（1989）:優生・晩婚・計画出産などについて知識を教える教育施設。「計生学校／计生学校」ともいう。孕婦学校／孕妇学校（1989）:妊婦に優生・出産などについての教育を行う施設。買生／买生（1989）:罰金を受け入れ産児制限の枠を超えて出産する。明生／明生（1989）:公然と産児制限の枠を超えて出産する。「強生／强生（1989）」ともいう。一胎化／一胎化（1989）:一人っ子化。一孩率／一孩率（1990）:一人っ子率。子供がいる夫婦のうち、一人しか子供をもたない夫婦の割合。辺際孩子／边际孩子（1990）:産児制限の枠を超えて生まれた子供をさす。不育文化／不育文化（1990）:結婚後、子供をつくらない一種の社会現象。超生費／超生费（1990）:産児制限の枠を超えて出産するため納めた罰金。超生戸／超生户（1990）:産児制限の枠を超えて出産した家庭。二胎生／二胎生（1991）:二番目の子供をつくる。計画外懐孕／计划外怀孕（1991）:産児制限の枠外の妊娠。計画外生育／计划外生育（1991）:産児制限の枠外の出産。計画外二胎／计划外二胎（1991）:計画出産の枠外でつくった二番目の子供。計生出走戸／计生出走户（1992）:計画出産の規定に違反し、他所に行って子供を生み育てる女性のこと、または、そのような女性がいる家庭を指す。独生子女費／独生子女费（1995）:毎年定期的に一人っ子の両親に与える補助金。独生父母／独生父母（2004）:ともに一人っ子である男女が結婚後子供を持って父母となったことをさす。

（5）老人（計62語）

（a）高齢社会（16語）

老齢社会／老龄社会（1986）:高齢化社会。「老年型社会／老年型社会（1986）・高齢社会／高龄社会（1999）」ともいう。老齢化国家／老龄化国家（1986）:高齢化国家。老齢化地区／老龄化地区（1986）:高齢化地域。「老年型地区／老年型地区（1986）」ともいう。第二社会／第二社会（1986）:60歳以上の老年人口社会。白髪浪潮／白发浪潮（1987）:高齢化の波。老齢化社会／老龄化社会（1988）:高齢化社会。銀色浪潮／银色浪潮（1989）:同「白髪浪潮」。「銀色冲撃波／银色冲击波（1988）」ともいう。渋老／涉老（1991）:老人にかかわる。低齢老人／低龄老人（1993）:60歳から70歳までのお年寄りをさす。「独立老人／独立老人（1992）」ともいう。銀髪族／银发族（不詳）:お年寄りをさす。銀齢／银龄（不詳）:お年寄りをさす。プラスの意味。

（b）政策（10語）

離休／离休（1981）:定年退職する。新中国成立以前に革命に参与した者が定

年退職する。「離休」以外者の定年退職は「退休／退休」と称される。離退休／退离休（1982）：「離休」と「退休」の総称。「離退／离退（1987）」ともいう。養老金／养老金（1987）：養老年金。旧称は「退休金」と称される。敬老節／敬老节（1988）：敬老日。拐杖工程／拐杖工程（1988）：老人プロジェクト。政府による老後生活への便宜供与に対する一連の措置。「拐杖」はステッキという意から、転じて力の補助の役割をする喩え。老齢問題委員会／老龄问题委员会（1989）：高齢問題委員会。「老齢委／老龄委（1989）」ともいう。老協／老协（1989）：老人協会。国際老人節／国际老人节（1991）：国際老人日。1990年12月の国連大会（45回目）で決められた国際老人日（毎年の10月１日）。

（ｃ）施設（10語）

　老年大学／老年大学（1985）：老人大学。「老齢大学／老龄大学（1985）・老年学校／老年学校（1987）」ともいう。托老所／托老所（1985）：老人を定期的あるいは臨時に短期間あずける施設。老年公寓／老年公寓（1985）：（社会福祉の性格の）高齢者向けアパート。シルバーマンション。「老人公寓／老人公寓（1991）」ともいう。安老院／安老院（1989）：老人ホーム。養老院。老人日托／老人日托（1989）：老人向けデイ・サービス。老年法廷／老年法庭（1992）：老人の諸諸の権益にかかわる事件を審理する裁判所。上海に初めて設立された。老年経済／老年经济（1992）：各行政レベルの高齢者組織を創設し、経営する経済実業団体。

（ｄ）暮らし（26語）

　銀色人材／银色人才（1985）：定年退職後も社会に貢献し続けるお年寄り。銀色市場／银色市场（1985）：高齢者向けの商品や高齢者向けサービスの市場。「銀髪市場／银发市场（1986）」ともいう。老年迪斯科／老年迪斯科（1985）：老人向きのディスコダンス風体操。退休総合症／退休综合症（1986）：定年退職者が環境や生活リズムの変化により発症する心身の病気。「退休応激病／退休应激病（1988）」ともいう。銀色産業／银色产业（1987）：高齢者のための商品を提供する産業。余熱／余热（1989）：余熱。余力。特に定年退職した老人の力をいう。黄昏恋／黄昏恋（1989）：老いらくの恋。托老／托老（1989）：（老人ホームに）老人を預ける。陪聊家政／陪聊家政（1990）：おもに老人の話し相手をつとめる家政婦派遣サービス。貧老／贫老（1992）：貧しく苦しい生活を送る老人。とくに配偶者がおらず、労働保険ももらえず働くこともできないため苦しい生活を余儀なくされている老人を言う。留守老人／留守老人（1996）：子供たちが結婚、出稼ぎ、移民などで家を出てしまい、取り残された老人。「空巣老人／空巣老人（1999）」ともいう。

　陪老／陪老（1998）：高齢者に付き添い介護する。高齢者の介助をしたり話し相手になったりする。銀髪産品／银发产品（2000）：高齢者のための商品。シル

バーグッズ。「銀髪商品／银发商品・銀色商品／银色商品・銀色産品／银色产品」ともいう。銀髪消費／银发消费（2001）：高齢者の消費。育孫率／育孙率（2004）：子供の扶養者のうちで祖父母が占める割合。空巣期／空巢期（2004）：子供が不在で老人が家に取り残され、子供との再会及び子供が帰省するまでの期間。空巣感／空巢感（2004）：子供が不在で、取り残された老人の孤独感。空巣総合症／空巢综合征（2004）：家に取り残された老人が子供の不在のために陥る症状。以房自助養老／以房自助养老（2007）：一種の新しい養老方式。高齢者が家屋敷を公益機構に売却しその機構からもらった養老資金で家を借りて住むこと。養老房屋銀行／养老房屋银行（2007）：一種の新しい養老方式。高齢者が賃貸した元の自宅から得た賃金で養老機構の費用に支払う。

（6）**子孫**（計28語）

　独生子女／独生子女（1980）：一人っ子。「独子女／独子女（1981）・独苗／独苗（1981）」ともいう。鑰匙孩／钥匙孩（1984）：（両親が共働き、祖父母もいないため）家の鍵をもっている子供。大齢／大龄（1984）：法定の結婚年齢より年上。大齢青年／大龄青年（1984）：法定の結婚年齢より年上の青年。大男大女／大男大女（1984）：30歳前後の未婚男子と未婚女子。「大男」は法定の結婚年齢を超えたが30代の未婚男子、「大女」は法定の結婚年齢を超えたが30代の未婚女子をさす。小皇帝／小皇帝（1986）：小さな皇帝。一人っ子をさす。みなからちやほやされて育つところから。小太陽／小太阳（1986）：小さな太陽。甘やかされて育つ一人っ子のたとえ。大人に囲まれて、すべてが一人っ子を中心に回るため。大齢児童／大龄儿童（1987）：10歳から16歳までの少年をさす。「大齢青年」をまねてできた語。単身児童／单亲儿童（1989）：「単身家庭（母子または父子家庭）」の子供。単身子女／单亲子女（1992）：同「単身児童」。留守児童／留守儿童（1992）：父母と一緒に出国することができず、国内に留まっている児童。小款族／少款族（1992）：年少者の大金持ち。一部の小、中・高生の中で消費水準が高く、羽振りのよい者達。「少年款爺／少年款爷、小款爺／小款爷」ともいう。非婚生子女／非婚生子女（1999）：婚姻関係をもっていない男女から生まれた子供。坏男孩／坏男孩（2000）：反骨的、野性的、誠実、愚直、自由奔放、活発、竹を割ったような気性の男の子。壊女孩／坏女孩（2000）：上述のような性格の女の子。飄一代／飘一代（2000）：漂泊族。専門知識や技能をもち、大都市に出て職をさがす上昇志向の若者たち。その都市の戸籍がなく、固定した住居がないためこの名がついた。「飄族／飘族・漂一族／漂一族」ともいう。反哺一族／反哺一族（2001）：ハイテクや広い知識をもち、つねに年長者に新しい知識を教える若者たち。「反哺」は（からすが餌を親鳥に口移しに食わせるように）子供が成人して両親を養うことのたとえ。月光族／月光族（2004）：毎月の給料をすべて使い切ってしまう人々。啃老族／啃老族（2005）：親から生活費

をもらい、親に頼って暮らす若い世代。すねかじり。傍老族／傍老族（2006）：生計の能力をもっているが両親に養ってもらう若者たち。

（7）子供教育（計22語）

　優育／优育：①全民族の人的素質向上という視点からみた、児童少年に対する教育（をする）。通常、「優生優育（1981、計画出産のスローガン）」というような四文字で使う。②（1982）：（優秀な学生に対しておこなう特別な）英才教育。③（1982）：子供を優れた環境や条件で大切に育てる。優養／优养（1985）：こどもを大切に養う。家長学校／家长学校（1985）：親のための子育て教室。心理学や科学的な子育ての知識などを教える教室。「育児学校／育儿学校（1985）・母嬰学校／母婴学校（1985）・母親学校／母亲学校（1986）・父母学校／父母学校（1986）」ともいう。厳養／严养（1986）：厳格に育てる。保教／保教（1986）：（幼児に対する）保育と教育。父教／父教（1987）：父が子供に対する教育。超前教育／超前教育（1987）：先取りの英才教育。「超前学習／超前学习」ともいう。児童銀行／儿童银行（1988）：地方銀行や郵便局に開設された児童向け貯蓄サービス。陪読／陪读：①（1989）：（親が子供に）付き添って勉強の相手をする。②（1990）：付き添いながら勉強をする。③（2000）：付き添って勉強の相手をする人。④（1986）：留学生の配偶者として外国に滞在する。陪考／陪考（1990）：親が子供の受験に付き添って試験会場まで送って、試験の終わるまで会場外で待つ。家奨／家奖（1990）：親が家で子供に褒賞する。家教／家教：①（1990）：「家庭教育」の略。②（1991）：「家庭教師」の略。「家庭教師」という旧称が復活語として略称された。③原義はしつけ。応試教育／应试教育（1992）：受験のための教育。受験教育。学負／学负（1993）：学生の経済的負担や学習面の負担。厳教／严教（1995）：厳格に教育する。育覇／育霸（2010）：子供に幼時から高水準の消費や高級用品を提供する親。孩奴／孩奴（2010）：子供の奴隷。自分の子供が他人の同年生まれた子供に負けないように精一杯頑張ってつい自己価値の実現を失った親の生活状態。またはこの状態に陥っている親。

（8）理念（計20語）

　代溝／代沟（1980）：世代間のギャップ。家情／家情（1982）：家庭の基本状況。親情／亲情（1984）：親と子の情愛。故郷の人情。徳盲／德盲（1985）：徳を備えていない（ひと）。逆反心理／逆反心理（1985）：反発する心理。反抗心。価値観／价值观（1986）：価値観。"价值观念" ともいう。道徳法廷／道德法庭（1986）：道徳法廷。喫肉罵娘／吃肉骂娘（1987）：利を得てもなお満足せず、不平不満を述べること。「端起碗吃肉／端起碗吃肉、放下碗罵娘／放下碗骂娘（碗をもって肉を食べて、碗を置いて母親を罵る）」という言葉から。児童観／儿童观（1988）：いかに子供に対応し、取り扱うかという観念。家庭代溝／家庭代沟（1988）：家族内の溝。臨終関懐／临终关怀（1988）：ターミナルケア。母

親節／母亲节（1988）：母の日。五月の第一週目の日曜日。助養／助养（1993）：高齢者や父母のない児童を助けて養う。孝老愛親／孝老爱亲（2007）：老人に孝行をし、親族を愛する。道徳模範・道德模范（2007）：道徳モデル。春節媽媽／春节妈妈（2007）：（両親が出稼ぎなどでおらず）家に取り残された子供を自宅に連れ戻して旧正月を一緒に過ごす女性。自願者爸爸／自愿者爸爸（2007）：（父を失った子供に「父の愛」を与えるため）母子家庭の父親の役割をするボランティア。孝星／孝星（2009）：親孝行の模範者。孝子連盟／孝子联盟（2010）：親孝行連盟。

言語行動における伝統的価値観についての中日対照研究
――「あいさつ」及び「敬老行為」を中心に――

施　　暉

はじめに

　21世紀に入って以来、東アジア諸国間の相互交流が一層盛んになっており、中日両国の道徳意識、価値観も、経済の国際化に伴って多様化、相対化の傾向を露呈している。異文化との接触が頻繁化している現代社会では、母国の言語行動に立脚して、他国の言語行動との異同を如何に解明し、如何に実際に適用するかが求められている。また、異文化間コミュニケーションを滞りなく行うべく、それぞれの考え方、行動の仕方に大きな影響を与える価値意識を如何に把握すべきなのか、それは中日両国の社会、人々を理解する一つの近道であり、不可欠かつ重要な鍵概念でもあると思われる。本論では、主に「あいさつ」と「敬老行為」を中心に、言語行動における伝統的価値観についての比較研究を通じて、中日両国の現代社会における伝統的価値観の異同を明らかにするだけではなく、その違いを生成させた社会、文化的要因についても考察する。更に、伝統的な「敬老意識・長幼の序」という道徳観念は果たして機能しているのであろうか、また如何なる形で存続しているのかなどの点についても探ってみたい。

I　あいさつ言語行動における儒教文化の礼儀作法

　儒教思想、文化の中枢をなすキーワードに、「礼」と「仁」が挙げられる。儒教の重要な経典の中で「礼」に関するものは「三礼」と呼ばれ、

『周礼』、『儀礼』、『礼記』である。その『礼記』曲礼上第一において「礼」に関しては以下のような論述が見られ、「道徳仁义、非礼不成。教训正俗、非礼不备。纷争辩诉、非礼不决。君臣上下、父子兄弟、非礼不定」（倫理道徳は礼なしには実現されない。人々に教えて風俗を正しくする仕事も、礼を用いなくては、うまくいかない。争いを裁いて曲直を明らかにし、訴訟ごとを判じて正否を定めるためにも、礼を用いなくては決定が付けられない。君臣・上下・父子・兄弟の間柄も、礼を用いなればれ差別が明らかにされない）とある[1]。また、『論語』顔淵第十二にも「子曰：克己复礼为仁、一日克己复礼、天下归仁焉。……非礼勿视、非礼勿听、非礼勿言、非礼勿动」（孔子言う、わが身を慎んで礼に立ち戻るのが仁ということだ。一日でも身を慎んで礼に立ち戻れば、天下が仁に帰するようになる。中略、礼にはずれたことは見ず、礼にはずれたことは聞かず、礼にはずれたことは言わず、礼にはずれたことはしないことだ）と説かれている[2]。更に、同じ『論語』八佾第三には「子曰：人而不仁、如礼何。人而不仁、如乐何」（人として仁でなければ、礼があってもどうしようぞ。人として仁でなければ、楽があってもどうしようぞ）と、「仁」の肝要さが力説されている[3]。つまり、「仁」は儒教の基本的論理として重要視されている。一方、「礼」は「仁」を根本たるものとして、人間の倫理道徳、社会規範としての「仁」を具現化、顕在化させたものであると看取されよう。「礼は儒教において理想的精神の発見として人によって行われる理想的行動であり、かつ同時に理想的精神を涵養する方法としての外的規制である」と指摘されている[4]。

　身分制度が厳格である封建社会では、「礼」は「法」と同じ意味として理解、使用され、即ち「法」と混用され、社会の道徳規範における最高の亀鑑とされていた。故に、所謂「失礼」は現代社会と異なり、法を犯すか否かを意味していた厳格なものであった。後に「法」の明文化によって「礼」と「法」とが分離、離脱したわけである。すると、「礼」は、内在的なものとして社会的道徳規範、習俗的束縛力、是非、善悪などを判断する価値観など、外在的なものとして行動様式、言語行動、振る舞い、容儀、しぐさなど、といったところに反映されている。『論語』季氏第一六には

「不学礼無以立也（礼を学ばざれば以て立つこと無し）」（礼を学習しないと社会生活が送れない）、同じく『論語』尭曰第二十には「不知礼、無以立也（礼を知らざれば以て立つこと無し）」などと説かれて[5]、「礼」を価値の最高の価値観として位置付けている。価値観とは良いか悪いかを判定する道徳基準となるもので人々の価値観は、それぞれの文化、社会構造を反映するものと言ってよい。

　以下は、同じ儒教文化圏に属する中日両国人があいさつ言語行動における礼儀作法の異同を明らかにするために、とりわけ次の四つの場面、つまり、①「客をもてなす時の礼儀作法」、②「客が遠慮する際に、それに応じての礼儀作法」、③「食べ物の勧め方についての礼儀作法」、④「贈与する際に直ぐ受け取るか否かについての礼儀作法」を設定し、アンケート調査を通して両国人の共通点と相違点を浮かび上がらせた上で、更に、それぞれの価値意識がどのように機能しているかをも探ってみたい。それに加えて、世代別の異同、即ち現代社会における伝統的価値観の実態と変動にも注目して考察していきたい。

（1）先行研究と研究意義

　日本ではあいさつに関する研究は、量といい、質といい著しい成果が挙げられている。そのアプローチとして以下の九種類①言語学的観点、②社会言語学的考察、③外国語との対照研究的考察、④言語行動学的考察、⑤語史的考察、⑥動物行動学的考察、⑦民俗学的・方言学的考察、⑧文化人類学的考察、⑨礼儀作法・マナーからの考察、をあげることが出来る。しかし、先行研究の多くは、冠婚葬祭や手紙などでの具体的なあいさつに関する一般読者を対象にしたものであり、本論文のような伝統的礼儀作法を主眼として実証的な手法で考察された研究は少ないようである。一方、中国では、あいさつに関する研究はきわめて不十分であると言わざるを得ない。というのは、従来の研究は、概説的、紹介的なものが多く、実証的なもの、殊に外国語との対照考察は極めて欠如している。あいさつ研究に関しては、社会言語学、言語文化学などの立場から論じたのは『礼貌和礼貌

语言』(1982)、『礼貌语言』(1989)、『文化与交际』(1994)、『礼仪与中国文化』(2001) などが挙げられる。1994年以後、毕继万 (1995)、王建华 (1998)、徐萍飞 (2001) などの文においては、呼称、Face、礼儀作法(主にマナー、エチケット)などをあいさつと関連付け、英語教育及び異文化交流におけるあいさつことばを巡って分析、記述が行われている。いずれも概説的、個別的考察であり、あいさつを全面的、体系的な言語行動として研究対象としたものは皆無と言っても過言ではない。従って、本論文では、先行研究を踏まえつつ、アンケート調査を基にして中日両国語におけるあいさつ言語行動を通じて、人間関係や社会関係のあり方を発見し、中日両国人の伝統的価値観の継承、変容を明らかにすることを目的としており、本稿が中日の文化、社会の理解にも大いに益すれば幸いである。

（2）調査の概要と方法

調査方法は主にアンケート用紙を用いる方法のほか、面接調査と観察調査も加えた。実施は2001年9月～2003年5月にかけて、日本人と中国人合計640名を対象に調査を行った。インフォーマントの内訳と各年齢層は表1と2の通りである。年齢別については、大学生は若年層で20代、中年は30代、壮年は40と50代、老年は60と70代とする。

表1　インフォーマントの内訳

	所属	男性	女性	合計
日本人（広島）	社会人	75	85	320
	大学生	78	82	
中国人（蘇州）	社会人	73	87	320
	大学生	65	95	

表2　各年齢層の分布

		20代	30代	40代	50代	60代	70代	計
日本人	全体	160	55	23	32	31	19	320
	男	78	22	11	16	14	12	153
	女	82	33	12	16	17	7	167
中国人	全体	160	50	31	24	29	26	320
	男	65	23	15	11	14	10	138
	女	95	27	16	13	15	16	182

（3）四つの場面での礼儀作法

（1）客をもてなす際の礼儀作法

　客をもてなす際の礼儀作法については、歴史的な要因などを考え合わせると、日本にしても、中国にしても、かなり共通点が多いと理解される。例えば、来客をもてなすに際しては、ヨーロッパなどの国々では、必ずというほどコーヒーを飲みたいか、それとも紅茶をするかを、客に選択してもらうといったように、客さんの意思を優先にするプロセスがあるようである。それに対して中日両国においては、通常こういったプロセスを取らないと言われる[6]。つまり、客をもてなす時の礼儀作法は、一般的に①「お客さんの選択してもらう」のと、②「主人任せ」との両タイプが存在する。中日両国では②を選択する人が圧倒的に多いという点において共通している。しかし、筆者の修士論文アンケート調査の結果（2001年）には、日本人大学生は①「お客さんの選択してもらう」を選択したのは72.9％に達して高い比率を示して、従来の礼儀作法と異なった一面を呈している[7]。従って、今回の実施したアンケートは調査対象を拡大にし、更に世代別に分けて先行研究と一致するか否か、また、社会人と大学生の間に伝統的礼儀作法においての差異が生じているか否か、などを合わせて考察し、再検証を加えてみる。

　客をもてなす際に、具体的動作については、①客にどのようなものを食

べたいか、飲みたいかなどを聞く。②客に何も聞かずに、お茶やコーヒーなどを出して客をもてなす、という二つの選択肢を示した。表3は日本人、中国人それぞれ「聞く」「聞かない」という行為を示したものである。

表3　具体的動作

動作	国籍	①聞く 日本人	①聞く 中国人	②聞かない 日本人	②聞かない 中国人
社会人	全体	46.2	37.8	53.8	62.2
社会人	男	41.7	38.9	55	61.1
社会人	女	47.2	37	52.9	63
社会人	中	68	41.6	44	50
社会人	壮	47.2	40.9	54.5	63.6
社会人	老	28.8	27.3	55.8	72.7
大学生	全体	72.4	49.4	27.6	50.6
大学生	男	75	40	25	55
大学生	女	71.8	52.5	28.2	49.1

　全体を見ると、日本人では、社会人は①「聞く」と②「聞かない」ほぼ半々の比率で分かれているのに対して、大学生は①が圧倒的に多く、72.4％という高い割合にのぼった。年齢別では、①「聞く」は若い人ほど多くなり、②「聞かない」は年齢が高くなるにつれて少しずつ多めである。一方、中国人では、社会人で①「聞く」と②「聞かない」は24.4％の開きがあって、②を選択肢した人の割合は6割以上を占め、①を上回っている。大学生では①と②が拮抗している。年齢別を見ると、①は老、壮、中、若の順に、次第に増える傾向があるのに対して、②は逆の方向で両者は相補う分布を成している。社会人と大学生との差は年齢差と考えてよかろう。中国人の伝統的な「もてなす」という形は、わけても、社会人がこれを受け続けながら、対人関係、社会的規範といった支配的原理が依然主

として現れているのに対して、大学生は西洋的新しい生活やスタイルを積極的に取り入れようとする。これと同じように、日本人の場合、社会人と大学生の間に大きな格差も見られ、社会人は伝統を重んじる傾向がやや強く、保守的で、大学生は伝統的な生活スタイルを変えることに掛けては大胆かつ熱心である。言い換えれば、若者は型にはまった礼儀作法に拘泥せず、ストレートに感情、動作を表したり、自分側の好意を積極的にアピールしたりする。これによって、相手との心理的距離を縮め、無そうとするということであろう。また、両国の大学生を比較すると、流行文化のおおむねの担い手は大学生であり、相対的に自由で伝統文化を否定して強い関心を示さないところでは共通しており、これは若者の特徴ということが言えよう。とは言え、日本人の大学生はその特徴が最も顕著であり、中国人の大学生とは対照的である。何故両国の大学生は対照的なのかについて、更に異なる視点からの考察が必要とされる。それはともかくとして、この現象は両国の大学生の外来文化吸収に伴う価値観の変化の一側面として理解されよう。

　ホール（1976）は日本人行動の原型について、「日本人は誰でも二つの側面を持っている。一つの側面は儀式張ら無い、温かい、親密で友好的、かつ人との深い関わり合いを大切にする高コンテクストの面である。もう一つは公の場での形式的で事務的、かつ身分に拘る儀式的側面である」と、また、「日本文化について私がこれまで理解した限りでは、殆どの日本人は内心儀式的で、画一化された低いコンテクストに馴染んでいないと見受けられる。彼らは本質的には『儀式張った』側面より、家庭的で居心地のよい温かみと親しみの有る友好的な側面を好んでいる」と論じている[8]。勿論中国人も「人情を重んじる」特徴がある。人情深い中国では「朋友」となることで最高の喜びを味わえ、儀式（建前）より、本音で付き合うのが「好ましいもの」と評価される。また、伝統的道徳観における対人関係は、客を大切にする習慣が強い。そのため、「客をもてなす」際に、お客さんにあれこれと選択肢を与えながら聞くことは評価するどころか、寧ろ失礼に当たり、ありあわせのものを全て出すのが中国流の礼儀作

法に適う。このような視点から考えると、日本人にしても中国人にしても、何も聞かずに出すのは、伝統的な接客作法に則って、いまわが家で準備できる最高の食べ物や飲み物を出すのであるから、聞く必要はない、という理解も出来る。また、客と一緒にリラックスした雰囲気を共感し味わい、気楽な状態で付き合うのが両国では良いとされている。更に、ヨーロッパ等と比べると、日中両国では②「客に何も聞かずに、お茶やコーヒーなどを出して客をもてなす」を取ることが多い。これは、ホールによれば、欧米文化は「低コンテクスト文化」に属し、言葉によるコミュニケーションの度合いが高い、また、社会的な役割が流動的であり、個人の権利、自由、価値などが強く求められ、個人の意志を尊重するストラテジーが望ましい、等といった文化的要因によるものであろう。勿論、相手への配慮の仕方、行動意識などがその背景にあると考えられる。

　人間とその生活にとって、何を価値ある事柄あるいは何を望ましいものと見なすかは、世代間の相違によって、その内容にも当然差異が出てくるものであろう。人間の本質とも言える、お客さんを大切にする気持ちそのものは変わらなくても、時代、人間を取り巻く生活環境などが変われば、そこに生きる人間の考え方、行動意識なども変わってくる。従って、世代間における価値観の「乖離」が起こることも当然であると言えよう。とはいえ、全体的に見れば、客をもてなす際に中日両国人の伝統的価値観は、依然として機能していることと看取される。

（2）客が遠慮する際に、それに応じての礼儀作法
　中日両国では、他人の家を訪問した際に、客が主人のもてなしに対して差こそあれ、一般として直ちに受け入れるのではなく遠慮するということが社会的規範、礼儀作法に相応しい言語行為であると認められる。一方、主人としてはその遠慮が客の自分への気遣いや心配りであるということを十分認識し、客の心理負担を軽減させ、なるべく自分の誠意を受け入れるように努力する点では共通したものもある。従って、客は勧めを断るといっても、もてなす側はそれを礼儀であることと理解し、他の表現方策は

手を変え品を変え、勧め続ける。もし「断り」をあっさりと受け取ったら、「義理を知らず、人情が薄い」あるいは「本気で勧めたのではないのか」と思われてしまって人間関係が悪化するおそれもある。これはそうでない言語文化の人から見れば、不誠実で虚礼的なものであると思われるかもしれない。中日両国では相手の遠慮に対して一体如何なる方略を講じて勧めていくのかについて考察を試みる。表4は高い順からその回答の比率を示したものである。

表4　遠慮する時の方略と比率

日本語・方略	比率	中国語・方略	比率
どうぞご遠慮なく	34.6	都是自家人客气什么，怎么这么见外呢 身内なのだから遠慮するな、別に気を遣わなくてもいいのに	45
どうぞ	30.5	没什么，不要紧（たいしたことないのだから、大丈夫ですよ）	20.3
別にいいのに	10.4	尝尝这些都是你最爱吃的，很好吃一定要多吃呀（貴方が大好きなものなのだから、美味しい　沢山食べてください）	18.5
気を使わないで（下さい）	7.2	没什么好招待的，请随意（何の持てなしもできないけど、ゆっくりしてください）	9.6
まあいいから（渇いたでしょう）	6.7	应该的吗，多难得呀（当たり前のことですよ、めったに会えないんだから）	4.7
〜でいいですか	5.2	怎么不给我面子呀（私の顔を立てないなんて）	1.9
大したものではないよ	3.6		
本当にいいの	1.8		

　表4から、両国では客の遠慮する心理を緩和するために、言語運用面においては様々な工夫をしていることが分かる。日本では圧倒的な人が「どうぞご遠慮なく」、「どうぞ」という表現を選んでおり、65.1％という最高

117

率となる。そのままの形か或いはその後に何かが省略されていると想定され、不完全な形式で、婉曲的でより丁寧な表現形式とも考えられる。中国にはこのような省略表現がない。直塚（1980）は「ことばを儀礼的に使い、その奥にある真意を探り出そうとする、日本人の心的態度の現れ」という[9]。このことは「察し」の文化、「以心伝心」、「物を言わなくても分る」という言語意識および価値観と表裏を成している。日本人の伝統的価値観は、話すことに対して比較的否定的である。例えば「口は重宝」、「言葉多きは品少なし」、「能なしの口たたき」、「口は災いのもと」、「不言実行」等がある。また、芭蕉の「物言えば口寒し秋の風」、辻村の「日本人の特徴は寡黙な点である」、加藤の「何もかも言葉で言い表そうとすると、強い不信感が芽生える」など[10]、更に、「腹芸」という語がある。「この表現や腹を探る『腹に一物』などの表現から、日本人は『真意は腹にやどる』と考えていると考察される。また、『腹芸』が主としてプラスの価値観を持って用いられることから、日本人は『真意は沈黙のうちに伝達されるのをよしとする』考え方をもっていると言えよう」と指摘される[11]。つまり、言葉でものを明確に言い表すことをあまり評価しない日本文化的価値観が、特に言語の面にも見事に現れている。このような伝統的価値観に従って、日本では言葉による意見の交換はあまり重要視されなく、言語は伝達の唯一の手段ではないように考えられる。この点について、「あまりはっきり言葉を使わず、コンテクストや雰囲気に依存して『情報交換をしたつもりになる』という高コンテクスト・コミュニケーションは、婉曲表現を得意とする日本的コミュニケーションも大きな特徴の一つである」とある[12]。従って、日本社会においてははっきりした言語表現は、却って人間関係をぎくしゃくとさせることにさえなる。

　一方、中国では、「自家人別客气（身内なのだからどうぞご遠慮なく）」、「怎么这么见外呢（水くさいじゃないか）」のように、互いの親しい関係を取り立てて相手にこちらの振舞いを受け入れさせようとする勧め方が45％の比率でトップとなる。「都是自家人客气什么」（直訳すれば、みんな一家族の仲ではないか、遠慮するな）というように、「われわれ二人こんなに親

しい間柄だから、遠慮なんてとんでもないよ」と、親密な関係を際立たせて相手に勧める狙いである。但し、ここでは「一家人／自己人／自家人」等という身内、家族の人を表す表現を以って相手との親しい関係を強調するという手法は日本語には見えずに、極めて中国語的なものであると言ってよい。これは、「家族本位」という価値観の下で、家族意識、家族連帯感が根強く社会の隅々に根ざしているということの表れである。中国では「家族制度は中国社会の根幹をなすものであり、中国のあらゆる社会的特徴はこの家族制度から発生している」、「家族制度から家族意識が生まれ、家族意識から社会行為規範が生まれた」と指摘されているように[13]、家族制度、意識は中国人の社会全体に彩りを与えている。この家族制度、意識下における家族は中国の子供が社会的責任、協調の精神、自制心、謙虚の意識、義務感、目上の人に対する尊敬など社会の諸々の道徳、規範意識について、最初に学ぶ学校の役目を果すものとなる。従って、中国人は昔より家族が国家の基礎であり、末端組織でもあると考え、その故に社会道徳規範の欠如をもたらし、社会という意識も希薄なものになってしまうらしい。人間関係の親疎と上下の如何を家族という尺度で量る。相手が家族の者であるか、または家族の友人であるか否かによって人間関係が決まる。つまり、家族及び家族の友人に対しては「礼貌」を以って待遇するが、見知らぬ赤の他人に対しては遠慮することなく、冷淡な態度で遇するのである。これは、中国のサービスが悪いという定評の一因としても考えられるし、また、所謂中国人の「ウチ（家族）」と「ソト（家族でない）」による対人配慮の差異でもある。中国の社会は、家族単位を中心に構築された人間関係の網が社会の至る所に張り巡らされている。人々はその網を頼りに、その網をものさしに人間関係を考えるのである。「都是自家人」という表現はこのような背景があって初めて親しさを顕示、強調することになり得るのである。

　また日常生活では「お名前は？」、「李です」、「私も李です」、「では親戚のようなものですねー」という会話をよく耳にする。つまり、全く知らぬ人間同士の間に「同姓」、「本家」という絆によって、人間関係を構築・強

化し、一種の親和希求表現とでも言えよう。中国的な「家族関係学」は中国人の言語行動に見られる「甘え」の感情と強く結びついている。「もし特定の二者間に、ある種の結びつきが存在している場合、(血縁のように強固な結びつきの場合もあれば、級友や同郷のように結びつきが遠疎な場合も、又、祖父同士が友人であるといった場合もある) 相手に対して無理な要求をすることができ、自動的に特別な配慮を期待するといったルールを作り上げている」とされている[14]。中国社会での一番強固な人間関係が血縁であることは言うまでもないが、同一宗族あるいは出身地（地縁）等を媒介として、「同族」(婚姻で繋がる族)、「同郷」(近隣の縁)、「郷党」(同県、省、近隣の二、三省)、「各種商工会議所」(一種のビジネス上のシステムであり、人、物、情報、サービス等の流れの網の目として機能する)、あるいは「義兄弟」(互いに兄弟と呼び合い、身内であることの認め)、「干親」(親同士の仲を強固にする為の、擬制的な親子関係) 等が、そもそも他人であるにもかかわらず血縁や地縁などによって多種多様の人間関係が作られる[15]。このように、中国社会では家族を中心に幅広い人間関係のネットワークが作られ、それが対人関係、言語行動の面においては大きな意味機能を持ち、しかも欠かせない役割を果たしている。中国では血の繋がりによる人間関係は最も親近性があると見なされ、何より大事で優先されることが中国の伝統的価値観、社会的通念であろう。様々な伝統的価値観が崩れかかっている今も、血縁関係で結ばれた絆だけは強固に保たれている。従って、家族または家族のような間柄ならば、改まった礼儀作法をすると、「そんな水臭いことはよせ」、「他人行儀の真似はしないでくれ」と非難される。更に、儒教の伝統的価値観からすれば、「血縁関係は仁の基本である」。「仁なるものは人を愛す」、『孟子』と言われるように、家族を愛する人は自分の兄弟同様、すべての人が愛をもって接することができる。このように、伝統的家族観は中国という十三億の人口、五十六もの民族から構成された大国をも結束させ得る、最も強固な「接着剤」であるといっても過言ではなかろうか。

（3）食べ物の勧め方についての礼儀作法

次の四種類の項目を選択肢として提示した。即ち①口に合うかどうか分りませんが、宜しかったらどうぞ　②（どうぞ）召し上がって（下さい）③何もありませんが、どうぞ　④その他である。中日両国においては人に食べ物などを勧めるに当って如何なる方略を取って、どういう傾向性を見せるのかについて、①の間接表現、②の直接表現、③の謙遜表現などの視点から考究を加えてみたい。表5、表6はそれぞれ日本人、中国人の比率を示すものである（複数回答可）。

表5から分かるように、日本人では社会人、大学生ともに①「宜しかったらどうぞ」と②「どうぞ召し上がって（ください）」に集中し、①は大学生より社会人、男性より女性が高い比率を示した。また、高年層になるにつれて少しずつ比率が高くなる。社会人特に女性は①のような間接的表現を好んで使うという傾向が強いようである。一方、②の直接的勧誘表現は社会人より、大学生、女性より男性の方が高い割合に達しており、若い人ほど多く使われていると言えよう。③「何もありませんが、どうぞ」については、主に社会人に偏り、老＞壮＞中の順で、大学生を上回るという

表5　日本人の使用率

日本人		①宜しかったらどうぞ	②どうぞ召し上がって（下さい）	③何もありませんが、どうぞ	④その他
社会人	全体	45.1	30.4	28.5	4.9
	男	43.2	33.2	28.3	2
	女	47.8	27.5	28.6	7.8
	中	41.2	38.3	16	9.5
	壮	46.5	29.4	27.3	0
	老	47.2	14.3	34.6	1.8
大学生	全体	33.3	57.1	3.8	4.8
	男	31.2	64.1	1.5	1.7
	女	35.4	53	7.7	3.9

121

表6　中国人の使用率

日本人		①宜しかったらどうぞ	②どうぞ召し上がって(下さい)	③何もありませんが、どうぞ	④その他
社会人	全体	4.9	75	10.7	9.4
	男	2	80	15.4	2.6
	女	7.8	69.2	6.7	16.3
大学生	全体	1.9	83.3	13.2	1.6
	男	5.7	80.8	12.5	1
	女	2.1	82.5	11.7	3.2

高い数値であり、大学生と好対照を成している。つまり、日本では社会の一般成人は間接的、謙譲的表現の使用率が高いのに対して、大学生という若年層は直接的表現に偏るという世代差が看取される。換言すれば日本では「謙譲は美徳」という伝統的価値観が生きていることが示唆されている。但し社会の変化と共に若年層には少しずつその意識が薄れていることは調査の数値から読み取れ、これについては今後の動向に注目を要する。

　他方、中国人では社会人、大学生ともに②「どうぞ召し上がって（ください）」に集中し、それぞれ7割、8割という高い率を示すのに対して、①「宜しかったらどうぞ」と③「何もありませんが、どうぞ」がわずかながら見られる程度の低い比率である。つまり、中国語は日本語と違って、直接的勧誘表現が中心となり、言わば直接的に相手に勧めることは中国の「礼儀作法」の方策に適応する。中国語では、贈与、招待などの「勧め」という言語行為に関しては、勧められる方がその礼儀作法として「遠慮」すべきである。勧める方がその「遠慮」を念頭に入れ、「勧める」のに努める。従って、勧められる方に選択余地を与えると、相手の遠慮を一層増幅させてしまう可能性が高いので、間接的な勧誘表現は望ましくない言語行為であろう。むしろなるべく相手が「遠慮」できないように率直で且つ直接的な「勧め」方が有効であり好まれるのである。

　日本人が日常的によく使う謙譲表現は、外国人には誤解されやすいよう

である[16]。日本人同士の間には、贈答行為を行うに当って、自分を低くし、相手を持ち上げるという伝統的価値観が働いているため、受け手は、贈り手のへりくだった表現について、決して字面通りに捉えず、自分への気遣い、暖かい配慮であると理解し、その言外にある相手の真意をしっかりと汲み取ることは常である。つまり、「何もありませんが」、「つまらないものですが」という表現は、儀礼的あいさつであって、言う方も、言われる側も、本気でそう思っているわけではない。というのは、それはあくまでも奥ゆかしさを表わすための謙譲的表現であって、その言葉自体が、文字通りの意味を持っているわけではないからである。しかし、このようなことを英米人に向って英語で言ったとしたら、恐らく、彼らは肝を潰してしまうに違いない。なぜなら、英米人には自己を卑下して相手を立てるという発想、言語的価値観そのものがないからである。直塚（1980）は「日本人は謙譲表現を使うことは、社会的価値が認められている。相手を敬っているかのように振舞うことが日本社会で大切であり、一人前の大人になる前提である」と述べている[17]。また、「人に物を貰いますと、大変日本人は苦しむ。このことから日本人は人に物が簡単にあげられないのです。『これを貴方にあげたなら、貴方はお返ししなければいけないと思うだろう』と思うのです。それを和らげるためには、他人に物を贈る場合に、日本人らしいあいさつが生まれます。例えば、『誠につまらない物ですが』というような、日本人としては、これを貴方に差し上げるけれど、つまらないものだから、お返ししようとしなくてもいいのだ、という意味です。また、『何もございませんが召し上がって下さい』という言い方も、これを食べても何も食べなかったと同じだと思ってほしい、という日本人の優しい心の表れだということになります」とある[18]。

　勿論、中国語における謙譲表現についても、様々な観点からの論考が行われている。例えば、彭（1991）は陰陽関係から敬辞表現の産出について、「大、多、盛、厚等の諸概念が陽に属し、少、薄、貧、小などの諸概念が陰に属するとし、陰陽の秩序を守る為に、陽である他人のことを前者のものとして表現し、陰である自分のことを後者のものとして表現するの

が礼儀的になる。これにより、自分から他者に贈るものも「小物、薄礼」、他者のプレゼント、気持ちを厚礼、盛礼、盛情、厚意等と表現することが生まれる」という[19]。また、顾（1992）は、中国語の「礼貌」原則は、「贬己尊人」（自分が謙り、相手を敬い）、「称呼」（呼称）、「文雅」（上品）、「求同」（同を求める）、「德言行一致」（言動を一致する）」という五つの下位的法則からなるとし、その中で首位を占めるのは「贬己尊人」であると指摘している[20]。更に、中国社会においては「自謙」「謙虚」（謙遜する）、「満招損、謙受益」（自慢すれば損を招き、謙遜すれば益を受ける）、「树大招风」（出る杭は打たれる）、「谦虚使人进步、骄傲使人落后」（謙尊すれば進歩し驕れば落伍する）等、いずれも謙遜のことを称えたり、誉めたり、伝統的な儒教思想を具現する表現で、中国人の生活の隅々まで浸透している。ただし、食べ物の勧誘表現については、中国人は直接ストラテジーが極めて高い傾向を持ち、日本人と異なる価値志向が呈出される。

（4）贈与する際に直ぐ受け取るか否かについての礼儀作法

　贈与する際に何回か遠慮するのが適切かについて、例示すると以下の通りである。

　日本人の回答率は、全体として最も多いのは①「すぐ受け取る」である。社会人、大学生ともに8割程度を占めるのに対して②「何回か遠慮して受け取る」のは、その逆の方向で両方ともに1割程度に過ぎない。つまり、この場合殆どの人が素直にそのまま受け取ると言っても過言ではない。年齢別に見ると、「何回か遠慮して受け取る」の比率が低いものの、高年層に向けて緩やかに増加する傾向にある。それに相反して「すぐ受け取る」のは若い人ほど多くなり、両者は相補う分布を成している。

　一方、中国人は「何回か遠慮して受け取る」が社会人では77.8％と一番高い率を占めるのに対して大学生では36％にしか達していないが、日本人と比べてみると、いずれも高比率を示していることが明らかである。つまり、中国人では贈与行為に対して「すぐ受け取る」のではなく、二回かまたはそれ以上遠慮してから受け取るのが共通認識として理解されて、中国

表7　適切さの日中両国人の使用率

使用率		直ぐ受け取る		何回か遠慮して受け取る	
		日本人	中国人	日本人	中国人
社会人	全体	79.2	22.2	20.8	77.8
	男	78.3	11.1	21.4	88.9
	女	80	29.6	20	70.3
	中	84	33.3	12	66.7
	壮	78.2	27.3	20	72.7
	老	75	0	25	100
大学生	全体	87.4	64	11.5	36
	男	90	70	10	30
	女	86.7	61.8	12	38.2

流の「礼貌」のストラテジーとなる。ただし、社会人と大学生の間に41.8％の開きが見られるように、若い人は、社会通念的な伝統的礼儀作法についてよそよそしく虚礼的なものと思うためか、「遠慮」よりも素直にすぐ受け取る方が誠意に相応しいと考えているのではないか。年齢別に見ると「何回か遠慮して受け取る」は年齢が高くなるにつれて増加し、特に高年層になると急激に増加して100％に上った。逆に「すぐ受け取る」は若くなるにつれて多くなっている。

「何回か遠慮して受け取る」という回数についての調査結果に関しては、日本人全体は9割以上の人が1回位と回答している（ここで詳細なデータは省く）。これに対して中国人は2回以上を選んだ人が最も多く、社会人、大学生それぞれ6割強、3割強を占めており、3回以上は少ないが、社会人では3割近くかなりの率を占めている点に注意を要する。

日本では嘗て「三辞三譲」という伝統的な礼儀作法があった。近代になるとある程度簡略化されてきたが、多くの儀礼書の中に二度まで勧められている。例えば、小笠原（1988）は「直ぐ受け取るのは早すぎ、遠慮が欠

表8　遠慮する時の回数

中国人の場合		2回以上	3回以上
社会人	全体	66.7	29.3
	男	61.1	34
	女	70.3	25.7
大学生	全体	26.7	13.3
	男	27.3	10
	女	24.5	14.5

ける。二度までは控えめと受け取られる。そして、勧め側として一度、二度までの辞退、遠慮は儀礼的と見なし、更に、二度、三度目の勧めを申し出ることもある」と説明している[21]。しかし、調査の結果から明らかになったようにこの場面の振舞は日本人の伝統的価値観が変わりつつあり、相手の意向に沿った行為は現代日本流の礼儀であると見なされるようになった。なぜ「すぐ受け取る」が選択されているのかについては、日本人として何れにせよ相手の好意を受け入れなければならないため、すぐ受け取った方が積極的な姿勢で相手の顔を立て、好意を尊重することにも繋がっているからであろう。

　一方、すぐ受け取るのは、中国社会において極めて親密な「ウチ」の人でない限り普通「好ましくない」行為と理解される。受け入れる側があたかも待っているように、物を欲しがっていると誤解されかねないためである。そこで、二度以上辞退、謙譲することは礼儀正しく教養のある人間の証として認められる。その遠慮に対して贈り手がそれに負けずに貰い手との心理的な距離を縮めるため、自分が如何に積極的で好意的な気持ち、親切な心情があることを示して、その熱意、誠意を二度三度と手をかえ品をかえて根気よく勧める。つまり、相手が受け取ってくれるまで勧誘を惜しまない。一方、貰い手もあの手この手で遠慮に努めるのである。従って、中国では日常生活の中で送り手と貰い手が遠慮、勧誘することに熱が入っ

ている場面によく遭遇するのである。このような言語行動に見られる価値意識は中国社会において道徳規範、社会常識として定着し、有益な方策であると言えよう。もちろん、場合によっては無理強いしたりすることもあるが、相手の儀礼的な断りを真に受け止めると、「あの人は形式張った、誠意のない人」、「信頼できない、味も素っ気もない人」、「本気で贈るのではないのではないか」等の不信感を持たれることになるし、人間関係が傷つけられたり誤解されたりする恐れもある。

　Griceの会話公理に従えば[22]、中国人の何回か遠慮して受け取る行為はくどい交換であるかのように思われるが、しかし、それは中国人にとっては中国流の「礼儀作法」、言わばポライトネスとなり、しかも慣習化されて中国社会における良き人間関係を維持・強化する機能を果たしている。このような言語行動の違いを知らなければ、中国人は日本人の「すぐ受け取る」を見て、日本人が図々しく遠慮を知らぬ人間と思うだろうし、一方、日本人は「何回か遠慮して受け取る」中国人を見て、虚礼に拘泥して親しみかねるとつい思いがちであろう。換言すれば、中国人から二度以上断られたら、品物が気に入らないのではないかと思う日本人、遠慮せず直ぐ受け取られたら相手を礼儀知らずと思う中国人、いずれにしても不快感を招きかねないことでもある。異文化コミュニケーションの中で、こういった差異は頻繁に誤解や感情的摩擦の原因にもなるようである。

II　「敬老行為」を通じての「孝」観念についての対照研究

　古来、「孝」の実践として「父母扶養」はいうまでもないことであるが、「親を敬う」「親を思いやる」べきであり、また、「事兄以敬、恤弟以慈」（『戒子言』）[23]とあるが如く「悌」を遵守せねばならぬ。つまり、弟妹は兄姉を恭敬し、兄姉は弟妹を慈愛すべきである。従って、中国の歴代の家訓、啓蒙書及び孝子伝等において斯様な「孝悌」は、肝要で且つ不可欠な教育科目として大いに唱導、賞賛されてきた。例えば、「孝心看父母、五更床前立、即問安穏不（父母を孝行し、五更に寝床に立ち、安否、機嫌を

伺う（筆者訳以下同）」（『世訓格言詩』）[24]、「竭力孝養父母、劬労恩似海深。晨昏省候安否、凡事体順顔情。（中略）兄弟同胞一体、弟敬兄愛懇懃（父母の孝養に全力を尽くし、養育の恩は海の如く深し。朝晩両親の安否を省候し、全ては父母に従順すべし。兄弟同胞一体となり、弟が懇ろに兄を敬い、兄が弟を慈しむべし）」（『安楽銘』）[25]、「兄弟三人特相友愛、所得甘旨新異、非共聚食必不先嘗（兄弟三人特に友愛し、新異の美味を得ると、必ず三人共に食し、誰もが先に味わいはせぬ）」（『顔氏家訓』）[26]、「敬重父母、毎日早起、先問安康（父母を敬重し、毎日早起きして、先ず父母に機嫌伺いをすべし）」（『女論語』）[27]といったように、親を敬い、その安否を気遣い、朝晩欠かさずに機嫌を伺い、兄弟としては、「弟敬兄愛」すべきであると推奨されている。日本においても、斯様な孝子を讃えている。例えば、平安時代末期から鎌倉時代初期にかけて執筆された、公家九条兼実の日記『玉葉』には、

　余十九年始自出胎内以来、其性禀柔和、志在至孝、一事一言不逆父母之命、逐年逐日無忘晨昏之礼、（中略）、無違失揚名誉、（中略）、心操、才漢、政理、芸能、忠勤、至孝、兼此六之者、曾少比類（玉葉文治四年二月廿日条）

とあるが、至孝を志し（孝の内実とは）一事一言父母の命に逆らわず、更に、父母に対して毎日朝と暮の礼を忘れることがない。その上、父母のために名誉を揚げるという申し分ない孝子の姿を見せている。更に、公卿の最高目標である六徳を心得た正に儒教に唱道されている理想的な孝子像である。これは孝思想が官僚社会に深く根付いている証しである。更に藤原師輔（908〜960）の家訓『九条右丞相遺誡』を見てみよう。

　恭兄如父、愛弟如子、（中略）、況至于無頼姉妹、懇懃扶持、又所見所聞之事、朝謁夕謁必曰親、縦為我有芳情、為親有悪心、早以絶之、若雖疎於我、有懇於親、必以相親之（藤原師輔（908〜960）の家訓『九条右丞相遺誡』（日本思想大系8））

　一読して分かるように、「尊兄愛弟」、「姉妹扶持」、「両親敬順」などを訴えて、醇正な家風を築くように願っている。「是以父不慈則子不孝、兄不友則弟不恭」、「兄弟者、分形連気之人也、（中略）、雖有悖乱之人、不能

不相愛也」(顔之家訓)などを素地に、兄弟が礼を以て相付き合い、弟が親と同様に兄を敬い、兄が同じく弟を愛護すべきことを説いている。更に、朝夕の親への挨拶は欠かさず親を敬順することをも言っている。藤原師輔の女安子を評して「御あにをばおやのやうにたのみ申させたまひ、御をとゝをば子のごとくにはぐゝみたまひし御こゝろをきてぞや」(大鏡巻三)と記されている。このような親孝行振りは「志在至孝、一事一言不逆父母之命、逐年逐日無忘晨昏之礼（玉葉文治四年二月廿日条）」と記してあるように、後世の藤原家をはじめ多くの人々にも継受されている。日本の最も普及した教訓書の先駆である、撰作年代が平安時代後期と目される『実語教』や鎌倉時代中期以降に著わされたと言われる『童子教』にも、「父母孝朝夕」「敬老如父母」、更に鎌倉時代に撰作されたと思しき『至用抄』にも「敬在父母傍、懇可随其意」、続いて江戸時代に成立した儒教思想によって孝を説く『孝子教』にも「正公和顔色、問父母安否」と、などのように、親に孝敬の念、思いやりの心を持ちながら父母に仕えるべきと提唱、説教している。

　また、子供の必読書であり啓蒙書でもある中国史不朽のベストセラーとも言える『三字経』[28]及び『蒙求』[29]にも「悌」の模範としての「孔融譲梨」という佳話が収録されている。孔融は三国時代に活躍されていた文学家であるが、四歳のある日、父は友人がお土産として持ってきた梨を七人の兄弟に選ばせて、選ぶ順番は年の下からである。一番末の弟は先ず一番大きい梨を選んだ。一方、孔融は一番小さい梨を選んで「私は年が下なので小さい梨を食べるはずです。残った大きい梨は兄たちに食べさせて下さい」と言った。父は彼の話を聞いて驚いて、また質問して「弟もあなたより若いじゃないか」と訊かれたのに対して、孔融は「私は兄になっているので弟に譲ることも当たり前だ」と返事した。「孔融は梨を譲る」という美談は瞬く間に人口に膾炙し子供の教育手本として広く伝わってきたのである。

　『三字経』と『蒙求』は夙に日本に伝来し愛読されたため、当然ながら「孔融譲梨」の故事も広く知られていたはずである。それに止まらず、そ

の実践としての孝悌の手本なる人物も歴代表彰され記録されていた。例えば、江戸時代に編纂された『大日本野史』[30]に表彰された孝子にも「至孝至順孝感として適ったもの」に「兄弟譲り合ったもの、その他孝悌のもの」も加えているのである。これは、「宜兄宜弟（弟は兄を敬愛し、兄は弟を愛護する）」（『大学・斉治章』）、「兄良、弟弟、長恵幼順（兄は弟を慈しみ、弟は兄に従順する）」（『礼記・礼運篇』）というような「悌」の道徳観も広く認識され、実践されていたことを示唆している。その背景には、江戸時代に中国の『三字経』に倣い、日本の歴史上の逸話、美談、名人、賢人等を中心に編集された『本朝三字経』が当時に全国各地に設置された寺小屋も含めての藩校でテキストとして使用されていたことも一役買っていると言えよう[31]。例えば『本朝三字経』には「孔融譲梨」はもちろん列挙されていないが、それと類似した日本歴史上著名な美談が挙げられている。「皇弟賢、互譲位、及三年、弟自殺、仁徳伝」とあるように、皇弟は賢徳があるが、皇兄を超えて皇位に即くことが「長幼の序」に合わないと思って、即位を固辞した。兄弟は互いに位を譲り合い、三年に及んだ。これはほかでもなく「孔融譲梨」を彷彿させる「悌」を実践した好例であろう。また、明治時代に成立した『日本千字文』[32]にも同じ逸話が記されて、「菟道謙譲、難波固辞」と賛美されている。『本朝三字経』や『日本千字文』等は「家庭や寺小屋での学習に役立つさまざまの初歩教材・初歩教科書」[33]として作られ、幅広く流布していたためその中に記されている「孝悌」の逸話も当然ながら近代まで子供たちに教えられ、知られていたのであろう。また、前掲の『実語教』に「已兄尽礼敬、已弟致愛顧」、更に江戸時代編著『新童子教』に「兄之所貴者愛也、弟之所貴者敬也」、同じ江戸時代刊行の『五字教』に「弟敬則兄愛」というように、各時代の啓蒙書に兄弟間の敬愛を表す「孝悌」を唱導している。

（1）現代社会における中日両国の「孝悌」実態

　中国では、30年以上続いている改革開放によって、物質的には豊かになっているものの、心は荒んでしまって、拝金主義、享楽主義や極端な

個人主義などが蔓延っている昨今である。一方、伝統的な道徳観、価値観などは時代遅れだ、古い時代の遺物だ、新しい文化の生成、発展の妨げだのと、否定されがちになり無用の長物として取り扱われているようである。中国政府は次第に低下する国民の道徳意識に歯止めを掛けようとして2001年に『公民道徳建設実施綱要』を公布した。その17条に「尊老愛幼の唱導」とあり国民に「孝老、敬老」を呼び掛けている。それに応えるように、小中学生の心得も修正されて、2004年に『小中学生心得』修正版が公表された。全部で10条からなるが、その7条に「孝敬父母」とあって、子供たちに親を孝行を尽くし尊敬するように提唱している。

　なお、『小中学生心得』の実施細則としてそれぞれ『小学生日常行為規範』と『中学生日常行為規範』が制定され、公布されたのである。『小学生日常行為規範』は20条、『中学生日常行為規範』は5大項目と40条によって構成され、子供たちに日常生活においての細かい心得を示しそれらを遵守するように訴えている。そのいずれにも親孝行、敬老という道徳観が確認される。例えば『小学生日常行為規範』には3条「尊敬父母、関心父母身体健康、主動為家庭做力所能及的事。聴従父母和長輩的教導、外出或回到家要主動打招呼（親を尊敬し、親の健康と安否に気遣い、進んで家庭のために役立ち、親と年長者の教導に従い、外出や帰宅に際して進んで挨拶すべきこと）」、4条「尊老愛幼（年長者を尊敬し、年少者を愛すること）」、18条「主動給老幼（中略）譲座（進んで年長者や子供などに席を譲ること）」などとあり、一方、『中学生日常行為規範』にも4項目「孝敬父母（親を孝敬すること）」、27条「尊重父母意見和教導（親の意見や教導を尊重すること）」、29条「体貼幇助父母長輩、主動承担力所能及的家務、関心照顧兄弟姉妹（親や祖父母などを思いやり、手伝い、進んで自分にできる家事をし、兄弟姉妹を大事にし、世話すること）」、34条「給老幼（中略）譲座（進んで年長者や子供などに席を譲ること）」となどのように、「孝」のみならず「悌」の示す兄弟間の愛と敬も唱導されている。更に、『小学生日常行為規範』を習い覚えるために『三字経』に倣って語呂のよい『三字歌』も併せて作られ公布された。当然ながらその中にも「尊長輩、愛幼少、孝父母、尊教

131

導（年長者を敬い、年少者を愛し、父母を孝行し、教導を尊重すること）」と、「孝順」「孝敬」が唱えられている。

　日本では斯様な小中学生向けの心得や規範などが見られないようであるが、小中学生への道徳教育は怠ってはいないと言ってよい。例えば教科科目にはなっていないが小・中学校において道徳の時間が設けられ、それに合わせた学習指導要領も制定されている。そのいずれにも上記の中国と異なり、「孝順」、「孝悌」という観念は唱えていない。それには「敗戦を契機とする価値観の転換のなかで、私たちが『親孝行アレルギー』に陥ったところで、何の不思議もないはずである」[34]など、「結論をいうと、私は『親孝行』というような概念は、はっきりと捨て去るべきだと思う」[35]という背景があるように思われる。その替わり指導要領には家族愛ひいては人間愛、人を思いやる心及び「敬老」が強く訴えられているように見える。例えば小学第1学年及び第2学年の指導要領に「幼い人や高齢者など身近にいる人に温かい心で接し、親切する」、「父母、祖父母を敬愛し、進んで家の手伝いなどをして、家族の役に立つ喜びを知る」、続いて、第3、4、5、6学年の指導要領に「生活を支えている人々や高齢者に、尊敬と感謝の気持ちをもって接する」、「父母、祖父母を敬愛し、家族みんなで協力し合って楽しい家庭をつくる」、「父母、祖父母を敬愛し、家族の幸せを求めて、進んで役に立つことをする」とある。他方、中学生向けの指導要領には「温かい人間愛の精神を深め、他の人々に対し思いやりの心をもつ」、「父母、祖父母に敬愛の念を深め、家族の一員としての自覚をもって充実した家庭生活を築く」となどの如く、親や祖父母に対しての敬愛、高齢者への尊敬を大事な道徳観念として説いて、指導しようとしている。

　また、現代人の礼儀作法や子供のしつけを普及、推進するために、北京市言語学会が『礼貌和礼貌語言』を編纂した[36]。「家庭」におけるしつけとして「子供は親を敬い、親の意見を求め、聞くこと」、また、家族同士の挨拶について「子供は進んで先に親に挨拶すべきこと」、更に、食事のマナーとして「祖父母が先に着席してから子供が座る。その上、美味しい料理を祖父母に先に食べさせるように心掛ける」と、「敬老」が唱導され

ている。残念ながら一人っ子政策の実施のためか兄弟姉妹の「悌」に関する記述は見当たらない。「敬老」とは、親はもちろんのこと、自分より年上の人をも尊重し、思いやることである。従って、親を尊敬し、また、反抗しないことは「敬老」となるが、子供がお客さんや知り合いの人によく挨拶することや年寄りに席譲りすることなども現代社会における「敬老」のカテゴリーにも入る。

　日本青少年研究所2009年の調査報告書『中学生・高校生の生活と意識─日本・米国・中国・韓国の比較─』に拠れば、中日両国に限って見れば、「親を尊敬している」設問に対して、「まったくそう」と「まあそう」の答え割合は、中国の高校生と中学生がそれぞれ60.0％、36.4％と67.1％、29.9％となる。一方、日本の高校生と中学生の回答率はそれぞれ21.2％、50.1％と20.2％、43.9％である。両国の中・高生はいずれも高い「敬老」意識を見せているが、中国の生徒は日本より「親を尊敬する」という思いが強く、高いように看取される。この結果は次の「親によく反抗する」という項目の回答率と正比例する。すなわち、中国の中学生も高校生も「親によく反抗する」に対しての肯定回答率が日本より遥かに低いのである。「まったくそう」と「まあそう」は中国の割合が高校生4％と9.4％、中学生2.2％と8.8％となるが、日本の高校生が12.3％と37.9％、中学生が16.9％と40.1％となる。このような格差については「前述の「親との関係性」において触れた通り、相互尊重の態度を基本に意欲を喚起されるという体験に乏しく、親との関わり合いを通じて反抗や反発心をもつ傾向にあるのが日本の中高生の特徴である」とあり、一方「親を尊敬し、親から大切にされる、という絆の強さと同時に、親の権力の強さがあり、親に対する反抗心や反発心が少ないのが、中国の中高生の親子関係の特徴と考えられる」と説かれている[37]。更に言えば、中国の若者は依然として伝統的な「敬老」という道徳観念を根強く持っているとも考えられる。

　一方、家族以外の年寄りに対しての「敬老」実態は現代の若者がどのように表しているのかについて、同じく日本青少年研究所平成15年度の調査報告書『日本・アメリカ・中国・韓国高校生の生活と意識に関する調査』

からもその一斑を窺うことができる。高校生の規範意識について立てた「電車やバスなどで年寄りに席を譲らない」という設問に対して、「よくないこと」「本人の自由」「悪いことではない」「よいこと」「無回答」という選択肢を設けて四か国の高校生に選んでもらった。中日両国の回答率のみを挙げてみるが、「よくないこと」の選択割合は、日本66.3％、中国68.2％と拮抗する。6割も超えた回答率は両国の高校生のモラル意識、年輩者を思いやる気持ちが高まることを物語っている。

　また、「敬老」の行為として子供が年輩者によく挨拶することも考えられる。これについても、日本青少年研究所2001年『子どものしつけに関する調査―日本・中国比較―』報告書から垣間見ることができる[38]。お客さんや知り合いの人に「子どもは挨拶がきちんとできるか」という質問に対して、「きちんとできる＋まあできる」の割合は、日本の小学生が19.8％と62.4％、中国の小学生が37.0％と50.4％、日本の中学生が32.4％と59.3％、中国の中学生が44.2％と46.4％、日本の高校生が43.9％と51.9％、中国の高校生が38.5％と54.2％となるが、微差はあるものの、両国の小中高生はいずれも八割も上回った。他人に挨拶し、相手を敬い思いやるという意識を少なからず有すると言ってよかろう。

　（2）「敬老」、「長幼の序」に関する言語行為の調査
　中日両国の現代社会では、親子関係の平等化、家庭の核家族化特に一人っ子政策の実施に伴って、上述したような伝統的な「孝」または「悌」という道徳観は果たして機能しているであろうか。また、如何なる形で存続しているのか、更に現代社会における若者の言語行動に現れる敬老、兄弟間の敬譲といった「孝悌」意識が如何なるものか、などを明らかにするために、筆者は2010年に中日両国のそれぞれ100名（男女各50名）大学生を対象にアンケート調査を行い「親」と「疎」という視点から家族同士と家族以外の人に分け、各々7項目と6項目を立てて設問した（設問の内容については文末の註（143頁）を参照）。その集計の結果は表9の通りである。

言語行動における伝統的価値観についての中日対照研究

表9　両国大学生の使用率

人間関係	設問番号	選択肢	男性50名 日本人	男性50名 中国人	女性50名 日本人	女性50名 中国人	合計200名 日本人	合計200名 中国人
一、家族同士	1	よくします	10.00%	42.00%	14.00%	32.00%	12.00%	37.00%
		します	38.00%	48.00%	40.00%	58.00%	39.00%	53.00%
		あまりしません	34.00%	10.00%	44.00%	10.00%	39.00%	10.00%
		しません	18.00%	0.00%	2.00%	0.00%	10.00%	0.00%
	2	いいえ	14.00%	2.00%	2.00%	0.00%	8.00%	1.00%
		先に	44.00%	98.00%	34.00%	94.00%	39.00%	96.00%
		同時に	32.00%	0.00%	48.00%	6.00%	40.00%	3.00%
		後に	10.00%	0.00%	16.00%	0.00%	13.00%	0.00%
	3	よくします	6.00%	20.00%	2.00%	6.00%	4.00%	13.00%
		します	8.00%	42.00%	12.00%	36.00%	10.00%	39.00%
		あまりしません	34.00%	38.00%	34.00%	58.00%	34.00%	48.00%
		しません	52.00%	0.00%	52.00%	0.00%	52.00%	0.00%
	4	よくします	10.00%	16.00%	6.00%	16.00%	8.00%	16.00%
		します	32.00%	52.00%	24.00%	32.00%	28.00%	42.00%
		あまりしません	32.00%	24.00%	42.00%	2400%	37.00%	24.00%
		しません	26.00%	8.00%	28.00%	28.00%	27.00%	18.00%
	5	よくします	38.00%	48.00%	52.00%	40.00%	45.00%	44.00%
		します	52.00%	46.00%	34.00%	40.00%	43.00%	43.00%
		あまりしません	6.00%	6.00%	12.00%	18.00%	9.00%	12.00%
		しません	4.00%	0.00%	2.00%	2.00%	3.00%	1.00%
	6	よくします	4.00%	8.00%	0.00%	4.00%	2.00%	6.00%
		します	6.00%	42.00%	8.00%	8.00%	7.00%	25.00%
		あまりしません	18.00%	36.00%	26.00%	60.00%	22.00%	48.00%
		しません	72.00%	14.00%	66.00%	28.00%	69.00%	21.00%
	7	話し合う	38.00%	34.00%	22.00%	28.57%	30.00%	31.31%
		議論する	18.00%	20.00%	40.00%	32.65%	29.00%	26.26%
		受け入れる	14.00%	24.00%	16.00%	24.49%	15.00%	24.24%
		参考にする	8.00%	10.00%	4.00%	10.20%	6.00%	10.10%
		我を通す	22.00%	12.00%	18.00%	4.08%	20.00%	8.08%
二、家族	1	よくします	22.00%	42.00%	32.00%	60.00%	27.00%	51.00%
		します	44.00%	52.00%	40.00%	36.00%	42.00%	44.00%
		あまりしません	24.00%	6.00%	22.00%	4.00%	23.00%	5.00%
		しません	10.00%	0.00%	6.00%	0.00%	8.00%	0.00%

以外の人	2	よくします	10.00%	24.00%	18.00%	14.00%	14.00%	19.00%
		します	18.00%	50.00%	36.00%	50.00%	27.00%	50.00%
		あまりしません	46.00%	24.00%	32.00%	36.00%	39.00%	30.00%
		しません	26.00%	2.00%	14.00%	0.00%	20.00%	1.00%
	3	よくします	16.00%	40.00%	20.00%	38.00%	18.00%	39.00%
		します	20.00%	42.00%	20.00%	46.00%	20.00%	44.00%
		あまりしません	30.00%	16.00%	40.00%	12.00%	35.00%	14.00%
		しません	34.00%	2.00%	20.00%	4.00%	27.00%	3.00%
	4	よくします	40.00%	48.00%	40.00%	48.00%	40.00%	48.00%
		します	30.00%	40.00%	28.00%	46.00%	29.00%	43.00%
		あまりしません	20.00%	12.00%	30.00%	6.00%	25.00%	9.00%
		しません	10.00%	0.00%	2.00%	0.00%	6.00%	0.00%
	5	いいえ	2.00%	4.00%	6.00%	4.00%	4.00%	4.00%
		先に	58.00%	84.00%	36.00%	72.00%	47.00%	78.00%
		同時に	26.00%	8.00%	46.00%	18.00%	36.00%	13.00%
		後に	14.00%	4.00%	12.00%	6.00%	13.00%	5.00%
	6	よくします	68.00%	26.00%	70.00%	6.00%	69.00%	16.00%
		します	28.00%	40.00%	26.00%	36.00%	27.00%	38.00%
		あまりしません	0.00%	32.00%	4.00%	46.00%	2.00%	39.00%
		しません	4.00%	2.00%	0.00%	12.00%	2.00%	7.00%

（3）調査結果についての分析

　上記の表から以下の諸点が指摘できるかと思う。先ず親としての家族同士に関わる問いであるが、差こそあれ両国の若者には親、祖父母を孝行、尊敬する意識があるという結果となる。中国の大学生は1、2、3、6、7項目において「先に」「受け入れる」及び「よくします」と「します」とを合わせた回答の割合が日本の大学生を上回っており特に1と2にあっては中国の90％、96％（先に）に対して日本の51％、39％（先に）という格差が目立っている。これは中国の若者にはその「孝敬」観念がつよく根付いていることを示唆する。しかし、5項目においては中国の87％に対して日本は88％に達している。これは親、祖父母がいざ困ったときには助けの手を差し伸べるという日本の若者の「孝敬」意識を表している。尚、「祖父母、親と会話するときに、敬語を使いますか」という6問いへの両

国の回答率は中国の31％、日本の９％となるが、両者の差は、日本では「敬老」というよりむしろ相対敬語として親しいほど敬語を使用しない方がよいという傾向である[39]のに対して、中国では親疎を問わずに「敬老」という絶対的な道徳価値観を重んじる意識が保たれているといったような違いにその一因を求めることができる。「自分の意見が祖父母、親と違ったときに、あなたはどうしますか」という７問いは従来の「孝順」という道徳観への設問であるが、「受け入れる」との回答率は中国24％で、日本15％となり、中国は日本を上回るが他の回答率に比して非常に低い割合を呈している。つまり両国の若者は「孝順」意識が低下しているのに対して、「議論する」の中国31.31％、日本30％という高い割合の示すように、親、祖父母との人格上での平等意識が高まっていると言えよう。換言すれば、何もかも親に従うという旧来の「孝順」観念は現代社会において機能できなくなり、若者にとっての道徳的な作用も希薄となっている。

　所謂飽食時代を迎え、少子化が深刻になり、特に中国での一人っ子政策が30年以上も実施されている今日の日中両国では、嘗てのような「悌」を高揚する好例である「孔融譲梨」の敬譲行為は果たして現代においても命脈を保っているであろうかと思いつつ、項目４「美味しいケーキは一つしかないが、自分は食べないで兄弟姉妹に譲りますか」という問いを設けて日中両国の若者の「悌」意識を探ろうとした。両国の大学生の「よくします」と「します」とを合わせた回答率を見れば、中国は16％、42％に対して日本は８％、28％となって、割合が高くはないものの日中両国の若者は兄弟姉妹の敬譲という伝統的な道徳意識を保っているという一面も浮き彫りになった。一方、両国の割合上に見られる格差は、中国の若者の「悌」という観念が日本の若者より強く受け継がれていることを示唆すると思われる。それは中国の大学生の「よくします」「します」を選んだ理由からも窺える。例えば、「因為是従小受到的教育（小さいときから受けてきた躾けだから）」、「兄長要関心年幼弟妹（年上の兄が年下の弟妹を思いやるべきだから）」、「尊長愛幼（年上を敬い、年下を大切にすべきだから）」、「尊老愛幼（年長者を敬い、年少者を愛するため）」、「礼貌的表現（躾けとしての表れだ

から）」、「兄弟姉妹要相互関心照顧（兄弟姉妹が互いに思いやるべきだから）」などと答えたが如く、中国では、「悌」は家庭での躾として子供の教育に継承されているように看取される。他方、「しません」と答えた理由には「一人っ子だから」「兄弟姉妹がいないから」といった回答が目立って、「悌」という伝統的な道徳観の受容、存続はその先が思いやられる。日本では、その大学生の「しません」と答えた理由として「平等に食べるのが家族のルールだから」、「平等にじゃんけんで決める」、「分け合えばいい」などと挙げられるが、「敬譲」というより「平等」という意識の方が強く持たれている。

次に疎としての家族以外の人に対しての「敬老」意識を見てみよう。年寄りの人に接する6場面を設定してそれぞれにおいての言語行動を通して今の若者の「敬老」という道徳観の有無、多寡を図ろうとする。先ず6項目に対して日本の大学生の回答率（1、2、3、4、6の「よくします」と「します」及び5の「先に」）はそれぞれ69％、41％、38％、69％、47％、69％となっているが、一方、中国の大学生のは、95％、69％、83％、92％、78％、54％である。この回答率は日中両国の若者が「敬老」という意識を依然として有することを物語るが、6の「近所のお年寄りの方と会話するときに、敬語を使いますか」を除いて中国の割合はいずれも日本のを遥かに超えており、特に1と4が9割以上に達して注目すべきである。つまり、中国の大学生の方がより一層年長者を大事にして気遣ったりするとも言えよう。これは中国の大学生の回答理由からも察知される。例えば、「尊老愛幼是中華民族的伝統美徳（尊老愛幼は中華民族の伝統的な美徳だから）」、「年軽人要遵守的社会公徳（若者として守るべき社会的な道徳だから）」、「年軽人応該做的（若者がなすべきことだから）」、「為尊敬老人応先打招呼（敬老のために先に挨拶すべきだから）」などとあるように、中国の若者は「敬老」をよき伝統的な道徳として把握して、遵守すべきであると認識しているのである。

一方、項目6の「近所のお年寄りの方と会話するときに、敬語を使いますか」では、日本の「よくします」と「します」の割合が中国のそれを上

回った理由は、135頁表中 6 の親としての家族同士の場合と同じく、疎である近所の年長者に対して、対人距離を置く必要があるため、相対的な敬語を積極的に用いる所以である。この点についてはその回答をした理由からも分かる。例えば、「家族以外の年上の人には敬語を使うべきと思っているから」、「年上の他人なので」、「親しくないから」、「あまり親しくないから」、「親せきなどではない目上の人には敬語を使うべきだから」などのように、親しくない間柄であるため、敬意を表すべく敬語を使うべきと言っているのである。中国の大学生の「しません」と答えた理由を挙げて見れば、以下のようなものがある。例えば、「熟悉的隣居、只打招呼就行了、不用敬語也不失礼（親しい近所の年上だから、挨拶するだけで結構だが、敬語を使ったら却ってよそよそしくなるから）」、「近隣不用敬語也不是没礼貌（親しい近所だから敬語を使わなくても失礼にならないから）」、「大家是隣居用敬語顕得生分（近隣同士で敬語を使うと人間関係が冷めるから）」、「都是認識的人不用客気（隣近所だから互いに気を使う必要がないから）」などのように、日本では「ウチ」と「ソト」という空間によって「親疎」が分けられるのに対して、中国では日本のような空間をあまり意識せずに、「親疎」の人間関係を軸に考えているようである。そのため、両国の割合においての格差が生じたのであろう。

おわりに

　以上、アンケート調査の結果を中心に、先ずあいさつ言語行動に現れる中日伝統的価値観を取り上げ四つの場面に沿って記述、分析することによって、日本人、中国人の価値観の異同及び特質の究明に努めた。また「敬老行為」に関するアンケート調査を通じて現代社会における中日両国の「敬老意識」「長幼の序」という伝統的な道徳意識について考察を加えてみた。中日両国における「孝敬」「孝悌」は、従来の身分社会と異なって、形も内実も変えながら現代社会に根付いて、人々の生活及び言語行動に影響を与え続けていることが明らかになった。特に中国ではそれを国民

全般にわたる徳目として唱導、推賞されるため中日大学生に見られる格差が表れたように、中国人の「孝敬」「孝悌」道徳意識が日本より高いものと推察される。しかしながら、核家族化、少子化の進行に伴って、中日両国の若者はいずれもその「孝敬」「孝悌」という伝統的な価値意識が次第に希薄となっていることも否めない。殊に「道徳不在」、「道徳危機」と懸念されている中国では伝統的な道徳観、価値観の存在意義を見直し、現代社会に相応しい道徳教育を行うべきであると同時に、日本人の「敬老意識」などについての再検討を要する。

付記：本稿は2009年度中国国家社会科学基金項目（09BYY080）の研究成果の一部でもある。

注

1）竹内照夫著（1971）『礼記』上　新釈漢文大系27　明治書院　14-15頁。
2）金谷治訳注（1963）『論語』岩波書店　156-157頁。
3）同②40頁。
4）津田左右吉『儒教の礼楽説』第2章「儒教に於ける礼楽の講習」津田左右吉全集第16巻　224頁。
5）同②　234-276頁。
6）毕继万（1996）「礼貌的文化特征研究」『世界汉语教学』第1期
7）施暉（2001）「日中両国語にける『あいさつ』についての比較研究―大学生の『あいさつ』言語行動を中心に―」広島市立大学国際学部修士論文参照。
8）エドワード・T・ホール（1976）著　岩田慶治・谷泰訳（1993）『文化を超えて』TBSブリタニカ　81-82頁。
9）直塚玲子（1980）『欧米人が沈黙する時―異文化間のコミュニケーション―』大修館書店　121頁。
10）鍋倉健悦編著（1998）『異文化コミュニケーションへの招待』北樹出版　84-86頁。
11）中野道雄（1982）「発想と表現の比較」国廣哲弥編集『日英語比較講座第四巻　発想と表現』52-53頁。
12）山口生史「組織内異文化コミュニケーション」西田ひろ子編『異文化間コミュニケーション入門』創元社　285頁。
13）林語堂著（1900）、鋤柄治郎訳（1999）『中国＝文化と思想』講談社　274頁。

14) 園田茂人（1998）『中国人の交渉スタイル』大修館書店　178頁。
15) 山田賢（1998）『中国の秘密結社』講談社メチエ　137頁。
16) 直塚玲子（1980）『欧米人が沈黙する時』64-65頁によれば、日本人が「つまらないですが」と言って差し出す、「つまらない〜」と分っていて相手にあげるとは失礼千万、というのが外国人の一般的反応である。また、これを言いながら本当のいいものを受け取った場合、「不誠実さ」と映され、誠実の概念とは相入れないという。
17) 同（16）
18) 金田一春彦（1977）『日本語の特質』大修館書店　59頁。
19) 彭国躍（1999）『近代中国語の敬語システム―「陰陽」文化認知モデル』73-76頁。
20) 顾日国（1992）「礼貌語用与文化」『外語教学与研究』Vol.4　36頁。
21) 小笠原清信（1988）『ことばの民俗学3作法』創拓社　148-149頁。
22) 岡本真一郎（2000）『言語表現の状況の使い分けに関する社会心理学的研究』風間書房2頁から引用。Griceは、コミュニケーションの参加者は、会話の原則、即ち「協調の原則」に従っていると論ずる。この原則は、以下のような下位原理からなる。①量の格率：聞き手が必要とする過不足のない情報を伝える。②質の格率：(偽であると信じていることや十分な証拠のないことは伝えない。③関連性の格率：関連性を持たせる。④様式の格率：不明瞭さや多義性を避け、簡潔で秩序だったものにする。
23) 三国時代の曹操の子息である曹袞『戒子言』『中国家訓経典』（1993）湖南出版社　57頁。
24) 唐の僧侶王梵志『世訓格言詩』『中国家訓経典』（1993）湖南出版社　266頁。
25) 宋の「三蘇」の一人である蘇洵『安楽銘』『中国家訓経典』（1993）湖南出版社　376頁。
26) 顔之推『顔氏家訓』『中国家訓経典』（1993）湖南出版社　266頁。
27) 唐の女流詩人宋若昭『女論語』『中国家訓経典』（1993）湖南出版社　332頁。
28) 南宋の王応麟著とされ、明清代に増補を重ねてきた。のみならず注釈本、類型本も沢山上梓され、更に日本、朝鮮、ベトナムにも伝来しそれをもとに異本や類型本も数多く編纂され、日本では『本朝三字経』等も刊行された。現代に至っても欲望の肥大化、欲求の追究に伴って精神的頽廃、道徳的衰退が進んでいる昨今、伝統的価値観や儒教倫理を再認識、再評価するべく『新三字経』が1994年に発行され、それを契機に多くの地方版の『新三字経』も次々に登場した。その中にも「融四歳、甘譲梨」とあるように依然として「孝」の「悌」が訴えられている。
29) 唐の李瀚が編集した故事集。名人、偉人の美談、逸話及び教訓等が短編物

語として600近く収録され、初心者向けの教科書として広く愛読されてきた。日本には平安時代に伝わったと言われ、爾来啓蒙書として幅広く読まれて初学者の必読の書とされた。あまりにも読まれていたため「観学院の雀は蒙求を囀る」という諺までも生まれたのである。今日にも「孟母三遷」や「蛍雪の功」などが人口に膾炙するが、どれも『蒙求』に掲載されているものである。

30) 加地伸行（2007）『孝経全訳注』講談社　335頁。
31) 「江戸後期児童用教科書・一巻」『日本国語大辞典』第二版、本朝三字経条
32) 『日本千字文』明治17年（1884）1月刊、永田道鱗　撰。神代より明治初年までの国家繁栄のあとをたどった史詩型往来とされる。
33) 石川松太郎監修（1994）『往来物大系』の「発刊にあたり」大空社　1頁。
34) 橋本宏子（1980）「親子関係の変貌のなかで」松永伍一他編『「親孝行」再考』明治書院　141頁。
35) 白川蓉子（1980）「親を乗りこえ生きること」松永伍一他編『「親孝行」再考』明治書院　154頁。
36) 北京市言語学会編集（1982）『礼貌和礼貌語言』北京出版社
37) 財団法人日本青少年研究所（2009）『中学生・高校生の生活と意識—日本・米国・中国・韓国の比較—』調査報告書　58頁。
38) 財団法人日本青少年研究所（2001）『子どものしつけに関する調査—日本・中国比較—』報告書
39) 「しません」と答えた理由からも察知される。例えば「親しい関係だから」、「親しいから」「家族だから」「親戚に対してはそんなに気を使う必要はないと思うから」「他人ではないので」などのように親しい家族だからたとえ年上であっても対人距離を置くという主たる機能を為す現代日本語の敬語を使うと却って慇懃無礼となり、親しい家族関係が不自然になってしまう愚がある。一方、中国の大学生の「よくします」「します」と回答した理由を挙げて見ると「中国の伝統的な文化の薫陶を受けているから」、「そうすべきと思うから」、「祖父母、親への孝敬という気持ちの表れだから」、「祖父母は年長者だから」、「礼儀に相応しいから」などとあるように親しくても親殊に年寄りの祖父母に対して敬老の念を表するために敬語を使うと考えている。

アンケート調査表抜粋（中国人用　略す）

その一：家族同士について
① 祖父母、親を思いやって、機嫌伺いをしますか。
② 祖父母、親に挨拶するときにあなたが先にしますか。
③ 食事のときに一番美味しい料理を祖父母、親に先に食べてもらいますか。
④ 美味しいケーキは一つしかないが自分が食べないで兄弟姉妹に譲りますか。
⑤ 祖父母、親と一緒に外出するときにもし祖父母、親が重い荷物を持っていたら、あなたは持ってあげますか。
⑥ 祖父母、親と会話するときに敬語を使いますか。
⑦ 自分の意見が祖父母、親と違ったときにあなたはどうしますか。

その二：家族以外の人について
① 電車、バスなどでお年寄りの方に席を譲りますか
② 店などで困ったお年寄りの方に出会って手伝いますか。
③ バスや電車に乗るときに、お年寄りの方に先に乗車してもらいますか。
④ 近所のお年寄りの方に出会って挨拶しますか。
⑤ 近所のお年寄りの方に挨拶するときに、あなたは先にしますか。
⑥ 近所のお年寄りの方と会話するときに、敬語を使いますか。

「孝」に関する日中韓の比較
——性向語彙を通して——

李　成　浩

はじめに

　儒教文化は東アジア諸国で二千年にわたって強い影響力を有している思想、信仰及び道徳の根源である。その「仁、義、礼、智、信、忠、孝、中庸」などの倫理思想は未だに少なからず日常生活や企業文化などに深く影響をあたえていると言えよう。その中、儒教のバックボーンを成す「孝」は百行の本とも言われ、中国では古くから子が親を養い、敬うことが「孝」の基本とされている。人類発展の長い歴史の中で、「孝」という思想も儒教の普及とともに中国からアジアの近隣諸国にも浸透し、融合と変容を繰り返しながら、今日まで伝わってきた。「孝」は基本的な倫理道徳の規範であり、かつその社会の安定、家族の繁栄などに重要な役割を果たしてきたのである。

　周知のように、「孝」は古くから儒教思想を構築する上での重要な位置を占め、儒教では「孝」を「三皇五帝之本務而万事之紀也」(『呂氏春秋・孝行覧』)、「夫孝、天之経也、地之義也、民之行也」、「夫孝、徳之本也、教之所由生也」(『孝経』)と明確にその中身によって分類している。『説文解字』では、「孝、善事父母者」とされ、その他の古典でも「孝」について数多く論じられている。例えば、「慈恵愛親為孝。協時肇享為孝、五宗安之曰孝、秉徳不回曰孝」『周書・諡法』、「衆之本教曰孝」『礼記・祭義』、「孝有三、大孝尊親、其次弗辱、其下能養」『礼記・祭義』、「孝、文之本也」『国語・周語』、「孝、礼之始也」『左伝・文公二年』などと挙げられる。

本稿は、日本・中国・韓国三言語における性向語彙調査を通じて、「孝」という意味項目を中心にその語彙量、意味構造及び造語法を分析し、日常生活の場面において対人評価を行う場合、それぞれの国では「親孝行」についてどのように捉え、如何に評価しているかの実態を解明する。その上で、三言語の比較を通じて三カ国の現代社会における伝統的な価値観である「孝」の異同をも探ってみたい。

I　先行研究

　「性向語彙」とは対人評価語彙とも言われ、人の生まれつきの性格や日ごろの振舞い、人柄などを評価の観点から捉えて表現する言葉のまとまりを指す。性向語彙は人間社会において、最も重要な「和」の維持と直接結びつき、社会の安定と秩序の維持に大きく貢献している。地域社会で用いられる「性向語彙」に着目し、この研究の重要性を初めて指摘したのは、藤原与一氏[1]である。その後、藤原氏が「性向語彙」研究の意義を説いたことに呼応する形で、広島大学方言研究会は、同会の機関誌である『広島大学方言研究会会報[2]』で4号にわたって、「各地の性向語彙」を特集、掲載した。これは、藤原氏の分類体系に即して、各地の「性向語彙」を詳しく記述したものであって、各地の差異性と共通の特性を同一の基準によって、客観的に把握、究明することを意図して編まれたものである。

　一方、渡辺友左氏[3]は、国立国語研究所在任中、主に東京語の「性向語彙」を対象として、社会言語学的見地から精緻な分析、考察を行い、日本人の対人評価意識の解明、ひいては日本人の人間観を科学的手法で具体的に究明するためには、「性向語彙」を対象化して研究を推進することが重要であることを強調した。

　その後、日本方言研究の代表者である室山敏昭氏が長年にわたって地域言語に用いられる「性向語彙」の調査・採集・整理に取り組み、その構造分析を徹底して掘り下げて行った。その結果、その内的構造体系が明らかにされた上、更に「性向語彙」に見られる言語と文化を包括する広い視野

と深い洞察力を以て「日本人論」「日本文化論」のような大きな課題を提示することとなり、研究の新天地が切り開かれた。このことにより、永遠のテーマとも言うべき「日本人とは何か」という問いに明確な実体性を具えた、一つの明快な解答が提示されたのであり、結果として錯綜を極めるジャパン・リテラシーに正しい認識の方向付けを与えることになったのである。いわば、室山氏が日本社会の構造を「＜負＞性のフィード・バックによるコントロール・メカニズムを基盤とする強固な『ヨコ』性の原理（平準化の原理）の構築であり、「ヨコ」性の原理に支えられた＜協調的な関係主義＞である」[4]と論破したように従来指摘されてきた日本社会の構造における「タテ」性の原理[5]と違い、日本社会の根底にある「ヨコ」性の秩序原理が生存していることが明らかとなったのである。これらの研究成果の蓄積によって、藤原氏が『方言学』の中で提示した「性向語彙」の分類システム（カテゴリー化）は大幅に拡張、充実され、概念体系を骨格とするより整合的な分類システムに改変されることとなった。また室山氏は同時に、コミュニケーションを円滑に促進するには異文化間の研究も広める必要性があることについても言及した。

　その示唆を受け、比較言語文化研究の一環としての共通語における多言語間性向語彙研究の重要性が認識されるようになり、筆者は博士論文の研究課題として中・日・韓三カ国の大学生に用いられている共通語の性向語彙を研究対象とし、その実態について実証的に記述し、その上に立って対照研究を試みた。三言語の性向語彙の量的構造と意味構造の記述、分析更に比較によって、対人評価を巡っての指向価値、行動モラルのメカニズムなどを初めて実証的に解析することができるようになった。しかし、現時点でその研究はいまだ端緒に就いたばかりであるため、多国間の性向語彙に関する対照研究は急を要する課題であるとされる。本稿は、その試みとして「孝」という対人評価の意味項目に見られる性向語彙を取り上げて日中韓三国の「孝」価値意識の様態について考察する。

Ⅱ　アンケート調査とその結果

　調査は、日本・中国・韓国三カ国の歴史的文化背景や伝統を念頭に入れながら、「親孝行」と「親不孝」という対立意味項目を立てて、2009年に日中韓三カ国の社会人30名（30代〜60代）を対象に、日常生活において使用される「親孝行」と「親不孝」に関する対人評価語彙をアンケート用紙に自由記入形式で行った。

　なお、アンケート調査で得られた語彙の統計は、異なり語彙数と延べ語彙数に分けられる。異なり語彙数とは、言葉の多様性を根拠とし、同じ単語が何回用いられてもこれを1語と計算し、全体で異なる単語がいくつあるかを統計する方法である。この統計法によって、各語彙の使用量と頻度、造語法、また語彙の種類から各意味項目についての関心度を判断することができる。

　また、延べ語彙数とは、語彙の多様性を無視し、同じ単語でも用いられる度ごとに加算して得られる総数で統計する方法である。つまり、各意味項目に対しての語彙の使用量から人々の対人評価の関心度を測ることができる。

　多角的な分析を試みるため、以下の記述に当たっては、全て異なり語彙数と延べ語彙数の両面から扱うことにし、まず総語彙数を挙げ、次に意味項目に属する語彙を分析する。また、語彙分類においては、調査時の語彙採集基準としては、それが一単語であるか、句であるか文であるかということを厳密には考慮せず、「性向語彙」として広く採集し、整理の段階で一概念を包括する独立した「性向語彙」事象であると判断できるもののみを取り上げた。

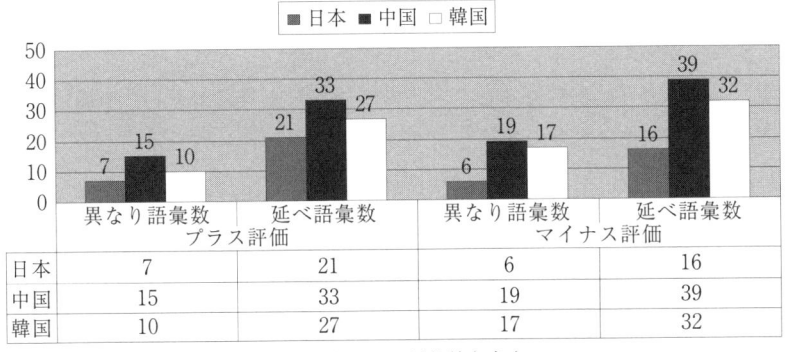

	異なり語彙数 プラス評価	延べ語彙数 プラス評価	異なり語彙数 マイナス評価	延べ語彙数 マイナス評価
日本	7	21	6	16
中国	15	33	19	39
韓国	10	27	17	32

注）グラフ１は語形態を問わず、すべての語彙数を表す。

グラフ１　「孝行」に関する性向語彙の調査結果

　上記のグラフ１を見ると、三言語とも孝行に関する多くの対人評価語彙が存在し、孝行と不孝という行為またはそのような人に対して正負両面から程度の差に応じて多様な評価を与えていることが読み取れる。国別に見れば、中国語は、異なり語彙数と延べ語彙数のいずれもが日韓両言語を上回って最多となっている。中国語に次ぐのが韓国語で、日本語の語彙数が一番少ない。特に、日中両言語を比べると語彙数の差が顕著に表れている。つまり、日本語に比べて中韓両国語において孝に関する性向語彙が多く創出され、孝行と不孝という事、人に対しての関心度が高く、それを評価するのには頻繁に使用されていることが看取される。

　次に、「親孝行者」に関する性向語彙を見ると、中国語においては異なり語彙数と延べ語彙数の比例が約１：２であるが、日本語と韓国語は約１：３に上っている。これは「孝」に関する評価語彙が中国語の中で多様化していることを示し、日韓両言語では重複語彙が多いことから、日常用語としての定着度の高い語彙が多いことを示す。同じく、「親不孝者」に関する性向語彙も似たような傾向性が見られる。

　また、中国語と韓国語においては、「親孝行者」に関するプラス評価語彙（褒め言葉）より「親不孝者」に関するマイナス評価語彙（貶し言葉）が多く見られている。だが、日本語の場合、それが逆の傾向を示す。換言

すれば、中韓両国においては、孝行への評価というよりも不孝の行為、不孝者への評価が厳しく、そのようなことをしないように、そのようなものにならないように警鐘を鳴らし、訓戒しようとする。つまり、中韓の人々にとって不孝は最も許し難いことであり、いつも厳しい眼差しを注ぐのである。それに反して、日本では積極的に孝行者や孝行の行為に対してのプラス評価を行い、「孝行」を唱導、実行するように人々を諭そうとする。孝と不孝とのいずれかによりよく注目して評価するのかについては、中韓両国と日本とがその着眼点こそ異なれ、「勧孝懲不孝」という目的、役割は変わらないものであると言えよう。これは他でもなく中日韓三国において「孝」という伝統的な道徳理念、価値志向が依然として根強く生きて、機能している証左である。

Ⅲ 「孝」に関する性向語彙の意味構造

　下記は、日・中・韓三言語における「親孝行者」と「親不孝者」という意味項目に関する調査で収集された語彙を表にしたものである。本稿で取り上げる性向語彙は、意味を担う言語単位である語形態のものだけに限定せず、連語形式・慣用句も含めての体系的まとまりを構成する言語形式とする。各意味項目に属する語彙の後に付された数値は延べ語彙数を表す。

（1）日本

　儒教は中国社会、文化に深く根を下ろしているだけでなく、朝鮮、日本など東アジア諸国の文化にも浸透、受容されており、これは注目すべきことである。儒教は夙に日本に伝来し、爾来日本の政治、思想及び道徳観念の形成、展開に多大な影響を与え続け今日に至っても綿々と日本人の道徳意識、価値志向の構築に大いに関わっている。特に、江戸時代になり、幕府の統治政策として当時の政治体制、政治運営、幕府の中核的な思想の樹立に多大な影響力を及ぼした。中国の二十四孝に擬えた『本朝廿四孝』が編集され日本での孝行の話なども称賛されて庶民によく知られるように

なった。ところが、近代化の過程で家族国家観が台頭すると孝行が忠義と結びつけられ、家での親に対する孝を国家に適用すると忠になると説かれ、「忠孝一本」という概念も創出された。特に「君に忠に、親に孝に」という教育勅語の公布によって、儒教殊に「忠孝」という至高の徳目は日本人の生活の至るところに行き渡っていたのである。しかし、第二次世界大戦の終焉に伴って、明治以来強力に推し進められてきた「忠孝」も批判の的となって、戦後に高々と唱導される民主主義や万民平等思想に抵触するものとして顧みられなくなった。そのため、儒教特に孝観念は現代社会において次第に希薄となり、時代遅れの徳目として等閑視されるようになる。果たして実際どうであるのか、「孝」に関する性向語彙を通してその実態を探ってみる。

　＜親孝行者＞
親孝行9、親孝行者5、親思い2、孝行息子2、面倒見がよい1、人格者1、親見のよい人1。
　＜親不孝者＞
親不孝者8、親不孝6、ダメ人間1、親泣かせ1、親知らず1、勝手者1。

　日本語の場合、「親孝行者」と「親不孝者」の意味項目に属する性向語彙がそれぞれ7語と6語で、プラス評価語彙数がやや多い。プラス評価においては「親孝行」と「親孝行者」の使用が多く、マイナス評価においては「親不孝者」と「親不孝」という語が主として使われている。また、「孝行」としての上位語「親孝行」と「親孝行者」であるのに対してその他の「親思い」、「孝行息子」、「面倒見がよい」、「人格者」、「親見のよい人」は、下位語として親孝行の具体化、細分化を示している表現である。これらの性向語彙からも現代日本人がどのように「孝」を捉えて、また、実践しているのかといったことが窺える。一方、現代の「孝」に関する実践は従来のそれとは大いに異なっている。例えば『孝経』などにおいて

(一) 祖先の祭祀（招魂儀礼）、(二) 父母に仕えること、(三) 子孫を生むこと、それら三行為をひっくるめて「孝」としたとされる[6]。それは上記の性向語彙の「孝」と比しては両者の差異が顕著である。つまり、現代日本の「孝」には、本来の「祖先の祭祀」と「子孫を生むこと」という「孝」の核心たる実行が姿を消して、かろうじて「父母に仕えること」が残存しているものの、「親思い」などのように親を大切に思うという程度の孝行に止まり、親を養ったり、尽くしたりするといった苦労を伴う「父母に仕えること」の「孝」まで程遠いのである。換言すれば、今日の「孝」は親を思いやったり、喜ばせたりすることが主流となると言えよう。それは、2011年朝日新聞の「親孝行していますか」アンケート調査の結果からも察知される[7]。回答者の68％が「親孝行していますか」に対して「はい」と答えた。更にその具体的な親孝行については「どのような親孝行（をしていますか）？」（三つまで選択、10位まで）に対しての回答から分かる。「記念日などに贈り物やごちそうで祝う」（866人）、「よく話をする、聞く」（806人）、「年末年始やお盆に帰省して一緒に過ごす」（642人）、「電話や手紙などで近況を伝えあう」（632人）、「孫の顔を見せに行く」（510人）のように、一位から五位までいずれも親への思いやりを示す「孝」の実践であると言ってよかろう。これは現代日本人の孝行意識を反映して、昔のような重々しさ、真剣さの代りに気軽に「孝」を実行しようとしているという傾向を示している。正に「『親孝行』という言葉をまともに受けると、論語のようで重たい。もっと気安く、遊び（プレイ）感覚で慣れていき、楽しめるのが一番です」[8]と纏められている通りである。もう一つ注目するのは「孝行息子」という性向語彙である。親孝行とは男女を問わず、「孝行息子」があれば、当然中国語にある「孝女（孝行娘)」の如く、「孝行娘」もあるべきであるが、今回の調査では「孝行娘」という性向語彙の存在を確認することができなかった。日本社会では、親孝行に関して「娘」より「息子」の方が果たす役割が大きく、「息子」のへの期待も大きいため、性向語彙としての「孝行息子」が作られ、「親孝行」を評価するのに用いられているのであろう。

＜親孝行者＞
　　Ａ　孝行であること、者：親孝行；親孝行者、孝行息子
　　　Ａ－１品行がよい：人格者
　　　Ａ－２親を大切にする：親思い
　　　Ａ－３世話をする：面倒見がよい、親見のよい人
　＜親不孝者＞
　　Ｂ　不孝であること、者：親不孝；親不孝者
　　　Ｂ－１品行が悪い：ダメ人間
　　　Ｂ－２恩を知らない：親知らず
　　　Ｂ－３従順でない：親泣かせ、勝手者

　上の意味分類から見ると、日本語における「親孝行」に対する評価は主に「品行がよく」、「親を大切にし」、「世話をする」という三つの視点から捉えられている。一方、「親不孝者」についての批評は品行のほかに、「恩知らず」、「従順でない」という意味のマイナス評価語彙も表れ、「親孝行」という中身を更に充実させている。
　そのうち、「従順」に関する対人評価を見ると、中国語と韓国語にも表れている。これはいわば日本や韓国でも伝統的な「孝順」という価値観が未だに残っている証しと言えよう。古代の中国では祖先崇拝の観念のもとに、家父長制家族が社会を構成する末端単位となり、その家族の構成員は親に絶対服従すること、祖先の祭祀に奉仕することが孝として義務づけられ、社会的犯罪にまで「父は子の為に隠し、子は父の為に隠す」と明文化されていたのである。つまり「孝順」は子供にとって遵守すべき徳目であり、孝を実践するための肝心な行為であり、また、封建社会では子に一方的に押し付けた義務でもあった。
　もちろん、現実にある親子が常にこのような関係にあったわけではないが、社会的プロパガンダとして子供が親に従うべきであり、さもなければ、「不孝」とのレッテルを貼られてしまい、社会的な批判や制裁を受け、強い圧力があったということは、日・中・韓三カ国においても共通し

ていたであろう。

また、西漢の『春秋繁露』に述べられている「三綱五常」は、中国儒教倫理文化を構築した根幹でありながら、その源を遡るとやはり孔子が述べた言葉である。「三綱」はそれぞれ「君為臣綱」、「父為子綱」、「夫為妻綱」(臣下、子供、妻は君主、父、夫に絶対的に服従すべきであると同時に、君主、父、夫は模範的な存在にならないといけない)であり、「五常」は「仁、義、礼、智、信」を指す。これは封建社会の中、「君主と臣下、親と子、夫婦」の間にある特殊な道徳関係の表れでもあるが、子供の親に対する絶対的服従を意味する規範であった。このような観念に深く根付いた「孝」は、今日においても親に対する子の恭順・服従の義務として、日本人の意識のうちにおいては依然として支配力を持ち続けていることが読み取れる。

日本語の語構造に関する比較表

番号	親孝行者	親不孝者
1	名詞+接尾辞:人格者	名詞+接尾辞:勝手者
2	名詞+名詞:親孝行、孝行息子	接頭辞+名詞:ダメ人間
3	名詞+名詞+接尾辞:親孝行者	名詞+名詞:親不孝
4	名詞+動詞転成名詞:親思い	名詞+名詞+接尾辞:親不孝者
5	連語形式:親見のよい人	名詞+動詞転成名詞:親泣かせ
6	慣用句:面倒見がよい	名詞+動詞+ず:親知らず

日本語の語構成においては、表に示した通りそれぞれ6種類に分けられ、名詞を中心とした造語が目立つ。また、「面倒見がよい」という連語形式を下地に「親見のよい人」という新たな造語も見られる。そして、「勝手者」、「ダメ人間」などと類似した言葉は中国語や韓国語にも見られるが、これについては後節で論じることにする。

（2）中国

中国語における「孝」に関する性向語彙は、語彙量といい、語構造といい、また、意味構造といい、上述した日本語を上回っていると言えよう。これは言うまでもなく中国人の「孝」に対しての関心度が高く、「孝」を社会全般にわたる道徳意識として根付いていることを投影している。それらを挙げてみよう。

＜親孝行者＞
孝子（孝行息子）11、孝順（親孝行をする）5、大孝子（孝行息子）3、尽孝道（孝道を尽くす人）2、孝子賢孫（孝行息子と従順な孫）2、百依百順（何でも言う通りにする）1、好児媳（孝行嫁、よい嫁）1、好児子（よい息子、孝行息子）1、孝敬父母（親孝行する）1、孝女（孝行な女子）1、孝悌（よく親や兄に仕えること）1、有孝心（孝行）1、有教養（教養がある）1、有良心（良心がある）1、尊老愛幼（老人に孝行し、気にかけて子供の世話をやく）1。

同じ「親孝行」ではあるが、日本語のそれと比べて表現がバリエーションに富んで、程度の差、性差、世代と年齢差、更に実践の差などが見られる。程度の差として「大孝子」は「孝子」より一層親に仕え、大いに孝行をすることを言う。「尽孝道」も親に孝行を尽くすという強い程度の孝を表す。中国人が親孝行の加減に応じて評価の性向語彙を使い分けていると考えられる。それによって、親孝行が一層促進されるのにつながるのであろう。一方、「好児媳（孝行嫁）」があって、「孝行婿」の所在が見えなかったという男女の差が存在している。つまり、中国では「婿」より「嫁」の「孝行」についての社会の評価、眼差しが厳しいことによって、「好児媳」という性向語彙まで作られたのである。換言すれば「嫁」が舅、姑ともめたり、喧嘩したりしてなかなか孝行できないという現状を打開するため、「好児媳」になってほしいと切なる願いを込めている性向語彙であろう。また、「孝行息子」しかない日本語と比しては「孝子」「好児子」「孝女」などのように男女を問わぬ表現があって、それは中国では子供世代に

「親孝行」を行うように大いに期待しているためであろう。なお、「孝子賢孫」のように、息子の孝行、孫の孝順、「孝悌」のように、兄姉の弟妹への慈愛と弟妹の兄姉への敬愛といった「性向語彙に「孝」に関する世代差と年齢差が表れている。「孝」の実践として「孝順」が挙げられるが、「百依百順」の方が「孝順」より評価が高く、全て親に従順することを表し、最高の「孝順」となり、理想な親孝行の人間像として求められる。

＜親不孝者＞
　逆子（親に逆らう息子）7、白眼狼（恩知らずの人）5、不孝（親不孝）5、敗家子（どら息子）3、不孝子（親不孝者）2、大逆不道（大逆無道）2、忤逆（不幸者）2、没良心（良心がない）2、不孝順（孝行しない）1、不孝之行（親不孝な行為）1、不孝之子（親不孝な息子）1、不肖子孫（不肖の子）1、没良心的（良心がない人）1、目無長輩（年輩者を無視する、不敬）1、孽種（放蕩者、畜生）1、欺宗滅祖（先祖を欺き、滅ぼすこと）1、為所欲為（勝手気ままなことをする）1、没教養（教養がない）1、畜生1。

　中国の調査結果を見ると、「親孝行者」と「親不孝者」の性向語彙がそれぞれ15語と19語で、日本語の語彙数を上回っている。また、中国語において「親不孝」に対してのマイナス評価語彙が「親孝行」のプラス評価語彙より多く、日本語の場合とは違っている。つまり、中国では、「孝行」を唱導するよりも「不孝」への批判を通して「親不孝」にならないように警鐘を鳴らしつつ、教訓しようという傾向を示している。また、同じ「不孝」というマイナス評価には意味的な程度の差異も見られ、更に、男女の差も存在しているように見える。例えば、「大逆不道」や「欺宗滅祖」は単なる「不孝」よりその不孝の度合いが強く、斯様な不孝者に相応しい対人評価の言葉である。一方、「親孝行」の性向語彙には男女とものプラス評価語彙があるが、親不孝については男の不孝表現だけが存して、女の不孝を表す性向語彙が欠如している。これは中国では女性より男の方に親不孝が多く、いつも注目を浴びているため、女の不孝がつい見落とされてし

まうという背景があるかと思われる。もう一つ注目されるのは「目無長輩（年輩者を無視する、不敬）」という表現で、これは「孝敬」の実践として「尊老」に関するマイナス評価の言葉である。親のみならず自分より年上の人を敬うという「孝」であるが中国では社会的な道徳、マナーとして若者に教育、提唱しているので日本語には見えず中国語には対人評価の言葉として登場しているのである。次に中国語の「孝」に関する性向語彙を更に下位的に分類すれば、下記のようになる。

　＜親孝行者＞
Ａ　孝行であること、者：有孝心、尽孝道；孝子、大孝子、孝女、好児媳、好児子、孝子賢孫
　Ａ－１従順する：孝順、百依百順
　Ａ－２孝敬、尊老する：孝敬父母、尊老愛幼、孝悌
　Ａ－３良心や教養がある：有良心、有教養
　＜親不孝者＞
Ｂ　不孝であること、者：不孝、不孝順、不孝之行；不孝子、不孝之子、不肖子孫
　Ｂ－１従順でない：逆子、忤逆、大逆不道、為所欲為
　Ｂ－２孝敬、尊老しない：目無長輩、欺宗滅祖
　Ｂ－３良心や教養がない：没良心、没良心的、没教養
　Ｂ－４人情や恩を知らない：白眼狼、畜生
　Ｂ－５身代を潰す：敗家子、孽種

　中国語の「親孝行者」という下位の意味分類では、プラス評価において「従順」、「孝敬、尊老する」、「良心や教養がある」、「兄弟姉妹の愛敬」という三つの視点から捉えている。しかし、マイナス評価においては、プラス評価に示した三点より意味領域が「人情や恩を知らない」、「身代を潰す」へと拡大され、対人評価語彙も数多く見られる。この特徴については言うまでもなく、中国では「孝」という概念が道徳規範として代々と伝

わってきたことと深い繋がりがあるのではなかろうか。

　つまり、中国で「孝」は儒教思想の核であり、伝統的美徳と伝統文化の精髄とも言われていた。『詩経』（小雅・蓼莪）には「父兮生我、母兮鞠我。拊我畜我、長我育我。顧我復我、出入腹我。欲報之徳、昊天罔極！」と親の慈愛の恩恵に対して報いるとする表現がある。孝を説く際に直接に報恩の語を用いることがないにしても、孝の内実は親への慈愛に応える行為としている。従って、親の恩を知らない人に対して「白眼狼、畜生」という極端な比喩の言葉で貶すことさえある。韓国語にもこれと似たような言葉が見られるが、その使い方もよく似ている。また、「没教養、敗家子」などの評価語彙からみると、中国では家庭のしつけがしかるべく行われているかどうかも、孝行という行為とつながっている。つまり、家庭の教育が充分で成功していれば、「子」が親孝行をするのは当たり前だと考えている。それで、親孝行な人を「大孝子、孝女」などの言葉で褒めるのである。

　立派な「親孝行」を褒め称える事例であるが、「万里赴戎機、関山度若飛」というように、毅然として男装し、父親の代わりに10年あまり従軍生活を送った花木蘭（ディズニーによって「ムーラン」の名でアニメ化されている）の物語や元代の郭居敬が編成した『二十四孝』という親孝行の話など、「親孝行」即ち親に恩返しをする内容を描いた故事も数多く残っている。

　もちろん、近代中国において儒教及び孝の思想は一時期完全に悪者と批判され、その思想、観念は否定され徹底的な攻撃を受けたにもかかわらず、儒教は消えることなく、牢固として祖先とのつながり、家族の団結など、「孝」は社会の安定や秩序作りに大きな役割を果たし、親を尊敬し、恩返しするなどの考えはすでに中国人の精神の深層に深く染み込んでいると言えよう。

中国語の語構造に関する比較表

番号	親孝行者	親不孝者
1	名詞：孝子、孝女、孝悌	名詞：逆子、孽種、畜生
2	接頭辞＋名詞：大孝子	名詞＋名詞：白眼狼
3	形容詞：孝順	名詞＋動詞＋名詞：目無長輩
4	形容詞＋名詞：好児媳、好児子	形容詞：忤逆、不孝
5	動詞＋名詞：尽孝道、孝敬父母、有孝心、有教養、有良心	形容詞＋接尾辞：敗家子、不孝子
6	四文字熟語：孝子賢孫、百依百順、尊老愛幼	動詞＋名詞：没良心、没教養 副詞＋名詞：不孝順
7		動詞＋名詞＋接尾辞：没良心的
8		連語形式：不孝之行、不孝之子、不肖子孫
9		四文字熟語：大逆不道、為所欲為、欺宗滅祖

　語構成においては、中国語の場合、日本語と同じく「名詞」を中心とした構造が目立つが、「形容詞」や「動詞」、「副詞」による造語も少なくない。また、連語形式や四文字熟語を使って対人評価をする言葉も多く見られる。

　例えば、「大逆不道」という言葉は古代中国においては重罪に当たるもので唐代の法律では次のように述べられている。両者が殴り合うことになった場合、当事者二人にそれぞれ笞杖40回の罰則が定められている。しかし、もし当事者が親族関係の場合、その処理はずいぶん複雑になると言う。つまり、子孫が父母や祖父母を殴った場合、最も酷い処罰である「十悪」の中の「悪逆」に当たり、ケガをさせたかどうかに関わらず、死刑になると記載されている。しかし、逆に父母や祖父母が自分の息子を殴ったとしてもそれは全くお咎めなしとされていた。これを法律の用語で「論理

法」とも言われ、中国では古代からずいぶん一般化されている。つまり、自給自足の封建社会において、家庭は社会の基本単位であり、当時の統治者は「斉家（家の暮らしむきや秩序を整える）」が国を治める前提だと考えていたからである。父系の家長制を維持するため、漢代の法律ではすでに「親不孝」罪を定め、如何なる条件かを問わず、親を殴ったとしたらみな死刑になるのが当時の法律であった。現在の法律は昔とだいぶ変わったにもかかわらず、「親不孝」をする人に対し、厳しい目線で捉えている点においては変わらない。

　また、「孝悌」という言葉をみると、孔子は『論語』の中で「孝と悌は仁の本なり」と説いている。悌とは、年少者が年長者によく従うことを意味する。つまり、孔子の「孝」の考え方は親孝行のみをとらえたものというより、上下関係の尊重と考えてよかろう。血縁上の親と子だけでなく、主君と臣の関係をもある意味「親と子」と見ているように、「孝敬、尊老」という意味も「孝」の意味範疇に含まれている。

（3）韓国

　儒教が朝鮮半島に伝わったのが三国時代（BC57-AD668）とされ、それ以降、儒教は各王朝の統治理念に取り入れられた。特に、中国宋代の儒学者である朱熹によって再構築された新しい学問体系の朱子学が導入されて以来、儒教が国教となり、儒教の本場中国よりも、純粋に「孝」の実践（親孝行を第一に考える）が重視されるようになった。韓国では家族の絆は古くから重視され、中でも「孝」が最も重んじられている大きな特徴だと言われている。例えば、お年寄りに席を譲る、年長者が先に席に着くまで待つ、目上の人や社会的地位の高い人には尊敬語を使うなどの社会的な決まりがある一方、目上の人や上司には敬意をはらい、絶対服従が求められるので、韓国の職場などは上下関係が厳しいという指摘もある。

　下記に示しているように、中国語ほどではないが、多くの性向語彙が認められるのは、やはり韓国における儒教の受容、浸透という歴史的背景があったからであろう。韓国のドラマでもよく見られるが、韓国で孝行は家

庭生活を営む上で要となり、今日もその風土が根強く残っている。韓国語の「孝」に関する性向語彙を列挙してみよう。

＜親孝行者＞
효자（孝行息子）15、선인（善人）2、예의바른 사람（礼儀正しい人）2、효도자（孝行な人）2、선비（士人）1、효부（孝行心の厚い嫁）1、효도인（孝行する人）1、효도하는 사람（孝道を尽くす人）1、착한 사람（真面目な人）1、사람이 된사람（人間になった人）1。

　ここで目を引くのは、日中両言語には確認できなかった、親孝行の人に対して「사람이 된사람（人間になった人）」という韓国語の独有とも言える対人評価の表現であるが、中国語に言う「人而不孝父母、不足以為人」という言葉と何らかの共通点があるように思われる。つまり、孝行すれば、人間として認められ、逆に、しなければ、「짐승같은 놈（獣のようなやつ）」という親不孝の性向語彙のように全人格が否定されてしまうあげく、その懲罰として「벼락 맞을 놈（雷に打たされて死んでもいい人）」となる。正に「삼천 가지 죄 중에 불효죄가 가장 크다（三千種の罪の中で、不孝罪は一番の重罪である）」という諺のごとく、韓国語においても親不孝に対する評価は大変厳しい。斯様な「勧孝懲不孝」を通して、孝行を奨励、賞賛し、不孝を非難、糾弾する上、厳罰を蒙るといったように、三者が相まって韓国における「孝」の実施、推進において有効的に働いていると考えられる。更に、「효부（孝行心の厚い嫁）」は前掲した中国語の「好儿媳（孝行嫁、よい嫁）」と同じ社会的な背景、造語発想でできた性向語彙の一つである。中韓両国とも嫁の孝行の難しいからこそ、孝行した嫁を讃え、孝行者の嫁になるように期待するのである。

＜親不孝者＞
불효자（親不孝者）8、나쁜놈（悪者）3、망나니（ならず者）2、망덕한 사람（恩義に背く人）2、불효자식（親不孝者）2、배은망덕（恩知らず）2、악인（悪人）2、폐륜이（結婚しない人）2、짐승같은 놈（獣のよう

なやつ）1、은혜를 모르는 사람（恩知らず）1、불효인（親不孝者）1、불효도자（親不孝者）1、불효쟁이（親不孝者）1、불효부제（不孝不悌）1、불량자（不良者）1、인정없는 사람（情けない人）1、벼락 맞을 놈（雷に打たされて死んでもいい人）1。

　韓国語を見ると、「親孝行者」と「親不孝者」の意味項目に属する性向語彙がそれぞれ10語と17語で、日本語の語彙数をやや上回っている。マイナス評価語彙がプラス評価語彙を少し上回っているという特徴は中国語と類似するところである。延べ語彙数から見ると、「효자」と「불효자」は上位語でありながら、最もよく使用される語でもある。そのほかにも多くの性向語彙については、その意味を下記のように下位分類することができる。

　＜親孝行者＞
A　孝行であること、者：효자、효부、효도자、효도인、효도하는 사람
　A−1 礼儀が正しい：예의바른 사람
　A−2 品行がよい：선비、선인、착한 사람
　A−3 良心や教養がある：사람이 된 사람
　＜親不孝者＞
B　不孝であること、者：불효자、불효인、불효도자、불효쟁이、불효자식、벼락 맞을 놈
　B−1 従順でない：불효부제
　B−2 人情や恩を知らない：배은망덕、망덕한 사람、은혜를 모르는 사람、 인정없는 사람、짐승같은 놈
　B−3 品行が悪い：망나니、불량자、악인、나쁜놈
　B−4 結婚しない人：폐륜이

とあるように、韓国語の「親孝行者」という意味項目は主として「礼儀正しい」、「品行がよい」、「良心や教養がある」という三つの視点から捉えられ、マイナス評価においては「従順でない」、「人情や恩を知らない」、

「品行が悪い」、「結婚しない人」へと意味領域が拡大され、対人評価語彙も繁栄した。

表6　韓国語の語構造に関する比較表

番号	親孝行者	親不孝者
1	名詞：효자、선인、선비、효부	名詞：망나니、악인
2	名詞＋接尾辞：효도자、효도인	名詞＋接尾辞：불효자、폐륜이、불효인、불효도자、불효쟁이、불량자
3	連語形式：예의바른 사람、효도하는 사람、착한 사람、사람이 된 사람	名詞＋名詞：불효자식、불효부제
4		形容詞：배은망덕
5		連語形式：나쁜놈、망덕한 사람、짐승같은 놈、은혜를 모르는 사람、인정없는 사람、벼락 맞을 놈

　語構造を見ると、「名詞＋接尾辞」と「連語」形式が最も多く使われる造語パターンである。韓国語においても接尾辞の使用が目立っていて、「名詞＋接尾辞」においては「불효（不孝）」という語彙と接尾辞「자、인、쟁이」とが結合してできた言葉が多い。

　「子」が「老」を背負ったという「孝」字の構造に象徴されるように、「孝」は年配者、とくに親を敬わなくてはならないというもので、儒教では最も重要な考え方である。本来は老人を養うだけの意味であったが、その後子が親を養い、敬うことから、親が死んだ後も尽くすことが求められるようになり、祖先を祭ることも「孝」の一部となった。さらに、祖先の祭祀を続けるには、子孫を絶やさないことが必要となり、そこから子を産み育てることも「孝」に含まれるようになった。そのため、韓国語の中で結婚しない人を意味する「폐륜이」という語も「不孝有三。無後為大（不孝に三有り。後無きを大なりと為す）」（『孟子』離婁章句上）の翻案とも言え

るが、「親不孝者」としての性向語彙として成り立ったのである。「祖先祭祀」、「子孫を生むこと」は孝の核心たる概念である。だから、「結婚しない人」は他でもなく不孝者であり、非難に値すべきである。しかしながら、上述したように、日中両国の「孝」に関する性向語彙には斯様な表現が見えなかった。いわば、日中両国では「孝」の「祖先祭祀、子孫を生むこと」という伝統的な観念が希薄となり、忘れられてしまったとも言えよう。一方、韓国では相変わらず「孝」の重要な徳目として評価され、根強く人々の価値観に生き続けていると言ってよい。

Ⅳ 「孝」の意味領域における性向語彙の分布

調査結果からみると、「孝」は日本・中国・韓国に共通する道徳観念であると同時に、現代社会にも重要な価値観として根強く残っている。つまり、今日のめまぐるしい経済・社会の変化及び家族形態の変容があるとはいえ、「孝」は現代社会の徳目として連綿と受け継がれ親子関係の構築、維持において依然として機能していることが浮き彫りになったと言えよう。

ところで日中韓三言語における「孝」に関する性向語彙を意味の観点からまとめて表したのが次の表である。

三言語における意味領域に関する比較表

番号	意味領域	日本		中国		韓国	
1	従順に関する	○	●	○	●		●
2	人情や恩を知る		●		●		●
3	品行に関する	○	●			○	●
4	良心や教養に関する			○	●	○	
5	尊敬する			○	●		
6	親を大切にする	○					

7	世話をする	○					
8	身代を潰す				●		
9	礼儀に関する					○	
10	結婚に関する						●

　表を見ると「부모 명령을 어기는 것은 불효다。(親の意志に反すれば、親不孝になる)」という諺とおり、日中韓三言語とも親に「従順する」ことを重要視し「人情や恩を知らない」人への批判から「親への恩返し」すべきことを強調している。これは前節でも触れたが、父母を敬うことが最も重要なこととされ、また根本的な義務とされている「孝」という思想の表れである。ところが儒教思想の中の「孝」に関する理解と現代人の考えを合わせて比較すると、従来の観念では①過去の先祖に対する孝（招魂儀礼の実行）、②現在の親に対する孝（親孝行）、③未来の子孫に対する孝（子を産み育てる）の三種があるとされている。これは先祖から子孫への命の流れを一つのものと見る考え方から生まれたようで、自分の親の親でありそのまた親でもある代々の祖先を崇拝し、礼を尽くすといった孝の構成要素となる。①の孝によって招魂儀礼が永遠に続けば魂は永遠にこの世に帰ることができ、③の孝による子孫の未来永劫の存続は魄（肉体）の永遠を説いていることができるとされている。但し、表の表している現代人（日・中・韓三カ国）は、主に②からの「孝」を中心に捉える傾向を呈出している。

　一方、「品行」においては日韓両言語に共通が見られ「良心や教養」においては中韓両言語に認識が一致する。そのほか各言語独自の目線で「孝」に対する対人評価語彙もあるが、伝統的な儒教思想という枠に含まれる。

おわりに

　日中韓三言語における「孝」に関する性向語彙の調査を通じ、対人評価

語彙の異同を探ってみた。まず、語彙数においてそれぞれの差異を示されているものの、三言語とも「孝行」について積極的に対人評価を行うという事実が判明した。また、日常では上位語の使用が多く、一方、下位語は具体的な意味枠から儒教思想の根本である「孝」の中身を表している。次に、造語においては各国語とも多様性に富んでおり名詞を中心とする共通点も見られるが、中国語においては形容詞や四文字熟語の使用が多く、韓国語においては連語形式による造語が目立つ。また、「孝」において三言語とも儒教からの文化的要素の影響を受けつつも、日常生活を通じてその文化を更なる強固なものにしているような面も読み取れる。

付記：本稿は2009年度中国国家社会科学基金項目（09BYY080）の研究成果の一部でもある。

注

1) 藤原与一氏は、その著書『方言学』（三省堂、1962年）の中で、愛媛県越智郡大三島町肥海方言の性向語彙を対象に35の意味項目に分類し、評価を基準とする量的観点から分析を行い、総語数335語を集計した。
2) 『広島大学方言研究会会報』の第13号（1969年）、第14号（1969年）、第15号（1970年）、第16号（1970年）
3) 1970年『社会構造と言語の関係についての基礎的研究（1）』国立国語研究所1973年『社会構造と言語の関係についての基礎的研究（3）』国立国語研究所。
4) 室山敏昭2001年『「ヨコ」社会の構造と意味 ―方言性向語彙に見る―』. 和泉書院248頁。
5) 中根千枝1967年『タテ社会の人間関係』. 講談社現代新書。
6) 「身体髪膚、受于父母。弗敢毀傷、孝之始也。立身行道、揚名於後世、以顯父母、孝之終也（身体髪膚、これを父母に受く。敢て毀傷せざるは孝の始めなり。身を立て道を行ひ名を後世に揚げ、以て父母を顯はすは、孝の終りなり）」（『孝経』開宗明義章）、加地伸行『儒教とは何か』第9版中央新書1993年　19頁。
7) 2011年6月11日朝日新聞b10に載ったアンケート調査の統計結果、親が一人でも健在な2,566人からの回答を得た。
8) 同注7。

参考文献

曾憲義編　2000年　『中国法制史』. 北京大学出版社. 第七章 隋唐代法律制度 140-178頁

陳舜臣　1992年　『儒教三千年』. 朝日新聞社. 第六章 儒と近代　213-230頁

土屋昌明編　2007年『東アジア社会における儒教の変容』. 専修大学出版局

トーマス＆ドロシー・フーブラー. 鈴木博訳1994年『儒教〈シリーズ　世界の宗教〉』青土社

源了圓編　1988年『江戸の儒学―「大学」受容の歴史』思文閣出版　「孝」と「理」120-126頁

李成浩　2009年『中国・日本・韓国三言語における大学生の「性向語彙」についての対照研究』中国伝媒大学出版社

汪受寛訳　2007年『孝経』上海古籍出版社

付録：〔アンケート調査票〕

日・中・韓三ヶ国における「性向語彙」の構造と分析

「性向語彙」とは人の性格や日頃の振舞い、人柄などを評価の観点から捉えて表現する言葉のまとまりである。
例：働き者、嘘つき、ホラ吹き、キレモノ、堅物…
研究対象：日・中・韓三ヶ国で使用する共通語を対象とする。

　このアンケート調査は単なる日・中・韓三ヶ国の共通語における「性向語彙」の研究を目的とし、他のものには絶対使わないので、ご自由に御答えくださいますようお願い申し上げます。

　　　　　皆様のご協力を心より感謝いたします。

　　性　別：　男・女　　　生年月日：　　　　　年
　　出身地：　　　　　　　県（都/府）　　　　市
1．子が親を大切にし、よく尽くすこと（人）＿＿＿＿＿＿＿
2．子が親を大切にしないで苦労や迷惑をかけること（人）＿＿＿＿＿

1．对父母孝顺的人＿＿＿＿＿＿＿＿＿＿＿＿＿＿＿＿＿
2．对父母不孝、爱惹麻烦的人＿＿＿＿＿＿＿＿＿＿＿

1．효도, 효행을 중히 여기며 효도를 다하는 사람＿＿＿＿＿
2．불효하는 사람＿＿＿＿＿＿＿＿＿＿＿＿＿＿＿＿＿

外来語から見る日中両国の外来文化の受容意識の相違について

秀　茹

はじめに

　日本は、夙に外国語の諸思想、文化等に対して寛容で、更に、それらの思想や文化を積極的に取り入れ、その理解、融合、変容を通して思想を豊かに発展、昇華させてきた結果、日本文化には「重層性」「雑種性」[1]「多様性」という特質が形成されたと言えよう。正に「日本は、文明を形成し、国としての意識に目覚め始めて以来、一貫して、海を隔てて向き合う大陸の文明と自らを比べては顧みるという宿命を負わされてきた。文字（漢字）に始まり、行政制度（律令制）、思想宗教（仏教、儒教）にいたるまで、文明の根幹をなすさまざまな仕組みを大陸から取り込みながら、しかも、単なる模倣の甘んじるのではなく、自らの風土、文化にあわせて消化変容し（仮名文字）、あるいは自前の仕組みを対抗、共存、融和させ（神道）というように、したたかに大陸文明とつきあっていく過程で、常に相手との距離を確認し、自分を識別することを習いとしてきたのである。（中略）明治以降、近代に入ってから相手が中国から西欧に代わっただけで、そっくりそのまま引き継がれて現在にいたるまで続いている」[2]と説かれてしかりである。外来思想、文化の渡来、導入に伴って、それらを表す外来語についても同じく憚ることなく意欲的に日本語を取り入れ、日本語の語彙を繁栄させ、日本語化を遂げてきたのである。もちろん日本語に浸入した多量の外来語については「一方では全く何の必要もないのに片仮名よみの外国語を手当たり次第に濫用して、見るにぶざま、聞くに無残な言葉を喋ったり、書いたりしている」[3]という批判的な意見も少なくな

い。更に、外来語の氾濫の背景について「明治の初頭から日本人は、西欧先進国の文化文明を、国を挙げて見習い吸収すべきモデルとして、近代化に努めてきた。その努力が実って現在の繁栄を極める我が国の姿があるわけだが、反面、この西欧を唯一の到達目標とする世界認識は、日本人の心の中に自国の言語に対する否定的な見方を不必要なまでに植えつけたという側面も否定できない」[4]と指摘されている。

一方、中国では古来「中華思想」[5]と自負しながら、また、高度な文化がそうでないところに吸収されていくという文化交流の流れとされる[6]ように、外来思想、文化を巡って日本と対照的で、決して積極的に受け入れようとしたのではなく、寧ろ消極的で且つ受動的であったと言ってもよかろう。また、外国からというよりも多くの場合は中国内部において各民族間の文化交流、融合が繰り返されて[7]しかも能動的に取り入れたわけではなかったという特質も考えられる。むろん、その中では、仏教の伝来、受容また中国化という外来宗教、思想の開花も言を俟たない。

両国の外来思想、文化に対しての意識の差異は当然ながら外来語の導入、使用においても投影されているであろう。小論は日中両国における外来語の対照を通じて両国の外来文化についての受容意識と外来語の多寡との相関関係を考察する。

それに先だって、まず日中両言語における外来語とは何かについて言及しておきたい。日本語における外来語については従来の研究に基づき概ね次のような二つの考え方がある。「一つは、漢語を外来語に入れない、外来語と漢語を区別する考え方。二つは、漢語も中国語から日本語に入った言葉であり、漢語も外来語であるはずという意見」である[8]。一般的に「漢語と西洋語からの外来語とをまとめて処理するには技術的に困難で、言語学者にも容易ではない」[9]という理由から、漢語と西洋外来語を別々に扱うのが主流である。また、梵語も主として漢語訳の仏教経典とともに日本語に入ったので、西洋語からの外来語と違って外来語から排除されるのが普通である。本論文では、あくまでも現代日本語の外来語を中心に考究しようとする目的で、漢語を除いた外来語を研究対象とする。

同じく中国語における外来語についても先行研究において以下のような概念規定が為されている。一つは、意訳語と借形語（日本語からの借用語、「漢字詞」とも言う）を外来語と見なす考え方[10]。二つは、意訳語を外来語と見なすが、借形語を外来語と見なさない考え方[11]。三つは、意訳語を外来語と見なさないが、音訳語と借形語を外来語として見なすという考え方である[12]。本論文では、日本語の外来語との対照研究を行うことを更なる目的とするため、必然的に音訳語と借形語を中国語の外来語と規定することになる。これは『漢語外来詞詞典』（1984年）における外来語の範囲に関する「本辞典に収録している外来語は単純音訳語、音訳＋表意成分の語と半分音訳半分意訳語および日本語からの漢字詞であるとするが、直接引用と意訳語は本辞典に収録されていない」[13]という考え方を踏襲するものである。

次に現代日本語の外来語の量的な推移を挙げてみる。

Ⅰ　現代日本語における外来語の実態

周知のように日本語の外来語は「氾濫」とも言われるほど大量に存在するのみならず、時と共に増加の一途を辿っている。この点については、国立国語研究所の調査をはじめとする数多くの外来語調査の結果から示唆される。以下、それらの調査結果を通じて日本語における外来語の実態と変化を考えてみたい。

1956年に行われた一般人向け雑誌90種を調べた『雑誌九十種の用語調査』では、語種の割合は異なり語数で和語が36.6％、漢語が47.5％、外来語が9.8％、混種語が6.0％になる。1966年に行われた朝日、毎日、読売の三新聞の朝夕刊一年分を対象とした『新聞三紙についての調査』では、語種の割合は和語が38.8％、漢語が44.3％、外来語が12％、混種語が4.8％になる。調査対象こそ違ったが、外来語の増加が看取される。その「原因は新聞というのはだれがどこでいつという、毎日の社会的なできごとを速報するという役目をもっているからと考えられる」[14]。

表1は三冊出版年代が異なる国語辞典での語種分布を示すものである。明治から昭和までの時代の流れと共に、和語、漢語、外来語、混種語の占める割合が変化を見せて、外来語は、明治22年の1.4％から昭和44年の7.8％にまで達して、80年の間に6割強も増えた。

表1　国語辞典の語種分布

	言　海		例解国語辞典		角川国語辞典	
	明治22年		昭和31年		昭和44年	
	語数	％	語数	％	語数	％
和語	21817	55.8	14798	36.6	22366	37.1
漢語	13546	34.7	21656	53.6	31839	52.9
外来語	551	1.4	1428	3.5	4709	7.8
混種語	3189	8.1	2511	6.2	1304	2.2
合計	39103	100	40393	100	60218	100

(『日本語百科大事典』大修館書店p.421により)

　ところで、その以降、特に平成に入ってからの外来語はその占める割合がどれほどになっているであろうか。それを明らかにすべく、筆者は三省堂『新明解国語辞典』第六版（2006年）を調査対象として外来語、和語、漢語及び混種語に分けて抽出、計量した。尚、『新明解国語辞典』第六版を選択した理由については正に当該辞書のあとがきに書き記されているように、「現代語を主とする今日の小型国語辞典」とし、更に「基本的な編集方針として、現代社会にかかわる語彙情報をより豊富に盛り込むとともに言語文化の伝統を後世に伝え残そうとする点に変わりはない」という性格に由来する。つまり、『新明解国語辞典』第六版に収録した日本語は今現在使われている語彙であると言えよう。

　それに加えて、『新明解国語辞典』第六版の序では「現代社会の実情に即し、今回も一五〇〇語を新たに加えることになった。増えた語のおよそ

半数は外来語（カタカナ語）である。一般に、意味が分からなくて困ると言われながら、外来語を歓迎する風潮は衰える気配もなく、今後ともさらに増え続けるであろう」と説明されているが如く、旧版同辞書より七百語ぐらいの外来語が新しく収録された所以である。そこから編集者の現代日本語における外来語に対する高い関心、認識が窺える。以下、今回調査した『新明解国語辞典』第六版に掲載さている外来語と混種語の数値を挙げてみよう。

表2 『新明解国語辞典』の外来語と混種語の分布

	語　数	％
外来語	6796	8.90%
混種語	703	0.90%
総語彙数	76500	

　『新明解国語辞典』第六版の収載語数は合計約七万六千五百語もあるが、そのうち外来語が6796語あり、全体語彙数の8.9％を占め、同じ『新明解国語辞典』の初版（1972年）にある外来語の占める7.8％より1％以上も増加している。また、混種語には、カタカナが使われている語が703語に上って、全体の0.9％を占めている。それを併せて考えれば、外来語の割合は更に高くなると推察される。
　以上、列挙した各年代の国語辞書に収録されている外来語の割合を下記の図式で示してみよう。
　上掲の図表からも分かるように、日本語における外来語は、明治から昭和、平成にかけてその数が増加する一方であり、日常言語生活においての欠かせない存在となっていると言ってよかろう。ますます膨れ上がっている外来語については、賛否両論で且つ毀誉褒貶の評価はあるものの、その使用量及び使用頻度も増大していくのは明らかな事実でもある。さて、何故、日本語における外来語は時代と共にその質量とも拡大の一途を辿って

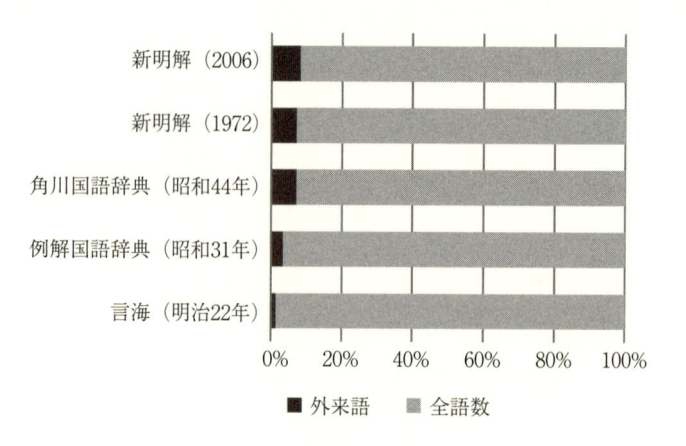

図1　各国語辞典の外来語の分布

いるのかについて中国語と対照しつつ後程考えることにする。次項では現代中国語における外来語の実態について筆者の調査結果を中心に考察する。

Ⅱ　中国語における外来語の実態

　中国語は日本語と比べて外来語の数は少ないと通説化されている。しかしながら、日中両言語の外来語に関する総合的な対照研究、特に全体に亘る計量的な比較研究は皆無と言っても過言ではない。その原因については色々と考えられるが、中国での外来語に関する科学的で且つ総合的な研究は少なく端緒が開かれたばかりであり、殊に研究方法の案出、確立などにおいて更なる改善、充実を要すべきで、また外来語の絶対数量が少ないため、従来あまり研究の対象とされなかった、といった原因が考えられよう。そうした背景もあってか日本における夥しい数の外来語辞書と比べ、管見の限り中国語の外来語辞書は四つしか刊行されておらず両者の量的な差は歴然としている。以下まず中国で上梓された外来語辞書を挙げて、それらは如何なるものか、どういう性格が具わっているのかについて概観し

てみる。

『外来語詞典』（1936年）胡行之編　上海天馬書局
　　　　（収録語数は不明だが、外国の人名と地名が多いと言われている。）
『国語日報外来語詞典』（1981年）国語日報出版部編訳組編
　　　　　　　　　　　　　　　　　　　　　　　　　　　（収録語数1820）
『漢語外来詞詞典』（1984年）劉正埮、高明凱、麦永乾、史有為等編
　　上海辞書出版社（収録語数は１万以上）
『漢語外来語詞典』（1990年）岑麟祥　北京商務出版社（収録語数4307）

　四冊の外来語辞書の中で最も知名度の高いのは『漢語外来詞詞典』（1984年）とも言える。収録語数が一万語以上あるといえども、時代を問わずに中国の古代から現代に至っての外来語を扱っているので、現代使われていない、死語、廃語になった語も数多く収録されているので現代中国語における外来語の実態を把握するのには、そのまま活用しかねる。従って、筆者は現代日本語における外来語との対照を行うという目的を達成するために、『新明解国語辞典』第六版と同じく「現代語」を扱っている中国国語辞書を選択して、調査する必要があった。そこで、『新明解国語辞典』第六版とほぼ同時期に刊行された『現代漢語詞典』第五版（2006年）を調査対象とした。両辞書に収録されている語彙数は近いし、編集方針も類似している。

　『現代漢語詞典』第五版の前書きによれば「この辞書は主に標準語（共通語）語彙を記録する中型辞書である」（筆者訳、以下同）と書かれており、また、「今回の改訂に当たって新語の掲載を増やし、あまり使われていない語と語義を削除した。旧版の語彙から2000語あまりを割愛し、6000語余増やして、全語彙数が約六万五千語あり、基本的に今の現代漢語（中国語）を代表するものである」と本辞書の性格が説かれている。ここから『現代漢語詞典』第五版での外来語は現在一般的に中国語で使われているもので、またその語数からも現代中国語における外来語の量的な現状も窺い知れる。但し、この辞書での外来語として扱われるのは音訳語のみであ

る。更に、元素名、周辺民族語からの音訳語の多くは外来語であると明確に表示されていないきらいもある。また、外来語の収録基準そのものが曖昧であるため、外来語であるかどうかの認定に当たっては慎重を期すべきである。それを補うために、調査に際して劉正埮、高名凱編集の『漢語外来詞詞典』(1984年) 等を援用し照合作業を行いながら、中国語の外来語を調査、抽出、算出に努めた。以下表3は今回調査によって明らかになった現代中国語にある外来語の語数と割合を示すものである。

表3 『現代漢語詞典』第五版の外来語の数

	語 数	%
外来語	1567	2.40%
総語数	65000	100%

『現代漢語詞典』第五版では、全収録語数が六万五千語あり、このうち外来語が1567語あり、全体の2.4％を占めている。尚、本辞書では、日本語の混種語のような二種類の表記方法で構成された語が二つしか収載されていないため算出対象に入れていない。両国語の国語辞書に限って比較すれば、『新明解国語辞典』第六版における日本語の外来語は8.9％に対して中国語のそれはわずか2.4％に止まり、4倍弱もの差が開いている。今回

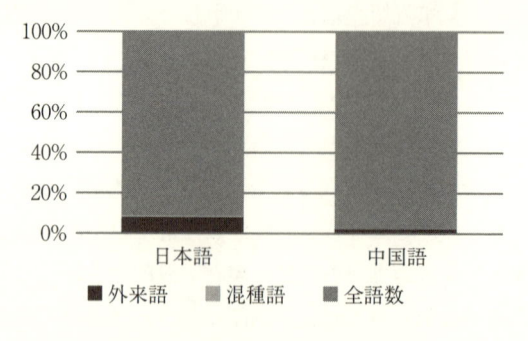

図2 国語辞典での外来語の比較

の調査を通して現代語における日中両国の外来語の量的な格差は大きいということが初めて明らかになったと言えよう。

さて、何故、日本語の外来語は、中国語のそれより多く存在しているのか、また、前述したように時代と共にその語数の増加も加速しているのかについて考えてみたい。両言語自身の特質によるところがあるのはいうまでもないが、外来の事物、文化などに対する両国の受容の態度、意識という言語外的な要因が働いていることも考えられる。次項では日中両国の比較を通してかかる言語外の要因について探ってみたい。

Ⅲ 外来語から日中両言語における外来文化の受容意識について

周知のように、日本語は、平仮名、片仮名、漢字及びローマ字などの混淆によって表記されているため、当然ながら漢字だけで表記する中国語より外来語の導入、使用が容易になる利点もある。特に外来語はカタカナ表記となって、日本語への浸透を加速させた。また文法構造上でも中国語より外来語を借用しやすい。たとえば外来語の形容詞を取り入れるときは、いわゆるナ形容詞として扱い、動詞の場合はスルを付けてサ変動詞として導入すればよいので、文法、形態上の支障は少ない。

一方、中国語は漢字しか表記手段はなく、今はローマ字表記も使われているが使用頻度は低い。漢字は表意文字であるため日本語のように音訳による外来語の表記は表意文字の本来具有する機能に抵触するし表意文字の特質にもあまり相応しくないと考えられる。中国人は表意文字である漢字の表現する意味で漢字を理解、記憶する。日本語のように、音だけで字意を伴わない外来語は中国人の言語意識、習慣にそぐわなく、分かり難く、覚えにくい。また、漢字は声調文字であるため、外来語の受容の妨げともなっている。

次に、日中両国の外来語に関する言語対策を考えてみたい。言葉というものは、時代の推移と共に変化するのはいうまでもないが、その変容する言語について如何に対処していくのか、換言すれば、如何なる対策を講じ

るのか、具体的に言えば外来語の導入、使用については規制するのかそれとも寛容的に対応するのかという政策の差異が生じる。もちろんどの言語でも全く無制限、無条件で外来語を導入するわけにはいかない。また、導入、使用の基準も必要で且つ不可欠である。例えば、日本では「国の決めた常用漢字表、現代仮名遣い、送り仮名のつけ方、文化庁が発行している『国語問答集』、ＮＨＫや新聞各社が出している用字用語集の類、一般の国語辞典、漢和辞典がそれぞれ一定の権威性も有すると考えられる。これらの中で国の決めた規範が最も権威があり、マスコミなども基本的な部分ではそれを受け入れているが、全面的には従っていない」[15]と書かれているように、緩やかに規制されていることが分かる。外来語についての言語対策としては、外来語の氾濫と濫用を見直すため国立国語研究所は「外来語」の言い換え提案を平成15年から平成18年まで四回発表し、人々に外来語の用法を提示して、意見を求めようとしてきた。つまり、外来語の導入、使用を一方的に排除するのではなく、国民の言語による意志疎通、理解を促進するために、外来語をそのまま置いていて、分かりやすく而も説明的で新たな言い換えを創って対応するというものである。苦渋の決断と言えなくもないが決して外来語を強制的に制限しょうという姿勢を見せている訳ではない。

　このような対策のもとで日本語における外来語は次第に増加し、理解、使用の問題が浮き彫りになっていることも否めない。それは以下のアンケート調査結果からも窺える。例えば国立国語研究所の「外来語に関する意識調査Ⅱ」（平成16年度）では「社会的な情報の伝達に使用されている外来語・略語、および、それらを使う場面のコミュニケーションについて、国民の意識と言語生活の実態を明らかにすることを目的としています。あわせて、分かりにくい外来語・略語を分かりやすく伝えるための、受け手には配慮した言葉遣いの工夫など、問題解決策の検討に資する科学的データを蓄積・提供することを目的としています」と調査の目的を明記し日本国民の外来語に関する意識は如何なるものかを解明しようとしていた。当該調査では、「インターネット、ヘルパー、スニーカー、住宅ローン、グ

ルメ、アウトドア、ノンフィクション、アーチスト、カリキュラム、コミュニティーセンター、バイオ（バイオテクノロジー）、コンバイン、GPS、スパークプラグ」などのような各分野の14語を選び、普段使うことがある外来語や略語はどれかと設問した。回答率を挙げてみれば、一番よく使われている語は「インターネット」で81.1％、一番使われていない語は「スパークプラグ」で16.6％になる。最高率と最低率との間に大きな開きが生じるが、外来語の使用、理解の難点を露呈していると言ってもよい。更に職業別にみると、管理職と事務職ではすべての外来語や略語について普段使う言葉として挙げる人が他の職業層に比べて多い。男女比では「グルメ」という言葉に関しては男性が66.8％、女性が78％の割合で普段使っている。また「GPS」と「スパークプラグ」では男性が29.8％と28.2％の割合で使用している一方、女性の使用は僅か8.8％と6.7％という非常に低い割合であった。外来語の理解度は語によって偏っており個々の語に職業差、男女差が目立つと思われる。

　また、この調査の第三章「報道や行政で使ってほしい言葉、使ってほしい理由」では、「外来語や略語を三つ挙げそれぞれについて《外来語や略語の単独表記》、《言い換え語を（　）内に併記》、《言い換え語の単独表記》のうち、新聞や広報紙では、どの表記を使った方がよいと思うか聞いた」。たとえば、〈インキュベーション／インキュベーション（起業支援）／起業支援〉では「起業支援」《言い換え語の単独表記》（58.2％）が六割弱で最も多く、次いで、「インキュベーション（起業支援）」《言い換え語を（　）内に併記》（30.3％）の３割である。ここでは、明らかに意訳語が外来語より分かりやすいと思われる割合が多く、外来語の濫用の一端も窺える。

　一方、中国では、30年も続いている「改革開放」によって激変しそれに伴って中国語も変貌を遂げつつある。特に夥しい新語、流行語及び外来語は雨後の筍の如く中国言語社会に登場している。それらについては賛否両論となるが、批判的な意見が際立っている。それに応えるように中国語の規範化を図るべく、中国では2001年１月に「中華人民共和国国家通用言語

文字法」を公布した。それに依れば「中国語出版物、公共の場での看板・広告・告示など、情報産業で使われる文字は国家通用言語文字規範に従うべし」と謳われている。日本の外来語言い換えという対策とは違って強い強制力を持つ法律の一種になる。それに合わせ2010年4月に中国のマスメディア総局（広電総局）からマスメディアの言語規範化のために、公共情報媒体では外国語チャンネル以外で外国語とローマ字略語を使用しないという通知も出された。しかしこの通知に対してインターネット上アンケート調査を行ったところ62.3％の回答者は反対を唱えていることが明らかになった[16]。日本の緩やかな政策に対して中国では規制力のある言語政策を講じているため両言語の外来語の導入、使用の隔たりにもつながることになる。

　最後に、日中両国の外来語に対する受容意識を見てみよう。日本人は昔ながら外来の文化、舶来品等を積極的に受け入れて、同化させてきた。外来語に対しても例外ではない。「外来語に対する日本人の一般的な態度は、舶来のものが「いいもの」であるように、外来語も「いいことば」である」[17]と指摘されるように、外来語を含めた外来文化に対する日本人の一般的な考え方、価値志向が看取される。

　日本の外来文化に対する寛容かつ積極的な態度の基底にあるのは、「我々の国は文化的先進国の周辺にあって、優れて文化が外から流入する時代が長く続いた。舶来は優れたものという思想は明治になって生まれたものではなく、古くから日本人の心に宿っていたコンプレックスである」[18]と「日本では、少なくとも欧米諸国に対しては、排外意識より拝外意識の方が強いように見受けられる。それはともかくとしても、日本人の好奇心の旺盛さには定評があり、その上目的達成のためには手段を選ばずといった一種の合理主義を持ち合わせている。よいもの、気に入ったものなら、それが何であれ、またどこのものであれ、伝統を切り捨ててでも積極的に受け入れようという進取の気風（悪く言えば、新しがりで、軽佻浮薄の性向）がある。日本人が外来語に対して寛大なのは、多分にそのせいであると考えられる。」[19]と分析されている。以上の指摘からは、日本の外来文化を

受容する際には自文化に対する「コンプレックス」から「拝外意識」が生じ、外来語を取り入れたり、また、「好奇心旺盛」からは外来の新しい事物・概念を表す外来語を導入したり、更に「合理主義」からは使いやすさと便利さが優れた外来語とローマ字略語を吸収したりするようになったと見られる。

　また外来語に関する意識調査は文化庁が行った「国語に関する世論調査」があり、この調査は年度別に行われ、その内容の変化からも日本人の外来語受容での特徴が見て取れる。例えば文化庁の平成22年度「国語に関する世論調査」は16歳以上の男女に行われ、言葉遣いについて、日本国内で消滅の危機にある言語や方言について、官公庁が使用する言葉についてなど、一般の人々の国語に関する意識を調査するとともに、慣用句等の言い方・意味について調査を行ったが「どのような点に関心があるか」という質問には「日常の言葉遣いや話し方」と「敬語の使い方」に最も関心が集まっているという結果が出たが過去の調査結果と比較すると、全体として大きな変化は見られなかった。「外来語・外国語の使い方」への関心は平成18年度の11.4％から平成22年度の9.8％まで減少の傾向が見られるが、それは外来語の急増に対する人々の考えも最初の驚きから今は無意識の内に慣れてきたためと考えられる。

　また、同じく平成22年度「国語に関する世論調査」では「言葉や言葉の使い方に関して困っている、気になっているのはどのような事か」という問いに対し「流行語や新しい言葉の意味が分からないことがある」が41.8％、「外来語・外国語の意味が分からないことがある」が39.1％で一位と二位の高い割合を占めていた。平成18年度の調査の同じ質問に対する答えはそれぞれ42.5％と43.1％になり「外来語・外国語の意味が分からないことがある」では確かに平成22年度の調査のほうが4％も少なくなっているが、外来語の理解し難い回答率は約4割に達していることも無視できない事実である。更に「国語に関してどのようなことを国に期待するか」という質問で一番多かったのは「家庭や社会で正しい言葉遣いが行われるようにする」で38.8％、四番目は「国が発行する印刷物の中に外来語が多く

なり過ぎないようにする」で24.3％になった。以上の二つの質問の答えからは、人々は国語に対して関心度が高いが外来語の氾濫と喧騒されている問題に対して鈍感になっているとも考えられるのではないか。

　一方、中国は古くから周辺の少数民族、国家との交渉が多く、従って中国語の中で外来語は極めて早い時期に出現したが、絶対数が少なく時代の移り変わりにつれて使わなくなった語が大半を占める。例えば、匈奴、女真族、蒙古族、満洲族等からの外来語は、これらの民族が中原に覇を唱えていた時は頻繁に使われていたが、彼らが政権の座を失って中原を去ったらその言葉もまた姿を消し、忘れ去られてしまう定めであった。もちろん漢語に定着、同化した語はないでもない。ただ近代になって列強からの侵略、略奪もあり、中国人は自ずと外来のものに対して抵抗感を持ち、長い間外来の文化、物事などの受容を「崇洋媚外（西洋かぶれ）」として批判してきた。こういう意識は80年代の改革開放を契機に徐々に薄くなっている。そういう背景もあって、1949年中華人民共和国成立以降から1980年代の改革開放までの何十年間に一時期のロシア語ブームを除いて外来語の中国語への導入は殆どなかったと言ってもよい。

　また「語彙借用が行われるためには、まず、貸すほうの言語と借りるほうの言語とが、何らかの形で接触しなければならない。その際、借りるほうの言語は、文化的（時に政治的）な意味で、貸すほうの言語よりも下位にあるのが普通である。個々の借用語は別として、大量の語彙借用は、常に文化的に下位の言語が上位の言語から借りるのである。」[20]と指摘されるように、上位的な文化、思想である「中華思想」と誇ってきたことは中国にとって外来文化の接触、受入の妨げとなった。それ故に中国語は借用するよりも借用「される」、影響されるよりも影響「する」立場にあったので外来語の借用は少なかったのである。

　中国語の外来語を吸収する歴史は常に異民族との紛争なども伴っている。例えば、漢代には二回匈奴と大きな民族間の接触があったが、一回目は戦争であって、二回目は通商を目的とするものであった。だから、中国語の外来語吸収は日本語より受動的であり、自発的ではなかったと言えよ

う。この状態は清の末から近代知の受容によって改善されるようになったが、日本語のように外来語は爆発的に増加できなかった。

中国と比べて日本は、自発的に外来文化を取り入れ、昇華させてきた。それは中国のように異民族との争いことが少ないことが原因の一つとも考えられよう。日本は海に囲まれて、外国との交流が絶え間なく穏やかに保たれ、外来の文化を恐れることなく積極的に受け入れてきたからである。かかる歴史、文化及び外来文化に対する意識の違いによって日中両言語における外来語の多寡差をもたらした要因の一つと考えられよう。

中国語の外来語については、教育部、国家言語委員会が2010年に公表した「中国語言語生活状況報告」に記されているようにネットの普及により新語の発生、伝播が急速になり、増加傾向にあるとされ、今後もネットや携帯電話などの新たな情報伝達手段の普及によって更に増え、広まり、過去と違った変化を見せて行くであろうと推察される。

おわりに

日中両言語における外来語について量的な比較及び両国の外来語の受容意識の異同を巡って考察を試みたが、日本語の外来語は、社会の変動、経済の発展、外来文化の接触等によって変わることなく増加の一途を辿って、日本人の言語生活を支える不可欠な存在となっており、その使用量が中国語のそれを遥かに上回っている。それに対して、中国語の外来語はその語彙量が日本語の五分の一に止まり、両者の差は際立っている。絶対量の少ないため、日本語のように中国では外来語に関する研究も盛んに行われていない。しかし近年来、中国社会の変貌に伴って、外来語も量の増加、使用範囲の拡大が進み、外来語を規制しようという声も上がっている。日中両国語における外来語の量的な大差は言語内の要因もあれば、両国の外来文化などに対する受容意識の違いに因るところも多かったと考えられる。今後、中国では、国際化が進むにつれて外来語がますます増えていくため、外来語についての総合的な研究、他国語との対照研究が急を要

するものである。

―――――――――

注
1) 加藤周一『雑種文化―日本の小さな希望―』講談社　1956年
2) 大久保喬樹『日本文化論の系譜』1頁　中央公論新社　2003年
3) 加藤周一『日本人とは何か』18頁　講談社　2000年　第38刷発行
4) 鈴木孝雄『日本語と外国語』241頁　岩波書店　1993年　第12刷発行
5) 中国大陸を制した朝廷が世界の中心であり、その文化、思想が最も価値のあるものとし、朝廷に帰順しない異民族の独自文化の価値を認めず、「化外の民」として教化・征伐の対象とみなす、中国大陸に存在する伝統的な思考法。「華夷思想」「華夷秩序」などともいう。だから、清の皇帝がイギリスなどとの対等外交を拒否したりしていたのである。
6)「文化も高いところから低いところへ流れるのが自然だ」(外山滋比古「外来語を受け入れる心理」『外来語』55頁　河出書房新社　1993年）と、同じく「文化というものは、知的好奇心さえあれば、国境を無視し、言語の境界を乗り越えて流入するものである。水と同じように、高い方から低い方へ流れる」(柴田武「外来語は日本語を乱すか『外来語』19頁　河出書房新社　1993年）と説かれている。
7) 南北朝、五代十国、元、清などの漢民族以外の政権樹立によって漢民族と他の民族との受け身的な文化、言語などの交流、融合が重なってきた。
8) 石綿敏雄『外来語の総合的研究』7頁　2001年、東京堂出版
9) 楳垣実『日本外来語の研究』15頁　1963年
10) 彭広陸「中国語と外来語」　2005年1月号、『国文学解釈と鑑賞』
11) 羅常培『語言与文化』29頁　1989年　語文出版社
12) 史有為『漢語外来詞』5頁　2000年　商務印書館
13) 劉正埮、高明凱、麦永乾、史有為等編『漢語外来詞詞典』1984年　上海辞書出版社「本詞典所収的漢語外来詞、只限于完全的音訳詞和音訳加表意成分的半訳音半意訳的混合詞以及直接借自日語的漢字詞。至于在某些場合中直接引用的外来詞和所謂的意訳外来詞均不属于本詞典的収詞範囲」。
14) 石綿敏雄『外来語の総合的研究』18頁　2001年　東京堂出版
15) 石野博史『現代外来語考』78頁　1983年　大修館書店
16) 徐華『ニュース言語での外来語の濫用と規範』2011年5月　人民網
17) 柴田武「外来語は日本語を乱すか」『外来語』16頁　平成5年　河出書房新社
18) 外山滋比古「外来語を受け入れる心理」『外来語』54頁　平成5年　河出書房新社

19）石野博史「外来語の問題」『日本語3』219頁　1992年　岩波書店
20）石野博史「外来語の問題」『日本語3』218頁　1992年　岩波書店

参考文献
石野博史著『日本語の語彙と表現——外来語の表記』　大修館書　1990年
　　　　　『現代外来語考』大修館書店　1983年
楳垣　実著『日本語外来語の研究』東京研究社出版　1963年
高名凱、刘正埮著『現代中国における外来語研究』関西大学出版部　1988年
沈国威著　　『近代日中語彙交流史』笠間書院刊　1994年
史有為著　　『漢語外来詞』商務印書館　2000年
　　　　　『外来詞異文化的使者』商務印書館　2004年
田中健彦著『外来語とは何か』鳥影社　2002年
石綿敏雄著『日本語のなかの外国語』岩波書店　1985年
　　　　　『外来語の総合的研究』東京堂出版　2001年
陣内正敏著『外来語の社会言語学——日本語のグローカルな考え方』　2007年
鈴木義昭・王文『中国語の外来語辞典』東京堂出版　2002年
橋本和佳著『現代日本語における外来語の量的推移に関する研究』ひつじ書房
　2010年
内田慶市・沈国威編『19世紀中国語の諸相——周縁資料（欧米・日本・琉球・
　朝鮮）からのアプローチ—』2007年
沈国威　編『漢字文化圏諸言語の近代語彙の形成——創出と共有』関西大学出
　版部　2008年
野角幸子著『日本社会にあふれるカタカナ語』新風社　1998年
羅常培　　　『語言与文化』　語文出版社　1989年
楊錫彭著　『漢語外来詞研究』　上海人民出版社　2007年
林洪　　　　東京学芸大学「学芸国語国文学」第27号　1995年
彭広陸　　「中国語と外来語」『国文学解釈と鑑賞』平成17年1月号
山東功　　「キリシタンの見た日本語」『日本語学』2010.11
金水敏　　「日本語と英語との接触」『日本語学』2010.11
何華珍　　「近代日中間における漢語の交流の歴史」『日本語学』2011.7

台湾客家の「美徳」とその視覚化

飯島　典子

はじめに

　質素倹約を美徳とするのは何も東アジアに限った価値観ではないが、それが東アジアでは代々どのような言説で伝わってきたのだろうか。筆者が知る限り、東アジアでは権力者の倹約が喧伝されることが多く、それが善政の象徴のように後世に伝えられる傾向がある。帝堯陶唐氏の質素な宮殿の話は夙に有名であるし、鎌倉時代の執権北条時頼の母松下禅尼の障子張り説話も真偽は兎も角人口に膾炙している。『論語』（述而篇35）にも「奢れば則ち不遜、倹なれば則ち固し、その不遜ならんよりは寧ろ固しかれ」とある。過度の節約が経済の停滞に結びつくことは自明の理だが、それでも豪奢より倹約を勧めていることがはっきり明言されている。

　家庭経営が主として女性の仕事である以上、倹約が女性の美徳と結びつけられるのも概して世界中に共通している。中唐女流詩人の宋若昭による『女論語』管家章第九も（女性は）女性が倹約に勤めれば家が興り、怠惰になれば家が傾く。倹約につとめれば家が富み、奢ればすなわち貧しくなる、と女性に勤勉に働くよう勧めている[1]。

　質素倹約が万国共通千古不変の美徳だとすれば、環境保護は地球全体を一つの生命体と考える、極めて今日的なそれであり、後者は工業化がいち早く進みそれ故に先進国社会の歪みを痛感した人々の、言わば西欧起源の「美徳」である。今台湾で客家文化を紹介する際、この新旧2つの美徳が視覚を通して表現され、台湾が如何に客家文化を重視しているか、ひいては如何に多文化社会を実現しているか、を内外にアピールしている。

客家とは漢民族の一支であり、中国以外では台湾、香港、東南アジアに広く分布する客家は、屡々19世紀から20世紀にかけての在華西洋人がその勤勉さを賞賛しており、また客家自身も中原の中華文明を受け継ぐ「漢民族の精華」を自負し、学術的な考証はさておき、その矜恃は自他共に認める所である[2]。

　一方20世紀初頭まで客家を少数民族、それも野蛮で未開な民族とする誤謬は中国社会でまだまかり通っており、歴史人類学の研究が進むにつれて徐々にこうした見方も是正されていくのだが、中国、台湾共に山岳地帯に分布して、現在でも都市部より自然環境に影響されやすい生活を営んでいることは事実である。また環境保護という極めて今日的な課題の対応策として屡々手本とされるのが、所謂「先住民の知恵」であることは言を俟たない。それまで「未開」とされてきた民族の自然に対する姿勢が一転して文明社会の手本となるのは考え方によれば笑止千万だが、物質文明の行き詰まりを察知した現代人にとって美徳も多極化しているのだと考えれば納得がゆくであろう。

　中華文化の正統な後継者を自認しつつも、台湾においてはその居住区が丘陵や山岳地帯にあり、現実として自然との関係を切実に考えねばならなかった台湾客家の生活信条は、現在どのように表象されているのだろうか。本論は経済発展を遂げた台湾で、質素さ、剛直さなど数々の「美徳」を喧伝されてきた客家の精神文化とされるものがどのように視覚化されているかを考察するものである。

I　客家女性の勤勉性

　羅香林の『客家研究導論』(1933) が世に出て以来、客家文化は様々な潤色と共に世に知られるようになった。とりわけ一般書で客家が紹介される際に必ずと言ってよいほど、ほぼ例外なく引用されるのが羅香林の『客家研究導論』(1933) にある客家女性の「美徳」である。

　曰く、男性が遠く海外に出稼ぎに出て、8年、10年と帰らなくても安心

して日々過ごせるのは、客家女性が自分の家の田を耕し、田の無い者は小作をして一家が一年中困らないだけの米を賄うからである。（中略）農繁期には田を耕し、農閑期には商店の荷物を運ぶなどの肉体労働に就き、或いは縫い物、夜は機織りをして婦女の所得は一家の生活を維持するのだけでなく子女の小中教育を支えている。客家の男性が外地から仕送りした場合でも僅かな金額も無駄にせず貯蓄をして利息を生み、田畑や家屋を購う。故に客家家庭の柱は女性なのである[3]。

　些か女性の勤勉さが誇張されているような記述で、見方によっては狭隘な客家至上主義にも読めるふしがあるが客家女性の勤勉さは日本人も認める所で、外務省情報部による『広東客家民族の研究』(1932)も纏足をしないで働く客家女性の勤勉さに言及している[4]。羅香林の『客家研究導論』(1933)もまもなくして日本語に訳されるが、外務省の『広東客家民族の研究』の刊行が『客家研究導論』より1年早かった事実から見ると客家女性の勤勉さが必ずしも羅香林の主観でなかった事が考えられる。また遡ると20世紀初頭から在華西洋人宣教師の著作で客家全体を勤勉な集団としているものは枚挙にいとまがなく、客家＝勤勉な集団という概念が華南研究者の中で形成されつつあった。

　しかしこうした文句を一読して分かるように、勤勉さや倹約精神は人類普遍の美徳であり何も客家女性の専売特許でないことは明らかである。華南の山間の耕地が少ない土地では男性が国内外に出稼ぎに出ざるを得ず、必然的に農業は女性の仕事となる。勢い女性は戸外で肉体労働に従事することになり、纏足したくても経済事情がそれを許さなかった、と考える方が妥当である。清初に広東から客家が台湾に移住した際も状況は大同小異で、福建省沿岸部から先に台湾に移住した人々が既に平地に定住しており、後から台湾に渡った客家は中国大陸同様、山間に集落を作るほかはなく、女性も貴重な労働力となったとするのが、客家女性の勤勉さを考えるに最も自然な解釈であろう。

II 台湾客家女性美徳の「視覚化」

(1) 花柄布

　こうして中国・台湾に共通し、且つある程度事実である客家女性の勤勉さであるが、地域経済の活性化、観光資源開発という側面から、客家文化の保存、振興を旨とする台湾の行政院客家委員会（2001年4月設立　以下客委会）が客家女性美徳の「視覚化」に着手した。その最初の試みが「客家花布（客家の花柄布）」であろう。花柄布は何も客家独特の文化ではないが、何故今これが新しい客家文化として台湾内外に喧伝されるようになったのかについてはそれなりの経緯があった。

　1960年代後期に台湾市場では綿織物に対する需要が急激に増大したが、それに見合うだけのデザインや染色技術が追いつかなかったので、当時の日本の花柄図案を参考にしつつ台湾市場の嗜好に合った花柄布が生み出されたのである。こうした何の変哲もない花柄布であったが、2002年、客委会が開催した「花布靚靚―客家女性美学生活展」が古くさいと思われていた花柄布への認識を一変させたのである[5]。前述したように客家女性の美徳―勤勉、節約等―が取り立てて客家女性の専売特許でないのは当然だとしても、視覚化できる「客家女性文化」というものは今まで存在しなかった。花柄布を客家女性と結びつけるのは明らかに「創られた伝統」であるが、客家女性の美徳を視覚化してより内外に分かりやすく伝える媒体と成り得たのは客家文化の発信という意味では画期的な変化である。そこには当然ながら文化の商業化という側面もあるが、それを含めて客家文化の可視的な象徴が生まれたことは大きな意義があると言わねばならない。

　これは独り台湾客家女性賛美というだけでなく、世界的な自然環境保護の動きから布が見直されていることとも連動している。世界的に見ても嘗て生活雑貨として欠かせなかった布の袋は第二次世界大戦以後地域による程度の差こそあれ、安価な使い捨てのビニール袋に取って代わられたが、また近年になって二酸化炭素の排出やら、ゴミ処理の問題が世界的にク

図1　博覧会会場入り口の壁全体を覆ったディスプレイの一部

図2　「客家花布」で飾られたカフェ
(いずれも台湾客家博覧会2009年2月6日筆者撮影)

ローズアップされ、俄にマスコミが「環境に優しい」生活を盛んに取り上げられるようになったのである。周知のように最近は簡易包装の推進に伴い、日本でも買い物袋持参が盛んに奨励されるようになった。昔は敢えて名前すら取り上げられなかった買い物袋が「エコバック」など女子中学・高校生にまで親しみのあるカタカナ語で再登場してきたのもそうした潮流の一環である[6]。布はビニールと異なり何度でも包装に使え、古くなって破れても一部をパッチワークなどの手芸材料としてリサイクル出来るし、多少汚れても雑巾などの掃除道具になるので、環境に優しい→資源の節約意識が高いという、言ってみればグローバルな節約美徳の象徴となり、旧くて新しい生活雑貨となった。

（2）環境保護との連動

　世界的な規模で自然環境破壊が進んでいる中、布の活用が「守り」の倹約なら、自然環境保護とその啓蒙活動は「攻め」の倹約と言える。花をテーマとしたイベントとして2001年、客委会は客家桐花祭という企画を打ち出すが、その趣旨は台湾客家の居住区が油桐の自生地区と重複するのを縁とし、桐花をテーマに各種のイベントを開催することによって「客庄（客家居住区）」の活性化と自然保護も会わせて訴えるというものである[7]。前述した花柄布は図1を見ても分かるように牡丹をモチーフとしているが、桐の花も太平の世に鳳凰がやってきて止まるという中国古来の伝説がある縁起の良い花であり、更に油桐の実からは油が取れるという実用的な植物であることから、文化と実利を兼ね合わせた地域活性化の格好のアイコンとなった。こうした「客家文化」の美徳を集約したのが図3である。

　写っているのは客委会が客家文化宣伝に作ったキャラクター「細妹（客家語で若い女性の意味）」で、傘[8]をさして藍色の服を着て些か古色蒼然且つステレオタイプな客家女性の服装をしている。この傘の防水に使われているのが油桐から取れる桐油であり、この傘は台湾南部代表的な客家居住区である美濃の特産品である。因みに客家女性をテーマにキャラクターが

図3　客家物産の広告　2009年9月7日
台湾新竹の高速道路休息所にて撮影

創作される場合、必ずといって良いほど地味な農作業服姿で描かれ、その勤勉性を示唆することが中国・台湾共に暗黙の了解になっている。色は旧時もっとも一般的な染料で染める藍色を基調にすることも多く、客家女性が質素勤勉であるというメッセージを発信しているのである。

　石油が一般的になる前は山野に入って油桐の実がなる7月8月に山に入ってその実を拾うことが、子供の娯楽であり小遣い稼ぎの手段ともなっていた。ただ多くの森林資源がそうであるように乱獲によって森林は荒廃したことも事実である。しかし多くの植物油がそうであったように石油が全ての天然油に取って代わった資源となると、油桐の実を採取する必要もなくなり、住民が実を落ちるに任せていたため、森林は再生した[9]。このようにして油桐の油に経済的価値は無くなったが、幸い花も鑑賞に堪えるほど見事なため、これがまた新しい観光資源に生まれ変わった。かくして桐の花も台湾客家が自然環境保護に心をくだいているという「美徳」と結びつけられたのである。

おわりに

　羅香林の『客家研究導論』(1933) が世に出てから、真偽のほどは兎も角客家社会＝女性が勤勉な美徳を備えた社会という方式が、客家を取り上げた一般書によって繰り返し宣伝されたことは事実である。女性の倹約や勤勉さが美徳なのは何も客家に限らないが、客家を新たな観光資源と捉えた2000年以降の台湾において、台湾客家女性の美徳は徐々に視覚化された。また、この時期は台湾のキャラクタービジネスが成熟に向かった時期でもあり、これが客委会の客家宣伝戦略と結びついて台湾客家女性を象徴する「細妹」が創られたのである。細妹自身は客家文化の宣伝キャラクターであるが、桐の花と組み合わせられた表現によって間接的にせよ環境保護を訴える媒体にもなったのである。

　急速な経済発展により道徳規範が廃れ、儒教道徳の復興が叫ばれて久しい東アジアであるが、現代人にとっての儒教は忠孝など人間関係の信頼を中心に語られることが多く[10] 換言すれば工業化して物質的に豊かな生活を謳歌するようなった現代まで、倹約は当然すぎる行為だったためか、敢えて美徳として大々的に掲揚されることはなかった。

　また考え方によっては倹約と環境保護はコインの裏表である。資源に乏しく土地が限られている台湾のような島国にとっては客家文化の大々的な商業化という側面を差し引いても倹約や環境保護が地域社会全体に訴える所があっても何ら不思議ではない。

注

1) 管家之女、惟倹惟勤。勤則家起、懶則家傾。倹則家富、奢則家貧。『女論語』管家章第九　翟博主編『中国家訓経典』海南出版社　1993　339頁。
2) 台湾客家がその存在を台湾内外に知らしめる広報活動が盛んになった背景には民進党の台湾独立志向があったが、経済発展を遂げた地域は概してその国の少数派の存在及び彼らの文化を、調和の取れた多民族社会の象徴として―彼らが分離独立への傾向を強めない限り―国内外に喧伝したがる嫌

いがある。
3) 羅香林『客家研究導論』上海文芸出版社（1992　初版は1933年刊行）　241頁。
　　客家研究の嚆矢にして古典とも言える『客家研究導論』だが、兎角少数民族と混同、ひいては蔑視されていた客家を漢民族であると世に訴えた功績がある一方、客家、とりわけ客家女性賛美は主観的過ぎて、客家至上主義に利用されかねないと同書には批判的な見解もある。
4) 外務省情報部『広東客家民族の研究』1932　14頁。
5) 劉立敏・劉明宗（2008）「「花布」美学意象与文化記憶変遷」『第二回台湾客家研究国際研討会　客家形成与変遷　会議論文集　上』国立交通大学客家文化学院　4頁。
6) 昨今日本でも風呂敷とその多様な包み方を紹介する本が雨後の筍の如く出版されるようになって風呂敷が見直されているが、風呂敷の復権もこうした世界的な環境保護、ゴミ削減の動きに連動しているのであろう。
7) 桐花主題網　http://tung.hakka.gov.tw　2009年12月7日
8) 油紙を貼った、所謂唐傘である。日本統治時代に広東からもたらされ、1960年頃までは毎年二万本以上の生産を誇った。以後洋傘に押されてしまうが、一九八〇年以降、観光特産品として再び注目を集める。また「油紙」が「有子」と同音である事から縁起物として贈答に使われている。この傘の防水に使われた油は油桐実から取れる油であり、客家居住区である美濃の特産品でもあることからこの組み合わせは客家女性の象徴としてはうってつけなのである。
陳雨嵐監修『児童客家叢書（二）《去掛紙　遊桐花》』行政院客家委員会　遠足文化事業股份有限公司　2007　25, 32-33頁。
9) 陳雨嵐監修『児童客家叢書（二）《去掛紙　遊桐花》』行政院客家委員会　遠足文化事業股份有限公司　2007　25頁。
10) 2005年に胡錦濤により、社会主義中国人民の行動規範として提唱された「八栄八恥」は一部儒教を下敷きにしたスローガンとも取れる。「八栄八恥」の原文に関しては『中国語ジャーナル』2008年3月号42頁を参照。

第二部
変貌する価値観

韓国と日本の若者における価値観の比較

金　　愛　　慶

はじめに

　1998年10月に当時の金大中（キム・デジュン）大統領が日本大衆文化の段階的開放を発表して以来、韓国では日本文化の開放が漸進的に進められ、日本語による映画や音楽、漫画など殆どの大衆文化が解放されている（中村、2004）。そして、日本の韓流ブームに並ぶ日流ブームが韓国の若者を中心に広がっている（東亜日報、2007）。経済面のみならず文化面における交流も活発になっている両国では、若者を中心とした交流と協調の動きが一層活発になっていくことと予想される。

　ところが、国際交流や協調といった事柄に際してしばしば話題となるのが価値観や文化の違いである。ますます広がる日韓交流の担い手である両国の若者の価値観に関する調査は、両者の相互理解を助ける有意義な示唆を与えてくれると考えられる。したがって本稿では、心理学的観点から日韓両国の若者の価値観に焦点を当て、その特徴について考察を行うこととした。

　価値（values）とは、特定の状況や対象を超えて、自他の行動や出来事への判断、態度の形成や表明、行為の選択や合理化などの際にその望ましさの基準として機能する。そして、価値観とは人々の持つ価値に対する主観的意識として定義され得る（見田、1966）。しかしながら、価値の対象となる事柄は多方面に渡り、数えきれない。本稿では、さまざまな事柄への価値観の中から、取り分け両国の若者の国家に対する意識、人生観における普遍的価値志向性、家族に対する意識に焦点を当て、両国の若者のこれ

らの側面における特徴を検討した。

　社会的アイデンティティ理論（Tajfel, 1981）によれば、自分自身に対する意識である自己概念（self-identity）は、個人的アイデンティティ（personal identity）と社会的アイデンティティ（social identity）から構成される。そして、社会的アイデンティティの源泉としては個人の準拠集団である国家、民族、宗教、性別、職業、学歴、社会階層などの社会集団（social group）が挙げられている。ところが、こういった社会的アイデンティティは内集団（自分が属する集団）と外集団間の集団力動研究の際に非常に重要な変数としても知られている（Tajfel & Turner, 1979；Tajfel 1981；Terry & Hogg, 1996）。個人の所属国家によって規定される国民アイデンティティ（national identity）は社会的アイデンティティの中でも最も代表的なものであり、国家間の紛争問題や移民などの外集団に対する偏見や差別といった問題（Kosterman & Feshbach, 1989；Mummendey, Klink, & Brown, 2001）においてはとりわけ重要な変数として知られている。周知のごとく、日韓両国においては近代史における歴史認識の違いや領土問題などがしばしば取りざたされており、両国の交流において大きな影を落としている問題でもある。このような障害を乗り越えて交流を深めていくこととなる両国若者達の国民意識に焦点を当てることは今後の両国の交流においても貴重な示唆を与えると考えられる。

　次に、個人の生き方と深く関連している普遍的な価値志向性に焦点を当てる。個人の生き方に関連する普遍的価値を理論化しようとした代表的学者にシュプランガー（Spranger, 1921）が挙げられる。彼は、人々のライフスタイルの分析から主体（個人）が対象に付与する意味には次の6つの普遍的な価値が存在すると提唱した。

①理論：対象を認識し抽象化し体系化しようとする志向性
②経済：損失を抑え効率よく利益を得ようとする志向性
③権力：他者より優位に立ち指導・支配しようとする志向性
④社会：他者を愛し共感し献身しようとする志向性

⑤審美：印象を表現し形成しようとする志向性
⑥宗教：自己と世界との関係において生の全体的意義を追求しようとする志向性

　以上の6つの価値志向性は特定の対象や状況に限らず、日常の精神活動全般に広く見られる基本的で根源的な精神作用とされる。また、個人の価値への志向性はその人の行動力学の核心であり、人格的一貫性を与える上でも大きな役割を果たすことが知られている（Allport, 1937）。よって、価値志向性における比較は両国の若者の特徴を理解する上で意義ある示唆を与えると考えられる。

　最後に、両国における家族に対する意識にも焦点を当てる。家族は、個人が所属するする最も重要な一次的社会集団であり、個人の成長の場としてさまざまな教育や支援が行われるサポート源でもある。経済発展が進んだ両国では、核家族化が進み、深刻な少子高齢化の社会問題に直面しているなど、家族にまつわる社会問題において多くの共通点が見られる。しかし、韓国では日本に比べて儒教的価値観が色濃く残っているなど家族の力動をめぐる社会的風潮には違いもあることから、両国間の家族に対する意識における相違も想定される。個人の発達における重要な役割を果たす家族機能をめぐる両国の比較は、国家や普遍的価値と並んで両国の若者の特徴を理解する上では有意義であると想定される。

　以上の問題意識を背景に本稿では筆者の行った調査研究データを基に国民意識、価値志向性、家族機能の三つの側面から日韓の若者の価値観を比較検討し考察を行う。

I　日本と韓国における研究調査の結果

（1）調査方法
①調査質問紙の内容
　日本語で作成された以下の内容の質問紙を韓国語に翻訳し、日本と韓国

で実施した。
　(a)調査協力者の属性に関する質問
　年齢・学年・性別・家族数、出生順位について回答を求めた。ただし、韓国では18歳以上の男性には兵役義務があるため、兵役の経験についても回答を求めた。
　(b)国民意識尺度（Karasawa, 1994）
　:「国家的遺産への愛着」（8項目）、「愛国心」（7項目）、「国家主義」（6項目）、「国際主義」（6項目）の計34項目（「反対」から「賛成」までの5件法）。
　(c)価値志向性尺度（酒井・山口・久野、1998）
　: E. Spranga（1921）の普遍的価値（理論・経済・審美・宗教・社会・権力）を基に作成された日本語版尺度で6因子の各12項目、計72項目（「あてはまる」から「あてはまらない」までの5件法）。
　(d)家族機能測定尺度（草田・岡堂、1993）
　: Olson（1985）のFACES Ⅲ（Family Adaptability and Cohesion Evaluation Scale Ⅲ）を基に作成された日本語版尺度で「凝集性」（10項目）、「適応性」（10項目）の計20項目（「まったくない」から「いつもある」までの5件法）。

②調査協力者と実施方法
　調査は2008年10月から2009年1月にかけて集団で実施された。韓国では南部・中部・北部地域の3か所の4年生制大学から、日本では東京・静岡・愛知・広島の4か所の4年制大学から調査協力が得られた。有効データの調査協力者数は、韓国283名（男性141名、女性142名）、日本341名（男性141名、女性198名）の計623名であった。なお、大学生の専攻分野は両国ともに理工学系・人文社会系の学生がほぼ半々になるように調整した。

　(2) 調査結果
①韓国と日本の調査参加者の属性に関する基礎データの比較
　韓国と日本の調査協力者の年齢・学年・同居家族数・出生順位・兄弟数

における平均値を比較したところ、年齢と学年では韓国が、総家族数、出生順位、兄弟人数では日本が有意に高く、両国の大学生の属性に有意な差がみられた（表1－1参照）。なお、韓国の男子大学生の141名のうち111名（79％）が兵役経験者であった。

表1－1　韓国と日本における年生・学年・同居家族数・出生順位・兄弟数の比較

変　　数	国籍	n	M	SD	t	p	備考
年　　齢	韓国	284	22.00	2.32	13.951	0.000	韓国＞日本
	日本	341	19.89	1.17			
学　　年	韓国	284	2.58	0.68	9.628	0.000	韓国＞日本
	日本	341	1.99	0.88			
同居家族数	韓国	285	4.21	1.01	-2.736	0.006	韓国＜日本
	日本	320	4.48	1.41			
出生順位	韓国	284	1.51	0.71	-3.985	0.000	韓国＜日本
	日本	332	1.74	0.76			
兄　弟　数	韓国	282	2.22	0.74	-3.826	0.000	韓国＜日本
	日本	332	2.45	0.74			

　この調査は2年次配当科目の受講者を対象に実施していたが、両国の調査対象者間の年齢と学年に差が見られたのは次のような理由が考えられる。まず、韓国では満18歳以上の成人男性には特別な事由がない限り全員兵役の義務（約20ヶ月）があり、多くの男子大学生は1年次終了後に兵役に出向いて除隊後2年次に復学する傾向がある。今回の調査においても79％の男子学生が兵役経験者であると報告しており、これが両国間の年齢差の直接的原因であると言える。この他にも、韓国の大学では主専攻の他に学部学科を超えた副専攻が可能であり、殆どの学生が厳しい就職難に備えさまざまな資格や知識を身につけるために副専攻制度を利用している。よって、2年次配当科目に副専攻の3、4年次の受講生が混じっていたことも原因の一つと言えよう。

そして、同居家族数・出生順位・兄弟数における両国間の差は、韓国の急激な少子化がその背景にあると考えられる。日本でも少子高齢化が進んでいることが叫ばれて久しいが、韓国での少子高齢化は一層深刻な社会問題となっている (Lee, 2010)。1983年合計特殊出産率が2人を下回って以来出生率は減少し続け、2000年代に入ってから少子化はさらに加速化しており、2005年には1.08人とOECD加盟国の中でも最低水準を示した。韓国のこのような人口事情が今回の両国間の差にも反映されていると考えられる。

②因子分析による各尺度の妥当性と信頼性の検討

　日本で開発された各尺度を用いて日韓の若者の価値観を比較するにあたり、各尺度における下位尺度の因子的妥当性と信頼性を確かめる必要があるため、韓国と日本のデータを統合して因子分析（主因子法、バリマックス回転）を行った。また、各因子の項目間における内的一貫性を確かめるためにCronbachのα係数を求めた。その結果を以下尺度別に記述する。

(a)国民意識尺度の因子分析とα係数

　国民意識尺度では「国家主義」、「愛国心」、「反国際主義」の3因子が抽出された（表2－1参照）。そして、各因子の項目間における内的一貫性を

表2－1　国民意識の因子分析結果

元因子名	新因子名	項目内容	FAC1	FAC2	FAC3
国家的遺産への愛着	国家主義	5. 祝祭日や国民の休日に、街で日の丸が揚げられているのを見ると最高な気分になる。	0.81	0.05	0.00
国家的遺産への愛着	(α = 0.87)	9. 日の丸は世界一の国旗である。	0.77	0.14	0.10
国家主義		11. 日本（韓国）人は世界でもっとも優れた民族のひとつである。	0.76	0.18	0.13
国家的遺産への愛着		1. 君が代を聞くと感動をおぼえる。	0.69	0.11	-0.09

国家主義		15. アジアの将来を決定する上で、日本（韓国）は最大の発言権を持つべきである。	**0.67**	-0.02	0.28
国家的遺産への愛着		18. 国を思う気持ちは国民の一番大切な感情である。	**0.59**	0.13	0.06
愛国心		14. 私は日本（韓国）人であることを誇りに思う。	**0.52**	0.47	-0.31
国家的遺産への愛着		22. 日本（韓国）の若者は日本（韓国）の歴史や遺産に敬意を払わなければならない。	**0.51**	0.05	-0.20
国家主義		3. 日本（韓国）の経済力を考えれば、国連や国際会議における日本（韓国）の発言権をもっと大きくあるべきだ。	**0.44**	0.16	0.09
国家主義		20. 日本（韓国）が戦後に驚異的な成長を遂げたのは、国民の優秀性による。	**0.43**	0.16	0.29
愛国心	愛国心	6. 生まれ変わるとしたら、また日本（韓国）人に生まれたい。	0.11	**0.71**	-0.21
愛国心	(a = 0.72)	2. 物価の安い外国に暮らすのもいいが、少々高くついても日本（韓国）に暮らしたい。	0.05	**0.60**	-0.05
愛国心		10. 私は日本（韓国）という国が好きだ。	0.33	**0.59**	-0.31
愛国心		27. 日本（韓国）は世界で一番良い国である。	0.45	**0.51**	0.03
愛国心		19. 治安の良さから考えて、他の国には住みたくない。	0.03	**0.47**	0.25
国際主義	反国際主義	12. 他国の貧困の緩和は彼ら自身の問題であって、私たちとは無関係である*。	0.06	-0.05	**0.49**
国家主義	(a = 0.45)	24. 海外援助をするなら日本（韓国）の不利益になるような援助はすべきでない。	0.09	-0.05	**0.46**
国際主義		16. 日本（韓国）のスポーツ界に活躍する外国人勢は排除すべきだ*。	-0.01	-0.02	**0.39**

注）＊：逆転項目

調べるためにα係数を求めた結果、それぞれ0.87（FAC1）、0.72（FAC2）、0.45（FAC3）という信頼性係数を示した。

　今回の結果では、元尺度の「国家的遺産への愛着」に分類されていた国旗・国歌に関する項目（5、9、1）が国家的遺産という意味合いよりは国家のシンボルとしての意味がより強くなり第一因子に統合されていた（表2-1参照）。その結果、第1因子には、国旗・国歌・歴史への誇りに関する項目の他に、自国民の優秀さ（項目11、14、20）、自国への忠誠心（項目18）、国際社会における自国の力の拡大（項目15、3）などの項目が分類され、「国家主義（FAC1）」を表す因子と解釈した。

　そして、第2因子には、日本人・韓国人としてのアイデンティティ（項目6、27）や暮らしやすい自国での生活に対する愛着（項目2、19）を示す項目が分離され、これは自国に対する忠誠心を意味する第一因子とは異なって、その国民であることへの誇りや「生活の場」としての自国への愛着を示す項目で構成されていることから、元尺度の命名のまま「愛国心（FAC2）」と解釈した。

　元尺度の「国際主義（internationalism）」に属していた多くの項目がいずれの因子においても因子負荷量の低い項目として脱落した。そして、元尺度の国際主義に属する一部の項目が逆転項目として残り、国際社会への無関心（項目12）、自国利益優先（項目24）などの「反国際主義（FAC3）」の因子と解釈された。

　以上の結果から元尺度の国民意識尺度は、今回の調査においては最終的には「国家主義（FAC1）」、「愛国心（FAC2）」、「反国際主義（FAC3）」という国民意識尺度として集約された。

　元尺度では、信頼性係数が示されていないので、本調査ではこの尺度の使用に当たっての信頼性も確かめた結果、「国家主義（FAC1）」、「愛国心（FAC2）」では十分な信頼性が示された。しかし、「反国際主義（FAC3）」では信頼性係数が著しく低く、一つの独立した下位尺度として使用するに当たっての十分な内的一貫性が確かめられなかったので、本研究での更なる分析においては「反国際主義（FAC3）」の因子は除外された。

(b)価値志向性尺度の因子分析とα係数

価値志向性尺度では、「審美・宗教」、「経済・理論」、「社会」、「権力」の4つの因子が抽出された（表2-2参照）。各因子のα係数は、0.80（FAC1）、0.82（FAC2）、0.76（FAC3）、0.70（FAC4）であり、各因子における十分な内的一貫性が確かめられた。

表2-2 価値意識尺度における因子分析の結果

元因子名	新因子名	項目内容	FAC2	FAC2	FAC3	FAC4
宗教	審美・宗教	28. 自然や宇宙の偉大さの前に、謙虚な気持ちでありたいと思う。	0.56	0.08	0.15	0.00
審美	(a = 0.80)	9. 物事の美しい面を捉え、どうすればより美しさが際立つか考える。	0.54	0.24	0.04	0.09
宗教		16. 自分が生まれる前も死んだ後も続いていく、永遠の時の流れを感じることがある。	0.53	0.00	0.03	0.07
宗教		34. 生命の素晴らしさ、神秘性に、畏敬の念を持っている。	0.53	0.11	0.29	0.09
宗教		22. 大きな運命の流れを感じることがある。	0.53	0.02	0.09	0.10
審美		21. 身の回りにあるものの形や色に、強く心を引きつけられることがある。	0.53	0.02	0.10	0.06
審美		3. 印象的なことに出会うと、それを文章や絵、音楽などで表したくなる。	0.52	0.13	0.04	0.04
審美		15. 身の回りの道具などに、生きものに対するような親しみを感じることがある。	0.52	0.05	0.03	-0.05
審美		27. 自分がきれいだと思うものを、集めたり飾ったりする。	0.50	0.06	0.04	-0.05
審美		39. 気に入った絵や写真などを、時間の経つのも忘れて眺めていることがある。	0.49	0.10	0.03	0.02

宗教		40.	一生の間にどの程度のことができるだろうかと、考えてみることがある。	**0.45**	0.08	0.07	0.23
審美		60.	気に入った小説や映画の世界の中に入り込んで、想像を巡らせている時がある。	**0.38**	0.00	0.19	0.08
経済	理論・経済	38.	仕事は手順・段取りを考えて、効率よく進めようとする。	-0.10	**0.60**	0.13	0.08
理論	(a = 0.82)	37.	よく理解できないことがあると、頭がすっきりするまで考え込む。	0.02	**0.54**	0.06	0.05
理論		25.	一度疑問を持ったら、納得のいく説明にたどり着くまで、簡単にあきらめない。	0.05	**0.51**	0.06	0.13
経済		20.	目先のことよりも、長期的な損得を考えて行動する。	0.09	**0.47**	0.03	0.11
理論		7.	複雑なものの中から、法則性や規則性を見つけだすことに関心がある。	0.27	**0.47**	-0.07	0.19
理論		70.	分からないことがあると、辞書や辞典で調べて確認する。	0.14	**0.47**	0.10	-0.08
経済		43.	重要な選択をする時は、プラス面・マイナス面を考えて、現実的に判断する。	-0.05	**0.46**	0.12	0.16
経済		8.	わずかな空き時間・待ち時間も、有効に活用する。	0.04	**0.45**	0.02	0.01
理論		19.	より正しいものの見方・考え方はないかと、常に追求している。	0.24	**0.45**	0.10	0.21
理論		46.	自分の予想外のことが起きると、すぐにその原因・理由を考える。	0.12	**0.44**	0.08	0.25
理論		71.	"これはなんだろう""なぜこうなるのだろう"という疑問をもつ。	0.22	**0.43**	0.09	-0.01

理論		1. 自分の思考の筋道に飛躍や矛盾がないか確認しながら考えを進める。	0.03	**0.41**	0.04	0.07
経済		26. その時どきの目的や状況に応じて、無理のない計画を立てる。	0.04	**0.39**	0.12	0.05
理論		72. ものの仕組みや仕かけがどうなっているのか、興味を持つ方だ。	0.24	**0.39**	-0.01	0.02
経済		54. 無駄な時間や労力は、なるべく費やしたくない。	-0.18	**0.37**	0.16	0.08
理論		13. 試験勉強などでは丸暗記は避け、事柄の本質や原理を理解しようとする。	0.08	**0.36**	0.00	0.12
社会	社会	47. 人の役に立ったり、人と助け合えたりすることに、充足感を見出す。	0.09	0.16	**0.60**	0.05
社会	(α = 0.76)	5. 人の喜びや悲しみを、心から共に分かち合いたいと思う。	0.08	0.09	**0.53**	0.01
社会		17. 相手の話をよく聞いて、気持ちを受けとめようとする方だ。	0.08	0.23	**0.51**	0.00
社会		11. 仲間と力を合わせて、1つの目標に向かってがんばるのが好きだ。	0.01	0.01	**0.49**	0.11
社会		52. 大切な人のために、尽くすことに喜びを感じる。	0.15	0.11	**0.48**	0.13
社会		62. 親しい人たちとの結びつきを求める。	0.00	-0.02	**0.43**	0.23
社会		68. 自分が誰かの心を傷つけてしまったことに気づくと、耐えられない気持ちになる。	0.17	0.03	**0.43**	-0.11
宗教		56. 自分に与えられた生を、精一杯生きようと思う。	0.19	0.22	**0.42**	0.11

社会		29. 人と心が通い合った時の喜びは、言葉では言い尽くせない。	0.35	0.02	**0.41**	0.14
権力	権力	48. 人の上に立つような仕事がしたい。	-0.08	0.06	0.03	**0.53**
権力	(a = 0.70)	64. 周囲の人に影響を与えるような人間でありたい。	0.06	0.15	0.31	**0.52**
権力		42. 話の流れを自分のペースに持っていくことが好きだ。	0.13	0.07	0.08	**0.51**
権力		24. グループの中で、しきり役をつとめるのは、好きな方だ。	-0.06	0.20	0.07	**0.50**
権力		58. いかに相手をうまく説得するかに関心がある。	0.10	0.26	0.14	**0.47**
権力		53. 人に対して説教をしたくなることがある。	0.24	0.08	0.12	**0.45**
権力		30. 対立する相手と闘ってでも、自分の意志を通そうとする。	0.15	0.13	-0.08	**0.36**

　元尺度における大自然の壮大さや命の尊厳さを志向する項目で構成された「宗教」の項目が森羅万象の美しさを志向する「審美」の項目と統合され、「審美・宗教（FAC1）」の因子として抽出された。昨今の若者達にとっては、元尺度の宗教と審美は同一次元の価値として認識されており、神秘的な事柄や森羅万象の美しさへの感受性とその表現欲といった芸術的指向性として統合されていることが窺われた。

　次に、元尺度における効率を重んじる「経済」の項目と物事の論理性・合理性を追求する「理論」の項目が統合され、「経済・理論（FAC2）」が第2因子として抽出された。現代の若者においては物事の論理性の追求においても効率の良さが求められており、この二つの因子も同一次元の価値として位置づけられることが分かった。

　各因子の信頼性においては、いずれの因子も十分な内的一貫性を示しており、両国の価値志向性を比較する尺度としての信頼性が確認された。

(c)家族機能尺度の因子分析とα係数

元尺度では、家族機能を測定するために「凝集性」、「適応性」という二つの因子構造を操作的に定義しているが、本尺度においても予定した2因子構造の項目構成にならず、「相互依存性（FAC1）」、「凝集性（FAC2）」、「適応性（FAC3）」の3因子が抽出された（表2-3参照）。

元尺度の「凝集性（FAC2）」と「適応性（FAC3）」とは別に、今回の調査では第1因子に、家族成員間で「相談・援助・親密・結束・リーダの存在」をその内容とする項目が分類され、家族集団が持つ全般的機能を意味する項目が集約されたことから、この因子を「相互依存性（FAC1）」と解釈した。これは、韓国と日本の両国に共通する家族を運命共同体とするアジア特有の家族成員間の関係性や儒教的文化の家父長制に基づいた相互依存が反映された結果であると考えられる。

各因子のα係数は、0.76（FAC1）、0.87（FAC2）、0.64（FAC3）であり、第3因子におけるα係数の数値が僅かに低いものの、いずれの因子においても信頼可能な項目間の一貫性が確認され、下位尺度としての十分な内的一貫性を示していることが確認された。

更に、今回家族機能尺度として使用したFACES Ⅲの数量化とその解釈については幾つか明記すべき点がある。家族機能を測定する尺度として最も一般的に知られているこの尺度は、家族機能を評価するために開発された円環モデル（circumplex model）に基づいた自己評定式の質問紙である（Olson, Spenkle, & Russell, 1979）。Olsonら（1979）の円環モデルとは、家族システムが当面する状況的、発達的課題に応じて変化可能な程度である適応性（adaptability）と家族成員間の情緒的結びつきの程度である（cohesion）という二つの次元を軸とし、その得点が高すぎても低すぎても家族システムにおける機能不全があり、適応性と凝集性で中間水準の均衡の取れた群が最も意思の疎通が取れる適応的家族システムを示すという曲線的解釈を行う。

しかしながら、家族の凝集性と適応性に関するその後の研究では、Olsonら（1979）の円環モデルの曲線的解釈とは一致しない結果が多い。

表2−3　家族機能尺度における因子分析の結果

元因子名	新因子名	項目内容	FAC1	FAC2	FAC3
凝集性	相互依存	8. 私の家族では、何かを決める時、家族の誰かに相談する。	**0.71**	0.19	0.18
凝集性	($a = 0.76$)	9. 私の家族は、困った時、家族の誰かに助けを求める。	**0.62**	0.19	0.20
凝集性		6. 家族の方が、他人よりもお互いに親しみを感じている。	**0.61**	0.28	0.22
凝集性		7. 家族がまとまっていることは、とても大切である。	**0.50**	0.18	0.14
適応性		10. 私の家族では、みんなを引っ張っていく者（リーダー）が決まっている。	**0.45**	0.19	-0.03
凝集性	凝集性	2. 私の家族では、みんなで何かをするのが好きである。	0.27	**0.78**	0.22
凝集性	($a = 0.87$)	1. 家族で何かをする時は、みんなでやる。	0.28	**0.73**	0.26
凝集性		3. 私の家族では、自由な時間は、家族と一緒に過ごしている。	0.35	**0.63**	0.20
凝集性		4. 私の家族は、みんなで一緒にしたいことがすぐに思いつく。	0.36	**0.63**	0.24
適応性	適応性	15. 家族を引っ張っていく者（リーダー）は、状況に応じて変わる。	0.04	0.14	**0.50**
適応性	($a = 0.64$)	18. 家族の決まりは、必要に応じて変わる。	0.29	0.15	**0.47**
適応性		20. 私の家族では、子供が自主的に物事を決めている。	0.06	-0.01	**0.45**
適応性		19. 私の家族では、家事、用事は、必要に応じて交代する。	0.01	0.16	**0.44**
適応性		16. 私の家族では、叱り方について親と子で話し合う。	0.17	0.17	**0.43**
凝集性		17. 家族は、それぞれの友人を気に入っている。	0.20	0.16	**0.38**

注）　＊：逆転項目

これらの研究結果は、円環モデルの解釈が確認されないだけでなく、家族の凝集性と適応性が高いほど意思疎通の家族機能はより効果的であるという線形的解釈を支持している。例えば、高校3年生と大学新入生を対象とした研究（Perosa & Perosa, 2001）では、FACES Ⅲ の適応性・凝集性との家族の意思疎通の間に線形的関係が確認され、円環モデルの解釈を否定された。Olsonら（1985）も、円環モデルによる曲線的解釈は臨床群の場合は妥当であるが、健常群の場合はむしろ線形的な解釈の方が妥当である可能性を既に指摘しており、後の健常群の家族を対象とした新たな研究（Olson & Lavee, 1991）では線形的解釈を受け入れている。

それだけでなく、FACES Ⅲ の結果解釈においては文化的側面を考慮すべきであるという研究結果も報告されている。アメリカのアジア系大学生を対象としたKim（2002）の研究では、適応性・凝集性の中間範囲の均衡家族よりはむしろ高い得点の家族が意思疎通や家族関連の問題がより少なかったことを報告し、円環モデルは家族機能における文化的相対性については十分考慮されていないことや、アジア系の家族においては線形的解釈がより妥当であることを指摘した。また、日本でもFACES Ⅲ の信頼性と妥当性を検討した草田（1995）の研究は、円環モデルの曲線的仮説が支持されず、凝集性得点の解釈においては線形的解釈が可能であると報告している。

以上の先行研究での知見を総合した結果、韓国と日本の大学生を対象とした今回の研究結果の解釈においても線形的解釈の立場に基づく分析と解釈を適用する必要があると判断されたので、以降の結果の解釈に際しては線形モデルを採用することとする。

③日韓の国民意識・価値志向性・家族機能の比較

年齢・学年・同居家族数・兄弟数・出生順位における両国間の有意差が見られたため、これらの変数による国民意識、価値志向性、家族機能への影響が考えられた。それを確かめるために、国籍・年齢・学年・同居家族数・兄弟数・出生順位・性別という7つの変数を独立変数、国民意識、価

値志向性、家族機能の各因子を従属変数とする重回帰分析を行った。その際、国籍・性別（名義尺度）と出生順位（順序尺度）を比率尺度と見なして強制投入した。その結果を表3－1から表3－3に示す。

独立変数と従属変数との間に幾つかの有意な偏相関が認められた。しかしながら、国籍と性別を除いた他の独立変数においては各従属変数に対する一貫した有意相関が示されなかった。したがって、いずれの従属変数に

表3－1　国民意識尺度の各因子における重回帰分析の結果

独立変数	国家主義 β		愛国心 β	
国　　籍	-0.660	***	0.138	**
年　　齢	0.009	n.s.	-0.013	n.s.
学　　年	-0.026	n.s.	-0.018	n.s.
同居家族数	0.018	n.s.	0.025	n.s.
兄弟人数	-0.026	n.s.	-0.077	n.s.
出生順位	-0.007	n.s.	0.060	n.s.
性　　別	-0.074	*	-0.154	***
R	0.113	***	0.165	***

注）$***p < .001$，$**p < .01$，$*p < .05$

表3－2　価値志向性尺度の各因子における重回帰分析の結果

独立変数	審美・宗教 β		理論・経済 β		社会 β		権力 β	
国　　籍	0.186	***	-0.125	**	-0.136	**	-0.660	***
年　　齢	0.126	*	0.168	***	0.069	n.s.	0.009	n.s.
学　　年	-0.109	*	-0.066	n.s.	-0.043	n.s.	-0.026	n.s.
同居家族数	-0.090	n.s.	-0.034	n.s.	-0.059	n.s.	0.018	n.s.
兄弟人数	0.040	n.s.	0.088	n.s.	0.052	n.s.	-0.026	n.s.
出生順位	-0.096	n.s.	-0.128	*	-0.029	n.s.	-0.007	n.s.
性　　別	0.301	**	-0.049	n.s.	0.154	***	-0.074	***
R	0.367	***	0.269	***	0.221	***	0.311	***

注）$***p < .001$，$**p < .01$，$*p < .05$

おいても一貫した一定の有意な説明力を持つ国籍と性別のみを説明変数として取り上げ、国民意識、価値志向性、家族機能尺度における2要因（国籍×性別）の分散分析を行った。その結果、各尺度別における両国間の差のみならず、男女間の差があることも明らかであり、以下尺度別にその結果を述べる。

表3－3　家族機能尺度の各因子における重回帰分析の結果

独立変数	相互依存性 β		凝集性 β		適応性 β	
国　　籍	-0.294	***	-0.237	***	0.004	***
年　　齢	0.059	n.s.	0.015	n.s.	0.130	*
学　　年	-0.050	n.s.	-0.010	n.s.	-0.053	n.s.
同居家族数	-0.022	n.s.	0.004	n.s.	-0.013	n.s.
兄弟人数	0.023	n.s.	0.052	n.s.	0.025	n.s.
出生順位	-0.041	n.s.	-0.098	*	-0.082	n.s.
性　　別	0.113	**	0.079	*	0.180	***
R	0.329	***	0.270	***	0.202	***

注）*** $p<.001$，** $p<.01$，* $p<.05$

ⓐ国民意識尺度における結果

　国民意識尺度では、いずれの因子において性別と国籍よる主効果が見られたが、2要因による交互作用は見られなかった（表3－4参照）。

表3－4　国籍と性別の2要因による国民意識の各因子における平均値の差

因　子	要　因	F値	有意確率	多重比較
国家主義	国籍	475.922	0.000	韓国＞日本
	性別	5.432	0.020	男性＞女性
	国籍×性別	0.081	0.776	
愛国心	国籍	12.918	0.000	韓国＜日本
	性別	14.203	0.000	男性＞女性
	国籍×性別	0.602	0.438	

「国家主義（FAC1）」においては、韓国が日本より（$F_{(1,619)} = 475.922$, $p = .000$)、男性が女性より（$F_{(1,619)} = 5.432$, $p = .020$）有意に高い平均値を示した（図1－1参照）。「愛国心（FAC2）」においては、日本が韓国より（$F_{(1,619)} = 12.918$, $p = .000$)、男性が女性より（$F_{(1,619)} = 14.203$, $p = .000$）有意に高い平均値を示した（図1－2参照）。

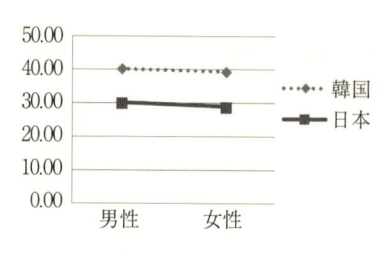

図1－1　国家主義（FAC1）における
　　　　性別・国籍別の平均値の比較

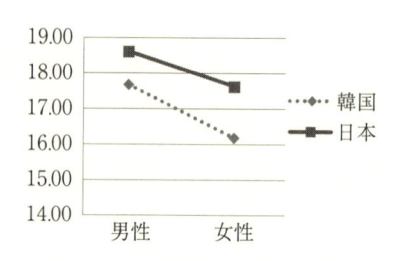

図1－2　愛国心（FAC2）における
　　　　性別・国籍別の平均値の比較

②価値志向性尺度における結果

価値志向性でも、全ての因子において性別と国籍よる主効果がみられた（表3－5参照）。

「審美・宗教（FAC1）」では、日本が韓国より（$F_{(1,613)} = 9.884$, $p = .002$）、女性が男性より（$F_{(1,613)} = 48.166$, $p = .000$）有意に高い平均値を示した（図2－1参照）。「経済・理論（FAC2）」では、韓国が日本より（$F_{(1,613)} = 12.918$, $p = .000$)、男性が女性より（$F_{(1,613)} = 14.203$, $p = .000$）有意に高い平均値を示したが、国籍と性別による交互作用もみられ（$F_{(1,613)} = 5.191$, $p = .023$）、韓国での性差が大きい結果であった（図2－2参照）。「社会（FAC3）」では、韓国が日本より（$F_{(1,613)} = 18.527$, $p = .000$）、女性が男性より（$F_{(1,613)} = 10.304$, $p = .001$）有意に高い平均値を示した。さらに、国籍と性別による交互作用もみられ（$F_{(1,613)} = 9.420$, $p = .002$）、日本での性差が大きかった（図2－3参照）。「権力（FAC4）」では、韓国が日本より（$F_{(1,613)} = 36.170$, $p = .000$)、男性が女性より（$F_{(1,613)} = 17.200$, $p = .000$）有意に高い平均値を示した（図2－4参照）。

表3-5 国籍と性別の2要因による価値志向性尺度の各因子における平均値の差

因子	要因	F 値	有意確率	多重比較
審美・宗教	国籍	9.884	0.002	韓国＜日本
	性別	48.166	0.000	男性＜女性
	国籍×性別	2.111	0.147	
経済・理論	国籍	25.970	0.000	韓国＞日本
	性別	5.622	0.018	男性＞女性
	国籍×性別	5.191	0.023	
社会	国籍	18.527	0.000	韓国＞日本
	性別	10.304	0.001	男性＜女性
	国籍×性別	9.420	0.002	
権力	国籍	36.170	0.000	韓国＞日本
	性別	17.200	0.000	男性＞女性
	国籍×性別	0.228	0.633	

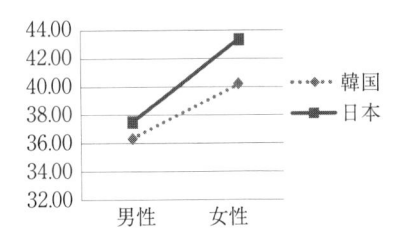

図2-1 審美・宗教 (FAC1) における性別・国籍別の平均値の比較

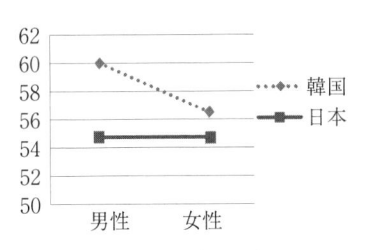

図2-2 経済・理論 (FAC2) における性別・国籍別の平均値の比較

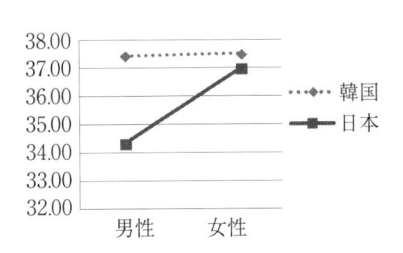

図2-3 社会 (FAC3) における性別・国籍別の平均値の比較

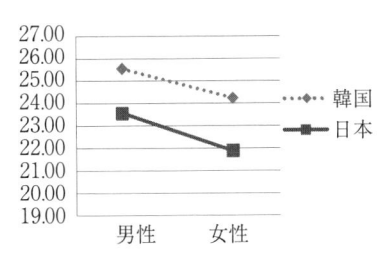

図2-4 権力 (FAC4) における性別・国籍別の平均値の比較

③家族機能尺度における結果

「相互依存性（FAC1）」では、日本が韓国より（$F(1,615)=68.825, p=.000$）、女性が男性より（$F(1,615)=6.617, p=.010$）有意に高い平均値を示した（表3－6参照）。

また、国籍と性別による交互作用も見られ（$F(1,615)=4.252, p=.040$）、日本での性差が大きかった（図3－1参照）。

「凝集性（FAC2）」では、韓国が日本より（$F(1,615)=38.459, p=.000$）、女性が男性より（$F(1,615)=4.990, p=.026$）有意に高い平均値を示した（図3－2参照）。「適応性（FAC3）」では、性別による主効果がみられ（$F(1,615)=11.539, p=.001$）、女性が男性より有意に高い平均値を示した（図3－3参照）。

表3－6　国籍と性別の2要因による家族機能尺度の各因子における平均値の差

因子	要因	F値	有意確率	多重比較
相互依存性	国籍	68.825	0.000	韓国＞日本
	性別	6.617	0.010	男性＜女性
	国籍×性別	4.252	0.040	
凝集性	国籍	38.459	0.000	韓国＞日本
	性別	4.990	0.026	男性＜女性
	国籍×性別	2.189	0.140	
適応性	国籍	2.935	0.087	
	性別	11.539	0.001	男性＜女性
	国籍×性別	1.091	0.297	

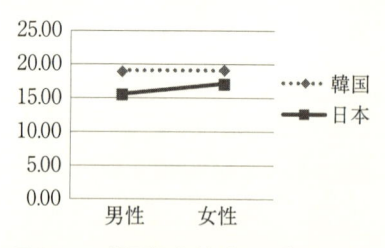

図3－1　相互依存性（FAC1）における性別・国籍別の平均値の比較

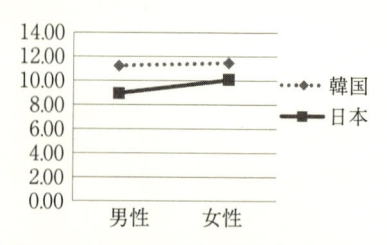

図3－2　凝集性（FAC2）における性別・国籍別の平均値の比較

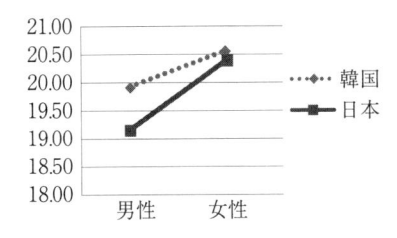

図3-3 適応性（FAC3）における
性別・国籍別の平均値の比較

Ⅱ 日本と韓国における研究調査の考察

　国民意識、価値志向性、家族機能のいずれにおいても日韓の間には明らかな差があり、男女間にも差があることも明らかであった。各価値観における明らかな性差の存在も大変興味深い研究知見ではあるものの、本研究は日本と韓国の比較がその目的である故、以下の考察に関しては主として両国の比較を中心に記述する。

（1）日韓における国民意識
　国民意識における日韓の差について考察を深めるには、両国の近・現代史における愛国教育に関して触れる必要がある。
　韓国の近現代史における愛国心やナショナリズムが果たす役割について述べたShin（2006）は、韓国人の愛国心（patriotic sentiments）の特徴を民族主義（Ethnic nationalism）と反共産主義に基づいていることを指摘した。韓国の民族主義とは、檀君（Tan-gun）[1]を始祖とした単一血統と単一言語を持つ韓民族の固有性・独自性を強調すると共に、周辺国からの度重なる侵略にも関わらず長い歴史の中で民族的独立性を守り抜いてきたことへのプライドを主とするイデオロギーとして定義できる（Kim & Park, 2003）。Shin（2006）は、韓国の民族主義はその歴史的変遷の中で次のような役割を担ってきたと述べている。それは、韓国の民族主義は、日本の植民統治

からの独立運動を支えるイデオロギーとして現れ、解放後は日本の朝鮮民族に対する同化政策への批判と自民族の自尊回復のイデオロギーとしての役割を担ってきたということである。また、朝鮮半島における民族主義は、民主主義と共産主義のイデオロギーの違いで対峙していたアメリカと旧ソビエト連邦によって南北に分割された朝鮮半島が朝鮮戦争（1950年6月25日開戦―1953年7月27日休戦）という民族同士の衝突によって多大なる犠牲を払って以来、同民族としての平和的統一を掲げた民族主義的統一論を支え、朝鮮半島の政治的・軍事的緊張を緩和するイデオロギーとしての役割も担ってきたとも述べた。このような歴史的背景から、南北に軍事的対峙状態にある韓国では、北を意識した反共産主義教育としての「反共精神」、そして国への忠誠と親への孝を強調する「忠孝精神」は、当時軍事政権下にあった韓国の道徳教育における最重要な指導目標として扱われてきたのである（鄭、2003）。

　一方で、日本の戦前・戦時の「愛国心」教育は、国民学校（小学校）での「修身」という科目の中で行われ、明治政府（1880）は修身を首位教科（筆頭教科）に指定し、日本の国民教育において最も重要な教育内容とした。しかし、周知の通り戦後アメリカのGHQ統治下では反ファシズムという国際的世論を背景に学校教育から「修身」の授業は停止された。日本での小・中学校の道徳教育は「教科」としてではなく、「教科外」の活動として扱われており、時代の変遷とともに道徳教育の教育指導要領も変化してきた。

　田村（2009）は、平成20年までの6回の中学学習指導要領「道徳」における変遷を大きく3つのタイプに分類し、①「愛国否定」型（昭和33年版）、②「国を愛し、世界平和に貢献」型（昭和44年、52年版）、③「地球、国を愛し、世界平和に貢献」型（平成元年、10年、20年版）とまとめている。ところが、日本でも1996年頃から公立学校の教育現場において当時の文部省の指導によって日の丸の掲揚と同時に、君が代の斉唱が事実上、義務づけられるようになり、その翌年には日の丸を国旗、君が代を国歌とする「国旗及び国歌に関する法律」（平成11年8月13日法律第127号）が公布さ

れた。

　そして、このような日本の道徳教育における愛国教育の変化は日本国民の愛国心に対する意識の変化をもたらしているようである。国家への忠誠をスローガンに行われた大東亜戦争の苦い経験から、とりわけ戦後直後の世代を中心に愛国心という言葉に対して嫌悪感さえ覚える人々も多かったように思われるが、日本の若者の間には愛国心という言葉に対する否定的感情は薄れてきていることも明らかである。高橋・綾（2008）の大学生を対象とした調査では、「愛国心を感じたことがあるか」という問いに8割強の人が「はい」と答えており、「国民に愛国心は必要か」という問いに約7割の人が「はい」と答えていた。しかし、同研究の結果では、「愛国心」、「愛国心教育」を肯定的に捉える回答が多く見られた一方で、「愛国心を評価することに対する是非」については約8割近くが反対をしており、愛国心は個人の心情の問題であり強制されるものではないという意見が概して多く見られた。

　以上の両国における愛国心に関する道徳教育の歴史や現状を鑑みると韓国の若者「国家主義（FAC1）」の得点がより高い得点を示しており、韓国の若者は日本の若者に比べて、国歌・国旗などのシンボリックなものへの誇りや感動をより強く覚える、自国民の能力の優秀性や自国の文化の優越さを自覚する傾向がより強いことが理解できる。そして、日本の若者は自分が属して生活している場への愛着を示す「愛心（FAC2）」をより強く抱いていることが分かる。

　国民意識のおける両国の特徴からは次のようなことが考えられる。すなわち、自国・自民族・自文化の優越性への意識が相対的に強い韓国の若者にとっては、かつて日本の植民地であったことや同民族間の内戦による南北の対峙といった近代史における不幸な出来事は韓国の若者の自尊心を大きく傷つけるものでもある故、日本との近代史における歴史認識のずれや領土問題などの政治・外交的話題に対してはより敏感に不快な反応を示すことが予想される。また、このことは自国・自民族・自文化の優越性への意識を強く持つ一方で、韓国人であることへの誇りや韓国を生活の場とし

て安住しようとする意識は日本の若者に比べて相対的に低い結果とも繋がる精神的背景ではないかとも考えられる。

　一方で日本の若者は、自国・自民族・自文化に対する優越感は相対的に低いものの、生活の場としての自国への愛着や自分は日本人であることへの愛着は韓国に比べて相対的に強く、自分が生まれ育った環境を大切するという極自然な反応を示していたと言えよう。しかし、日本の若者のこのような愛着は、安全で豊かな日本を飛び出て新たな生活の場を求めようとする冒険心の欠如とも見受けられ、自国での安住を望む内向きの傾向が強いとも解釈できる。

　今回の日韓の国民意識におけるこのような相違は、日本と韓国の近現代の政治経済的変遷を反映する結果でもあるが、いわゆる愛国教育とはどういうものかという根源的な質問に対しても興味深い示唆を与えていると考えられる。今回の研究結果は、自民族・自文化の優越性を自覚することと生活の場としての自国への愛着を持つこととは別次元の事柄であることが明らかであり、必ずしも表裏一体ではないことが改めて示されたと言えよう。世界中の多くの国々が自国への愛国心を育む教育に多くの力を注いでいるが、自国に対してその国民であることへの誇りや自分が生まれ育って住んでいる自国への愛着は自国への優越性を強調するナショナリズムの教育である必要はないことをこの研究は示していると言えよう。

（2）日韓における価値志向性

　普遍的価値志向性における今回の日韓比較の結果では、韓国の若者が、効率を重んじる、計画的に行動する、物事の論理性・合理性を追求する、他者より優位な立場を志向する傾向がより強いことが明らかであった。韓国では、1997年の外貨不足による金融危機以降、企業のリストラによる就職氷河期を向かえて失業率が急増し、20代の完全失業率9.5％（2009年4月現在）と、殊に若者の失業率が非常に高い。このような経済的状況下の深刻な就職難に乗じて伝統的に学問を極めて立身することを最高の親孝行として重んじ高学歴志向が強く、韓国の若者は厳しい受験競争をくぐり抜け

た後には就職前線に向けての準備として語学や各種資格の取得といった弛まない努力が要求されており、「経済・理論」、「権力」の因子において日本の若者より高い志向性を示したことには合点がいく。

これに対して、日本の若者は自然・宇宙の偉大さ・時の流れの永遠さ・森羅万象の美しさへの感受性とその表現欲求などをその内容とする審美的・芸術的な価値志向性がより高いことが示された。日本の芸術が世界的に高い評価が得られていることを考慮すると、今回日本の若者の示した審美的・芸術的な価値志向の結果はこれと相通じる結果とも言える。その傍ら日本の若者の価値志向性の結果において看過できない結果が「社会（FAC3）」の志向性が韓国の若者に比べて有意に低いことである。「社会（FAC3）」は、他者を援助することによる自己充足感、他者との情緒的共感や結びつきへの欲求、目標達成のための協調性、友人との連帯感への欲求などを主たる内容とする。以上の両因子の結果に基づいて日本の若者の特徴を考察すると、神秘主義的で芸術的な精神性をより強く志向している一方で、現実社会や他者との共感や関わりへの志向は相対的に低く、韓国の若者に比べて社会との繋がりや対人関係での希薄さが窺われる。

集団目標達成における個人の能力を重視する韓国に比べて他者との協調性を重視する日本では、小学校からクラブや部活動が活発に行われており、多くの部活における教育目標は根気よく物事に取り組む姿勢の育成や仲間との連帯感・協調性といった社会性の育成にある。このような教育環境で育った日本の若者のほうが「社会（FAC3）」因子でより高い得点を示すであろうと予想していたが、今回の結果はこの予想を反するものであり、連帯感や協調性を育む活動として行う集団活動の単純経験値が他者への関心や他者との共感性といった社会性を育むことに繋がるとは限らない可能性が示された。土井（2008）は、現在の日本の若者の人間関係の特徴として、身近な集団における人間関係では極度に気を使いながらもやや距離を置いた希薄な関係を保つ傾向があることを指摘している。学校での部活動やクラブ活動が、みんながやっているから自分もやるという形式的所属意識のほかに、特有の決まった行動様式を遂行することに偏っていて、

児童生徒の積極的な社会性を育む場としての十分な役割を果たせず、狭い対人関係の中で気疲れしてしまった日本の若者は仲間集団以外の更なる対人関係への興味・関心が薄れ、深い情緒的交流への欲求が返って低下しているのではないかと考えられる。

（3）日韓における家族機能

　家族機能における日韓の結果を考察するに先立って、日韓の家族形態や家族機能に関連した社会的状況の変化についても簡単に記述しておく必要がある。日韓両国では、急速な経済発展による就労構造の変化は必然的に核家族化という家族形態の変化をもたらし、さらにそれまでの伝統的な家族機能における変化をもたらした。

　近代産業化による家族機能の縮小について説いたアメリカの社会学者Ogburn（1929；1955）は、産業化とテクノロジーの発展によって前近代化時代の家族機能であった「経済・地位付与・教育・保護・宗教・娯楽・愛情」の7つの機能の内、愛情以外の機能は、家庭の外へと外部化されるようになり、伝統的な家族機能の低下の中でも取り分け教育機能の著しい低下を強調した。

　韓国よりも先に経済発展を成し遂げた日本では、経済発展に伴う家族形態の変化と家族機能の変化による心理社会的影響を懸念する議論がさまざまな学界で議論されて久しい。また、1989年の合計特殊出生率1.57人となったことを機に少子高齢化への人口推移、そしてその背景としての女性の社会進出の増加や晩婚化現象および一人世帯の増加などが繰り返し指摘されてきた。このような日本社会の就労構造と家族形態の変化の中で起きている最も顕著な心理社会的問題は、伝統的な相互扶助という家族機能の縮小であることが指摘されてきた（石川、1997；小此木、1983；滝川、1994）。

　一方、日本に遅れながらも経済発展に取り組んできた韓国社会においても核家族化は急激に進み、離婚率の増加、児童虐待の増加、少子高齢化といった家族にまつわるさまざまな心理社会的現象が酷似している。ところ

が、韓国における親子関係には幾つかの特徴も指摘されている。韓国の親子関係の特徴を比較文化心理学的立場から概観したBang（2000）の研究では、韓国家庭の一般的養育態度は、欧米の権威型とアジア的権威主義の混合した「厳父慈母」型であり、韓国家庭の家族関係は「孝」の原理である「父子有親」[2]の情緒や「親子間の一体感」などで特徴づけられるとした。また、急変している社会的情勢の中でも家庭の養育態度や親子間の相互作用においては儒教的伝統が比較的維持されていることもその特徴の一つであると述べている。

以上の韓国の親子関係の特徴は今回の家族機能における日韓比較の結果でも現れており、韓国の若者が家族成員間の相談と援助といった運命共同体として「相互依存性」の家族機能と、家族成員間の情緒的結びつきの程度を表す「凝集性」の家族機能をより強く報告していた。その一方で、韓国同様儒教文化を受け入れていた日本も親子関係における「孝」の原理が伝統的な社会規範として受け入れられ、運命共同体としての家族成員間の相互扶助というアジア的家族機能を是とする社会的風潮であったはずであるが、日韓両国における「相互依存」と「凝集性」という伝統的家族機能には明らかな差があり、日本では儒教的な家族機能における弱体化が一層進んでいる現状が示された。

今回の家族機能における日韓比較による結果から現時点では韓国の伝統的家族機能が日本に比べてより維持されていると言えるのかも知れない。しかしながら、韓国では世代間の価値観のずれが大きく広がっていて、世界的レベルで見ても最も世代間の差が大きい国であるという研究報告（Inglehart, 1997）もあるなど、若者の価値観と伝統的な価値観との葛藤も深化している（Inglehart, 1997；Na & Cha, 1999）と報告されている。親孝行を最高の美徳として尊重し、家族間の結束を大切にしてきた韓国でも産業化による家族形態の変化とともに伝統的家族機能の弱体化は免れないかも知れない。

終わりに

　本稿では、国家意識・価値志向性・家族機能という三つの側面から日韓両国の若者の価値観を比較した。その結果、日韓の若者の以下のような相対的特徴が浮き彫りになった。
　日本の若者は、①自分が日本人であることや自分が生まれ育った生活場である自国に対してより強い愛着を抱いている。②自然や宇宙の偉大さや森羅万象の美しさへの感受性とその表現欲求などの審美的価値志向性がより強い。
　韓国の若者は、①自民族・自文化の優越性や国旗・国歌といった象徴的対象への愛着をその内容とする国家主義的な国民意識をより強く抱いている。②効率的・計画的に行動し、物事の論理性・合理性を追求しており、他者より優位な立場を志向する一方で他者援助による自己充足感、他者との情緒的結びつきへの欲求、目標達成のための協調性への志向性がより強い。③家族間の相互依存・扶助と情緒的結びつきをより強く意識している。
　両国の若者における以上の結果から、日本の若者は韓国の若者に比べて自国での安住を好み、精神的・芸術的志向性を持つ様子が、韓国の若者は日本の若者に比べてより自民族中心的で競争的で野心的である様子が浮かび上がる。多くの心理学の研究知見が示すように、価値志向性や価値観といった信念 (beliefs) は個人の物事への態度や意思決定に影響を及ぼす故、将来の行動を予測する上で重要な変数として扱われてきた。そして、今回のような両国の価値観の違いが、今後の日韓交流においてどのような影響を及ぼすかは大変興味深い。
　一般的見解として相互の価値観の違いは往々にして円満な対人関係を営む上である種の障害になり得ると見なされる。殊に相互の利害が絡み合う状況においては価値観の違いがその溝を一層深める原因にもなり得ることは専門的な研究知見を持ち出さなくとも容易に理解できるはずである。そ

して、これは国家間の外交上のやり取りにおいても同様なことが言えよう。国境が隣接している多くの国々が周辺国との歴史的歩みの中で何らかの対立や葛藤を抱えているのと同様に、日韓の間にも簡単には消えない近代史の傷跡があり、付随して今もなお領土問題や漁業権問題などの外交上の問題を抱えており（片岡・西田、2007）、日韓の歴史認識の差は両国の外交に度々大きな影を落としてきた（永森、1990）。こうした両国の歴史的な背景を考慮すると両国の若者の価値観の違いは両者の交流においても何らかのネガティブな影響を及ぼす可能性も否定はできない。

　しかしながら、異文化交流という観点から物事を考えると価値観の違いは必ずしも相互関係における障害になるとは限らない。我々は始めから互いに異なる志向性や特徴を持つことが分かっている相手とのやり取りにおいては相互の相違点はある意味当然のこととして見なされ、返って自分との共通点が見出されることに驚く。とりわけ異文化間コミュニケーションや異文化間交流といった文脈の中では、相互の共通点よりも相互の違いを楽しむことに力点が置かれ、相互の違いはある種の魅力として受け止められる。また、自分にない物を持っている相手に魅かれるという現象は、何も異文化交流に限る話でもない。

　価値観の相違が持つ両刃の剣のような両面性を認識し、それを如何に生かしていくかということが他国との交流に際してはより重要な視点となることは言うまでもない。そのためには、まずは互いの違いに関する正確な知識を持つことが求められる。そして、有益な相互関係を築く上では、相互の違いを尊重し合い、生かし合うということに尽きるであろう。日韓は領土問題を含む利害の衝突があるにもかかわらず、政治・経済面における協調関係を築いてきた。地理学的環境から強く意識し合い、交流せざるを得ない両国が経済面に加えて文化面の交流も活発に行われる新時代に突入している昨今、その主役となる両国の若者たちの役割は新たな日韓関係の発展に大きな求心力となることは疑いの余地もない。近代史における不幸な日韓関係を乗り越え、対等なパートナーシップに基づき、相互の個性を生かし合うより成熟した積極的な交流が両国の若者によって育まれていく

ことを筆者は多いに期待したい。そして、今回の調査結果が両国の若者の相互理解を深める一助となることを切に願う。

注
1) 13世紀末高麗の高僧一然（1206-1289）によって書かれた「三國遺事」に古朝鮮初代王として記録された韓民族の始祖とされる伝説上の人物。
2) 儒教の道徳的指針である「三綱五倫」の教えの一つで、「親（父）と子の間には親しみがあるべき」という教えであり、子どもの親への孝行を教える指針である。

引用文献
Allport, 1937　価値観尺度
Bang, H. J. 2000「韓国社会における親子関係の特性と発達心理学的探索」『Korean Journal of Psychological and Social Issue』 Vol. 6 (3), pp. 41-65.
De Figueiredo, R. J. and Elkins, Z. 2003 Are patriots bigots? An inquiry into the vices of in-group pride. American Journal of Political Science, Vol. 47 (1), 171-188頁.
土井隆義　2008『友だち地獄「空気を読む」世代のサバイバル.』, ちくま新書.
Hurwitz, J. & Peffley, M. 1999 International attitudes. In J. P. Robinson, P. R. Shaver, and L. S. Wrightsman (Eds.) Measure of political Attitudes. San Diego: Academic Press, pp. 533-590.
Inglehart, R. 1997 Modernization and postmordernization: Cultural, economic, and political change in 43 societies. Princeton, NJ: Princeton University Press.
石川実　1997『現代家族の社会学』, 有斐閣ブックス.
鄭大均　2003『韓国のナショナリズム』, 岩波書店.
Karasawa, M. 1994 Nationalism, internationalism, and patriotism among Japanese college students: A FACtor-analytic approach. Bulletin of FACulty of Letters (Aichi Gakuin University), Vol. 23, pp. 25-33.
Karasawa, M. 2002 Patriotism, nationalism, and internationalism among Japanese citizens: A Etic-emic approach. Political Psychology, Vol. 23 (4), pp.645-666.
Kim, A. E. and Park, G. S. 2003 Nationalism, Confucianism, Work Ethic and Industrialization in South Korea. Journal of Contemporary Asia, Vol. 33 (1), pp. 37-49.
Kim, K. K. 2002 Family functioning, intergenerational conflict, and psychological symptomology of Asian American college students. Dissertation Abstracts International: Section B: The Science & Engineering, Vol. 63, p. 2589.

片岡千賀之・西田明梨　2007「日中韓漁業関係史Ⅱ」『長崎大學水産學部研究報告』、Vol. 88,　137-159頁.

Kosterman, R. and Feshbach, S. 1989 Towards measure of patriotic and nationalistic attitudes. Political Psychology, Vol. 10 , pp/257-274.

草田寿子　1995「日本語版FACES Ⅲの信頼性と妥当性の検討」『カウンセリング研究』Vol. 28（2）24-32頁.

Lee, S. S. 2010「多文化家族の増加が人口の量的・質的水準に及ぼす影響」『韓国保健社会研究院報告書』

見田宗介　1966『価値意識の理論』弘文堂.

Mummendey, A., Klink, A., and Brown, R. 2001 Nationalism and patriotism: National identification and out-group rejection.

Na, Y. Y. & Cha, J. H. 1999「1970年代と1990年代間の韓国人の価値観の変化と世代間差の増加」『Korean Journal of Social and Personality Psychology』Vol. 13 (2) pp. 37-60.

中村和子　2004「韓国における日本大衆文化統制についての法的考察」『立命館国際地域研究』Vol. 22　259-276頁.

永守良孝　1990「危険はらむ日韓の歴史認識の差」『新聞研究』Vol. 469　39-41頁.

小此木啓　1983『家庭のない家族の時代』ABC出版.

Olson, D. H. and Lavee, Y. 1991 Family types and response to stress. Journal of Marrige and the Family, Vol. 53 (3), pp. 786-798頁.

Olson, D. H., Portner, J., and Lavee, Y. 1985 FACES III. St. Paul, MN: Family Social Science, University of Minnesota Press.

Olson, D. H., Spenkle, D. H., and Russell, C. S. 1979 Circumplex model of merital and family system1: cohesion and Adaptability dimensions, family types and clinical application. Family Process, Vol. 18, pp. 3-28.

Ogburn, W. F. 1929. The changing family. Publications of the American Sociological Society, Vol. 23, pp. 124-133頁.

Ogburn, W. F. and Nimkoff, M. F. 1955 Technology and the changing family. Houghton Mifflin; Boston.

大沼正博　2000「日中の歴史認識の差小考」『中京大学教養論叢』Vol. 40（4）699-718頁.

Perosa, L. M. and Perosa, S. L. 2001 Adolescent perceptions of cohesion, adaptability and communication: Revisiting the Circumplex model. Family Journal-Counseling and Therapy for Couples & families, Vol. 9 (4), pp. 407-419.

酒井恵子・山口陽弘・久野雅樹　1998「価値志向性尺度における一次元的階層

性の検討——項目反応理論の適用」『教育心理学研究』Vol. 46　153-162頁.
Shin, G. W. 2006 Ethic nationalism in Korea: Genealogy, politics, and legacy. Stanford: Stanford University Press.
Spinner- Halev, J. and Theiss-Morse, E. 2003 National identity and self- esteem. Perspective on Politics, Vol. 1 (3), pp. 515-632.
Spranger, E. 1921 Lebensformen: Geisteswissenschaftliche Psychologie und Ethik der Personlichkeit. 2. Aufl. Tü bingen: Max Niemeyer.（シュプランガー　E．伊勢田耀子（訳）1961　文化と性格の諸類型　明治図書）
Sullivan, J., Fried, A., and Dietz, M. G. 1992 Patriotism, politics, and the presidential election of 1988. American Journal of Political Science, Vol. 36 (2), pp. 200-234.
Tajfel, H. 1981 Human group and social categories. Cambridge: Cambridge University Press.
Tajfel, H. and Turner, J. C. 1979 "An integrative theory of intergroup conflict." In W. D. Austine and S. Worchel (Eds.) The social psychology of intergroup relations. Monterey: Books/Cole, pp. 33-47.
高橋　克巳・綾　牧子　2008「学生アンケートにみる若者たちの社会意識」『文教大学教育学部紀要』Vol. 42　1－9頁.
滝川一廣　1994『家庭の中の子ども　学校の中の子ども』岩波書店.
田村　俊輔　2009「道徳教育における愛国心（1）」『清泉女学院大学人間学部研究紀要（6）』49-58頁.
Terry, B. and Hogg, M. A. 1996 Group norms and the attitude- behavior relationship: A role for group identification. Personality and Social Psychology Bulletin, Vol. 22(8), pp. 776-793.
東亜日報（2007年4月24日）日本大衆文化開放9年：韓国の中の'日流'の現住所
(http://www.donga.com/fbin/output?n=200704240162).

中日大学生の価値観、家族観、国民意識と鬱に関する比較研究

張　平

はじめに

　中日両国は一衣帯水の隣国であり、古くから経済、政治、歴史、文化などの面において緊密につながっている。唐の時代から、日本は遣唐使を派遣し、中国の各方面の技術と文化を学んできた。日本では今でも唐代の風格を持つ建物がたくさん見つかる。21世紀に入り、中日両国はすでにアジア、ひいては世界中の二つの重要な国となった。第二次世界大戦後、日本経済はすさまじい発展を遂げ、電子、自動車産業などの面において世界トップになり、ソニー、トヨタなどを含め、世界で優秀な企業グループをたくさん持つまでに発展を遂げている。それに対し、中国は、改革開放政策が実施された後、国民総生産も国力も絶え間なく成長し、各方面において著しく発展してきた。このような背景の下で、中日両国は再び各領域で深く交流し、協力するようになった。
　その中で、研究者による日中比較研究も数多く行われている。特に日本にいる中国人研究者によるものが多い。許・田中（2004）は文化的自己観の視点から日中大学生の自我同一性地位に関する比較研究を行った。日本人の「同一性達成」、「D－M中間」が中国人より有意に多く、中国人の「A－F中間」、「積極的モラトリアム」が日本人より有意に多かった；文化的自己観においては、日本人は相互依存的自己観の得点が相互独立的自己観の得点より有意に高かった；中国人は相互独立的自己観の得点が相互依存的自己観の得点より有意に高かった、という結論が出されている。また、高木・張（1990）による「日中青年の自己意識の発達に関する比較研

究」もある。さらに、劉・中村（2009）の「日中大学生の自殺観に関する比較研究」も挙げられる。劉・中村は日本と中国の大学生を対象に、アノミー尺度、自殺観尺度を使って調査を行った所日本に比べて中国の方が規範意識の葛藤が強かったことが分かった。経済が急激に発展している中国社会の状況はアノミー状態に陥る状況と言え、またアノミー尺度得点が高い者ほど、自殺に対して黙認する傾向が高いことが示された。なお、中国の女性は「女性でなければよかったのに」と思うほど自殺願望を有した経験を持ち、自殺を黙認する傾向が強いことが明らかになった。中国は女性の自殺率が男性より高い唯一ともいえる国であるが一人っ子政策の下での女性の置かれた状況がうかがわれるという考察が述べられている。

中日両国の国民が価値観や、家族観、国民意識、心理の健康状態などの面について大きな違いを持ち、このような違いは常に両国国民間の十分な交流を妨げるものになった。本研究はグローバル化時代における中日両国大学生の価値観、家族観、国民意識及び心理の健康状態について比較を行い、そして、両者の違いの背後にある原因と両者の交流の妨げとなっている状況の改善の対策を究明したいと考えている。

I　目的

本稿ではグローバル化時代の影響の下で、中日両国大学生の価値観、家族観、国民意識及び心理の健康状態に影響する要素を明らかにし、中日において現代の大学生がいかに健康的にかつ優秀な人材に成長するようになるかを検討したい。

したがって、本研究は中日両国の大学生は価値観、家族観、国民意識、及び心理の健康状態に関し、どのような相違点と共通点を持っているか。そして、何故そのような相違点と共通点を持つかについて調査を行ったものである。

Ⅱ　方法

1．調査協力者
年齢18－22歳の中国人大学生271人と日本人大学生153人（そのうち、男子学生171人、女子学生253人）を対象とした。

2．調査質問紙
以下のような尺度から構成される質問紙調査を行った。

（1）．国民意識尺度（唐沢、1994）：「国家的遺産への愛着」（8項目）、「愛国心」（7項目）、「国家主義」（6項目）、「国際主義」（6項目）の計34項目尺度を中国語に翻訳して実施した（「反対」から「賛成」までの5件法）。

（2）．価値志向性尺度（酒井・山口・久野、1998）：E. Spranga（1921）の普遍的価値（理論・経済・審美・宗教・社会・権力）を基に作成された日本語版尺度の6因子（各12項目、計72項目）を中国語に翻訳して実施した（「あてはまる」から「あてはまらない」までの5件法）。

（3）．家族機能測定尺度（草田・岡堂、1993）：Olson（1985）のFACES Ⅲを基に作成された尺度で、「凝集性」（10項目）、「適応性」（10項目）の計20項目を中国語に翻訳して実施した（「まったくない」から「いつもある」までの5件法）。

（4）．抑うつ自己評価表（Self-Rating Depression Scale, SDS; Zung, 1965）は抑うつの軽重程度及び治療中の変化を評価する。この表は20個の問題とリッカートの四段階採点を含んでいる。また、精神的―感情症状、躯体障害、精神運動障害及び抑うつの心理障害といった四つの部分を含んでいる。

3．調査の実施時期と方法
調査は、2008年11～12月にわたり、大学1年生及び2年生を対象に集団で実施した。中国においては、北京、蘇州及び重慶の3か所の4年制大学

で、日本では東京・静岡・愛知・広島の4か所の4年制大学で調査を行った。

4．データの統計分析

以上の研究問題を回答するため、収集されたデータに対し、統計処理を行った。特にt検定を行うことによって、2つの変数における差異が有意性を持つかどうかについて検討する。

Ⅲ　結果

著しい欠損値を除外し、合計424名のデータに基づいて統計分析を行った。

1．尺度間の相関状況

表1　各尺度における相関

相関係数		家合計	価値合計	国民合計	鬱合計
Pearsonの相関係数	家合計	1.00	0.25	0.32	0.28
有意確率（両側）			0.00	0.00	0.00
Pearsonの相関係数	価値合計	0.25	1.00	0.23	0.31
有意確率（両側）		0.00		0.00	0.00
Pearsonの相関係数	国民合計	0.32	0.23	1.00	0.46
有意確率（両側）		0.00	0.00		0.00
Pearsonの相関係数	鬱合計	0.28	0.31	0.46	1.00
有意確率（両側）		0.00	0.00	0.00	

結果としては、国民意識尺度、価値志向性尺度、家族機能測定尺度及び抑うつ自己評価表の間において、全て有意な相関がみられた。

2．中国と日本の比較

表2　各尺度間、及び各因子のt検定結果

	t値	自由度	有意確率（両側）	平均値の差	差の標準誤差	差の95％信頼区間 下限	差の95％信頼区間 上限
家合計	6.34	422	0.00	5.73	0.90	3.96	7.51
価値合計	3.88	422	0.00	4.84	1.25	2.39	7.29
国民合計	16.33	422	0.00	11.04	0.68	9.71	12.37
鬱合計	17.00	422	0.00	6.00	0.35	5.31	6.69
家因子1	8.71	422	0.00	3.79	0.43	2.93	4.64
家因子2	3.67	422	0.00	1.11	0.30	0.52	1.70
家因子3	－0.57	422	0.57	－0.16	0.27	－0.70	0.38
家因子4	4.88	422	0.00	0.99	0.20	0.59	1.39
価因子1	5.40	422	0.00	3.86	0.72	2.45	5.27
価因子2	－1.06	422	0.29	－0.63	0.59	－1.79	0.54
価因子3	1.93	422	0.05	0.53	0.27	－0.01	1.06
価因子4	4.42	422	0.00	1.08	0.24	0.60	1.56
国因子1	0.11	422	0.91	0.02	0.22	－0.41	0.46
国因子2	1.04	422	0.30	0.25	0.25	－0.23	0.74
国因子3	18.97	422	0.00	5.27	0.28	4.72	5.82
国因子4	16.99	422	0.00	5.49	0.32	4.85	6.13
鬱因子1	17.39	422	0.00	5.34	0.31	4.74	5.94
鬱因子2	2.90	422	0.00	0.57	0.20	0.18	0.96
鬱因子3	0.76	422	0.45	0.09	0.11	－0.14	0.31

つまり、中国と日本の間に、各尺度得点の差がみられた（中国＞日本）。したがって、各下位因子の間の差から、各側面における両国の差が考察される。

3．各尺度得点の性差について

表3　各尺度、及び各因子の得点にみられる性差

	t値	自由度	有意確率（両側）	平均値の差	差の標準誤差	差の95%信頼区間 下限	差の95%信頼区間 上限
家合計	－0.36	422.00	0.72	－0.33	0.93	－2.15	1.49
価値合計	－1.25	422.00	0.21	－1.55	1.24	－3.99	0.89
国民合計	3.66	422.00	0.00	3.05	0.83	1.41	4.69
鬱合計	4.71	422.00	0.00	2.06	0.44	1.20	2.92
家因子1	0.36	422.00	0.72	0.17	0.46	－0.74	1.08
家因子2	－0.51	422.00	0.61	－0.15	0.30	－0.74	0.44
家因子3	－1.16	422.00	0.25	－0.31	0.27	－0.84	0.22
家因子4	－0.15	422.00	0.88	－0.03	0.20	－0.43	0.37
価因子1	－2.95	422.00	0.00	－2.11	0.72	－3.52	－0.70
価因子2	0.91	422.00	0.37	0.53	0.58	－0.61	1.67
価因子3	－1.10	422.00	0.27	－0.30	0.27	－0.82	0.23
価因子4	1.38	422.00	0.17	0.34	0.24	－0.14	0.82
国因子1	1.47	422.00	0.14	0.32	0.22	－0.11	0.75
国因子2	1.48	422.00	0.14	0.36	0.24	－0.12	0.83
国因子3	3.59	422.00	0.00	1.31	0.36	0.59	2.03
国因子4	2.62	422.00	0.01	1.07	0.41	0.27	1.87
鬱因子1	5.59	422.00	0.00	2.12	0.38	1.38	2.87
鬱因子2	－0.02	422.00	0.98	0.00	0.20	－0.39	0.38
鬱因子3	－0.54	422.00	0.59	－0.06	0.11	－0.28	0.16

すなわち、国民意識尺度（国民合計t(422)=3.66、p＜.01）、抑うつ尺度の得点（鬱合計t(422)=4.71、p＜.01）、価値観下位因子1（価因子1 t(422)=－2.95、p＜.01）、国民意識下位因子3（国因子3 t(422)=3.59、p＜.01）、と

抑うつ尺度因子1（鬱因子1 t(422)=5.59、p＜.01）に男女差が見られた。

4．分散分析にみられる交互作用ついて

国籍と性別を独立変数、各尺度の得点を従属変数にした2要因分散分析を行った。結果を表4にまとめた。

表4　国籍と性別を独立変数、各尺度の得点を従属変数にした2要因分散分析結果

	値ラベル	N
国　　籍	中国	271
	日本	153
性　　別	男性	171
	女性	253

国籍と性別を独立変数に、そして家族観尺度の合計値、価値観尺度の合計値、国民意識尺度の合計値、及び抑うつ尺度の合計値を従属変数にして分散分析を行った結果、いずれの従属変数においても国籍と性別の交互作用はみとめられなかった。

Ⅳ　考察

本研究で行った調査によって明らかになった結果について以下のように検討、及び考察を述べる。

1．中日青年が価値観、家族観、国民意識と抑うつ因子の得点が全てが大きく異なっていることが分かった（表2）。

まず、価値観に関するアンケート調査では、中日青年に明らかな相違をがある。具体的に言えば、中国青年はもっと理想的、感性的、そして自己中心的に問題を考えるが、日本青年はもっと現実的、理性的、他人を配慮して問題を考える。このような相違が出てくる理由は複雑であると思われる。成長環境の面から言えば、大半の中国青少年は一人っ子なので、生ま

れて以来親や祖父母に丹精を込めて育てられ、自分から提出した要求も大体満たしてくれる。しかも、中国人には伝統的に子女の出世を願う願望があるため、このような願いが子供たちに無意識的に伝わり、子供のエリート意識を開花させ自分の願いは全部叶えてくれると思わせていた（陳会昌、王莉、1997）。このような影響のため中国青年は感情にもろく、挫折に遭うと立ち直りが難しくなる（黄徳健、2006）。この点において、日本と中国は違い、日本国民は常に憂患意識を持っている。国土面積も狭く天然資源も比較的に不足しているため、特に第二次世界大戦を経た後、このような意識はもっと顕著になった（袁貴礼ら、2001）。それに、親たちはこのような意識を子供たちに教え込み、日本の幼稚園、小学校、中学校も学生に対する意志の練磨と挫折意識の育成を重視している（于恵芳、2009）。例えば、日本では非常に寒い時でも学生たちを短パンのまま運動させ、学生の意志と精神を鍛える。この点から見れば日本の教育は中国よりよいところがあるが、これはただ一面の理由であり、この結果もほかの要素に影響される恐れがある。例えば、日本の学校いじめのことである（張徳偉、2002）。もしこのようないじめが頻繁的に発生したら、成長期の青少年に深刻な影響をもたらし、彼らの理想的な考えを破壊する恐れがある。そのほか、日本人は婉曲的な表現を求める。なぜなら日本の伝統文化の中で他人を配慮するという重要な原則があるからである（李虹、2005）。アンケート調査表の中での「話の流れを自分のペースに持っていくことが好きだ」や「人に対して説教をしたくなることがある」などは今の中国で敷衍しており、これも自己意識覚醒の表現の一つである。時代の流れに従い、日本国内も自己意識が絶え間なく覚醒しているが心と心が繋がるという伝統文化の影響が依然として大きい。日本人はコミュニケーションの時必ず他人を配慮し、自分のペースで他人と交流することはありえない（李虹、2005）。

2．家族観尺度においては、因子1、2と4（家因子1 t(422)=8.71, p＜.01、家因子2 t(422)=3.67, p＜.01、家因子4 t(422)=4.88, p＜.01）が全

部明らかに違っていることが分かった。

　因子1は家族と一緒に何かをしたり、自由な時間を共に過ごしたりするかどうかの問題である。この因子において、中国青年の得点が日本青年よりずっと高い、つまり、中国青年は家族と一緒に何かをしたり、自由な時間を共に過ごしたりすることが好きであると思われる。日本青年と比べ中国青年の成熟はもっと遅く、付き合う相手の選択範囲ももっと狭く、大半はまだ恋愛経験を持っていない（張麗霞、2002）。そして多くの中国の大学生は父母と離れ、大学生活を始めたばかりで親に対する依存度がまだ高いと思われる。それに、中国青年は大体一人っ子であるため、家族と一緒に何かをしたり、自由な時間を共に過ごしたりすることが好きであると思われる。それに対し、日本青年は小さい頃から、家族や学校から独立独歩の観念を受け入れ、そして、一般的に一家族では二人あるいは二人以上の子どもを持っているため、親たちも自立の観念を子供に教えることが多く、それに加え、多くの青年が恋愛に目覚めると、関心は家族から恋人や友人へと移ると思われる（駱風、2005）。したがってこの因子は両国文化と教育方法の違いを表してくると考えられる。もう一つの理由は経済問題ではなかろうか。本調査の対象は18〜22歳の青少年なので、この年齢帯の中国青年はだいたい大学在学中で、父母から仕送りをもらっていることが多いと思われる。そして、家庭教師のようなアルバイトをやり、学費を自己負担する学生がいるが、中国の諺にあるように「読書以外のことすべては卑賤なことである（万般皆下品、惟有読書高）」、親にとって子供が大学に受かること、特に自分が願った学校に受かることが何よりであるため、家族が全力を尽くして子供の学業を支え、その上やむを得ない限り、勉強に悪影響をもたらさないよう親たちは自分の子供がアルバイトすることを望まないと考えられる。それに対し、日本青年の親たちは子供が18歳になったら自立すべきだと考え、なるべく子供に一切の費用を自己負担させると思われる（李卓、2004）。このほか、中国青年と比べ日本青年の選択肢はもっと多く、大学に入らなくてもよい仕事を探すチャンスがあると考えられる（白雪潔、2003）。中国青少年は家族に対する依存度が高いため、家族と一

緒にいる機会も時間も多く、家族と一緒に何かをしたり、自由な時間を共に過ごしたりすることを好ましく感じていると考えられる。

　因子2は中日大学生の家族関係の位置づけに関する問題であり、中国青年の得点は日本青年より高い。具体的に言えば、「私の家族では、何かを決める時、家族の誰かに相談する」、「私の家族は、困った時、家族の誰かに助けを求める」である。この二つの問題で、中国人には「家庭円満であれば万事順調になる」という伝統的な考え方があるため、重大だと思われる問題に出会ったら、特に青少年の時は必ず両親と相談し助けを求める。ある研究は別の角度からこの現象を解釈した。経済発展に伴い中国青少年の生理的成熟年齢は明らかに繰り上げられた。20世紀60年代と比べると、中国大陸部の青少年生理的成熟年齢は男女別に、それぞれ2.17歳と1.12歳繰り上がったという研究結果がある。青少年の生理的成熟年齢の繰上がりと比べ、心理的成熟年齢は繰り上がるだけに留まらず、更に延長していく傾向がある。青少年の心理的成熟年齢が遅くなった理由は多方面であるが、客観的分析すると、二つ重要な理由があると思われる。一つは一人っ子政策の普遍化で、ただ一人の子供を持つ家庭の教養方法、活動空間、生存状態が非一人っ子家庭とは全く異なりその一人っ子の早期社会化不十分という消極的な影響をもたらした。自我中心や、父母に頼りすぎ、自律できないなどはその影響の現れである。もう一つは、求職競争と進学競争は激しくなったからである。求職競争は学校で進学競争として表面化し、試験志向の教育はこのような競争の産物といえる。学校はただ進学率を重視し学生の社会的な発展を軽視するため、学生は多様且つ変化に富んだ世の中に対する認識も不足し、社会に適応できなくなった（張大均等、2004）。この例は中国青少年にとって家族の重要性を十分に説明出来るであろう。もしこのようなことが日本で起こると、両親が子供に困難を乗り越えようと励まし、子ども自身も周りの友達と一緒に困難を克服するだろう。故にこの因子での家族関係の位置づけの実質は自立の問題で因子1と緊密にかかわっていると見られる。ただ日本青年の婉曲表現（李虹、2005）から考えると、このような違いに導く可能性もあると考えられる。

因子3と4は家庭の民主に関する問題である。因子3においては両国が大きな違いはなく、中日大学生の家事負担や、問題解決、家庭主導などの面において共通点も多く、これは中日が共に東方文化圏に属するためだろうと考えられる。それに対し、因子4においては相違が出てきた。データを分析してみると、「家族の決まりは、必要に応じて変わる」の問題の回答からわかるように、日本の家庭がもっと伝統的だと言える。中国では、子供の成長に伴い、特に子供が大学に進学し、家を離れ学校で生活した後、家族構造も変化に応じて変わる。両親は子供との分離につれ、子供の成長と成熟を日増しに感じ取り子供の意見をもっと重視するようになるため、家族の決まりや雰囲気も微妙な変化が出てくると思われる（蔣立傑、2001）。

3．国民意識において、因子1と2には顕著な違いはないが、3と4には明らかな相違がある（因子3 t(422)=18.97、p＜.01、因子4 t(422)=16.99、p＜.01）。

　因子1と2は中日青少年の国家の地位や、実力、象徴などの面に対する全体的な感想に関する問題であり、中日両国の青年は、どちらも強い民族自尊心と誇りを持っているため、この点においては、大きな違いはないと考えられる。

　因子3と4も国家に対する誇りに関する問題であるが、具体的な質問は国家近来の発展に対する感想をめぐるため、この点において、中日青年の得点に相違が出てきた。その理由としては、文化背景と中日両国の発展状況にかかわるだろうと考えられる。この10年来、中国は著しい発展を遂げ経済や政治などの領域で巨大な成果を挙げ、特に金融危機の中で、世界経済の安定を保つため重要な役割を果たした。これらは中国青年に大きな影響をもたらし、国家に対するより強い誇りを持たせたと思われる（李衛平等、2008）。これに対し、日本の近来の発展は順風満帆とは言えず、経済の高度成長によりアメリカに匹敵できるような経済大国になったとはいえ、バブル経済崩壊、特に金融危機発生後に日本経済が手痛い打撃を負

い、失業問題が依然として深刻であることは日本青年の国家に対する誇りに悪影響をもたらしたと思われ（李文、2010）、更に突き詰めて言えば、中日両国の国民性にも関わると考えられる。歴史の中で両国はどちらも多くの苦難を経験してきたが、中国人は生来の優越感のため、特に今の大学生は人々に好奇の目で見られている（鉄水、2009）。対する日本人は国土も狭く、天然資源にも恵まれないため国民は常に憂患意識を持っていることが分かる。それに、両親はこのような意識を子供に伝え、また子供も自分の成長の中で経済衰退やバブル経済崩壊など国家の紆余曲折を経験し、両親の失業状況を見たりしてきた。中日大学生との交流の中で、日本の大学生は個人に対しても民族や国家に対しても強烈な憂患意識を持っていることが分かる（杜君林、2010）。それに対し中国の大学生と交流する時、彼らも大半勉強や就職などの圧力に直面し、中国社会の不公平現象に対して相当な不満を持っているものの、大多数の学生がこれは国家と民族の「発展の中で必ずある段階」だと思い、一層の発展に伴い、国家や、民族、個人の問題がすべて解決できると信じている。しかし、日本の大学生と交流する時、彼らは個人の未来に対しても、国家、民族の発展に対しても深い不安を持っていると見られる。筆者は中国の大学で国際関係を勉強しているある日本人大学生と深く交流したことがあり、彼は非常に勤勉に努力しており成績もすばらしいとは言え、依然として自分の未来を心配している。彼は日本経済は不景気の中で多くの人が職を失い、退職しても生活の保障はない、と話し、その中には国家と民族の発展に対する深い不安感が感じられる。

4．抑うつ因子において、因子1と2は明らかに異なっている（因子1 t(422)=17.39, p＜.01、因子2 t(422)=2.90, p＜.01）。中国の大学生の得点は更に高く、中国の大学生は抑うつの面において日本より高い点数を得たのである。

　この結果には多くの理由があろう。多くの中国の心理学者の研究によると中国における大学生の心理状態には様々な問題があり（樊富珉、2001）、

各方面がこれを注目すべき、勉強、感情、人間関係など彼らに各種の圧力をもたらす、としている（李虹、2002）。しかし、実際には大学段階の勉強の圧力は高校段階と比べると、低いと言え、自由度ももっと高く、一歩進んで分析してみると、ある研究者は大学生の目標喪失は各心理問題に導く重要な影響要素の一つであるとしている。高校の段階では学生たちは皆同じ目標－志望校への合格－を持っているが、この目標が達成され、大学入学後自由時間が増えたが、多くの学生もこれからの目標と方向を失いどこに向かい歩んでいくのかわからないため、学力不振に陥ったり、生活を空虚に感じたりして各種の心理問題が出てくる（李虹、2006）。このほか、中国の大学生は大学入学まで両親と一緒に生活しているため、両親への依存が強く入学後、両親との別居は多くの学生にとって離別不安をもたらす。両親の傍にいる時、両親は自分の代わりにたくさんのことをしてくれたが、両親と別れ大学に入ることは独立の始めである。このような時多くのことが中国の大学生に圧力をもたらし、抑うつを引き起こす（王成義、2005）。これに対し、日本の大学生は入学前すでに独立し中国の学生と同じような試験や、就職、恋愛などの圧力を感じても、日本の大学生の経験と教育は、彼らにうまくこうした圧力に適応させており、これも中国は家庭及び学校教育の面で学ぶに値するところである（楊雄、2007）。

まとめと今後の課題

中日両国は共に東方の集団文化に属し、こうした文化背景の下で成長してきた中日両国の大学生の価値観、家族観、国民意識及び個人の心理健康状態（抑うつ）は全部成長環境（家族、国家、社会発展状況）から深く影響を受けている。国家と民族近年の発展過程の相違、つまり中国はこの20年間速やか且平穏に発展してきたが、日本は高度成長期とバブル経済の打撃を経験してきたということも両国大学生の価値観、家族観と国民意識及び心理健康状態（抑うつ）に少なからず影響をもたらした。例えば一人っ子政策が大学生にもたらした影響は無視できないが、日本の大学生の憂患意

識、レジリエンス（強靭な性格）及び家庭教育と学校教育の方法について中国側はもっと日本から学ぶべきだと考えられる。

　中日両国はこの数十年来の経済発展レベルの差異や、両国の今の国情と大学生が直面している現実的な生活状態、就職状況の差異が両国大学生の個性と心理の差異に影響を及ぼしてきた。特に注目すべきなのは中国の大学生の抑うつ指数は明らかに日本の大学生より高いことである。中国社会は今転換期にあるため、各種の社会矛盾と問題が比較的目立ち、近年来の世界経済の不振と大学卒業生の激増による就職難に加え、どのようにして大学生によい精神状態で勉強を終わらせることができるのかという問題は今家庭、学校、国家と社会が早期解決を迫られている。一方、大学生の側から見れば中国の大学生は自分の心と目標を調整する必要があり、絶え間なく自分を鍛えて両親の保護から離れ、各種の挑戦に向かうべきである。それに、国家の経済発展に十分な自信を持つ上で家庭支持と自立の関係をもっとうまく調整し、その中で最も重要なのは自分の生きる力をつけ、生存と生活の技能を掌握して今の自分の身の丈にあった目標を樹立し頑張りぬくことである。

　男女の性差については調査の結果から両国はほぼ同じで東アジア文化及び社会現実、家庭教育などが人の性別感受に対する影響はここでも再び証明されたのである。性別と役目の教育が今の大学生にとって依然として必要なものであることも明らかになった。

　本研究の限界としては、調査に使用した質問紙自体の限界と被験者の人数のため、調査結果と実況との間には一定の誤差があるかもしれない。これらを踏まえて、これからより詳細な、厳密な比較研究を行っていく必要があろう。

引用・参考文献
于恵芳　2009「日本小学生における学校生活のキーワード」『少年児童研究』
　　12、34-38頁
袁貴礼・刑建輝・田毅　2001「大学生に対する民族憂患教育を必ず強化する」

『中国高教研究』8、45-46頁
王成義 2005「大学生のストレス状況に関する調査研究」『中国健康心理学雑誌』13（4）、311-313頁
許英美・田中雄三 2004「日中大学生の自我同一性地位に関する比較研究—文化的自己観からのアプローチ」『鳴門生徒指導研究』14、17-31頁
黄徳健 2006「当代大学生の心理挫折に関する研究」『高等教育』4、144-147頁
蒋立傑・王欣 2001「大学生の自我概念と父母の育て方に関する研究」『中国心理衛生雑誌』15（6）、442-444頁
高木秀明・張日昇 1990「日中青年の自己意識の発達に関する比較研究」『横浜国立大学教育紀要』30、21-43頁
張徳偉 2002「日本中小学のいじめ問題と解決対策」『日本問題研究』3、39-44頁
張麗霞・今野洋子 2002「中日両国大学生の性意識、恋愛観に関する比較調査」『ハルビン学院学報』23（9）、135-140頁
張大均・呉明霞 2004「社会変革時期青少年の心理問題及び対策の研究に関する思考」『西南師範大学学報』、27-31頁
趙志毅 1998「中日中小学生の志向水平に関する比較研究」『対照教育研究』5、44-48頁
陳夢然 2006「中日異文化コミュニケーションの衝突」『寧波大学学報（教育科学版）』28（2）、70-73頁
陳会昌・王莉 1997「1-10歳の子供を持つ親の教育観念」『心理発展と教育』1997（1）、40-43頁
鉄水 2002「「天之骄子」と「絶対生存」」『企業家天地』9、12-13頁
杜君林 2010「日本人の危機感について」『科教文汇』15、205-206頁
白雪潔 2003「日本とアメリカの産業機構変動の経済成長と就職効果の対照研究」『現代日本経済』5、30-35頁
樊富珉 2001「北京大学生の心理素質及び心理健康に関する研究」『清華大学教育研究』4、26-32頁
駱風 2005「20世紀90年代以来中国の家庭教育に対する研究の評価」『教育理論と実践』5、51-55頁
李卓 2004「中日家庭制度の比較研究」『人民出版社』
李虹 2005「日本語の情意表現」武漢大学修士論文
李衛平・王智慧・崔巍 2008「オリンピックが北京市民の幸福指数にもたらす影響を評価する指標システムの構築」『体育学刊』12、21-27頁
李文 2010「日本国民心理の変化原理と趨勢」『日本研究』3、91-104頁

李虹　2002「大学生圧力量表の編制」『応用心理学』27-32頁
李虹　2006「自我超越の生命意義がストレスと健康の関係を調節する作用」『心理学報』38（3）、422-427頁
李沢厚　2010「中日文化心理の比較について」『華文文学』5、15-36頁
劉陽・中村俊哉　2009「日中大学生の自殺観に関する比較研究」『福岡大学教育大学紀要』第四分冊58、141-146頁
楊雄　2007「現在中国家庭教育が直面する挑戦、問題と対策」『探索と争鳴』2、68-71頁

付録

中国の若者の価値観・家族観に関する研究調査票

　この度は中国の若者の価値観・家族観に関する調査研究にご協力頂きまして、ありがとうございます。この調査は匿名によるものであり、その結果は研究目的のみに使用されますので、個人情報が流用されることはありません。なお、本研究が有意義な研究になれますように、皆様には「ありのまま、率直に」お答え頂けますようにお願い致します。
なお、本研究に関する質問等のある方は、次の連絡先までご連絡ください。

■　年齢：(満　　　)歳
■　学年：大学（　　　）年生（注：復学生の場合は復学した年次を記入）
■　性別：1．男性　　　2．女性
■　現在同居中のあなたの家族構成について教えてください。該当する方には〇を、その他の方は（　　）にご本人との関係をお書きください。
　　（例：兄、妹、叔父など）
①　祖父・祖母・父・母・本人・その他（　　　　　　　）の計（　　）人家族
②　ご本人は、（　　）人兄弟中（　　）番目

第一部

　この質問紙では、日頃のあなたのものの感じ方・考え方、興味感心などについてお尋ねします。以下の文に書かれたことが自分にどのくらいあて

はまるかについて、次の1～5の中から選んで、その番号を○で囲んでお答えください。正しい答えや、良い答えなどは解くにありませんので、あまり考え込まず、感じたままにお答えください。

【選択肢】
1．あてはまらない
2．ややあてはまらない
3．どちらともいえない
4．ややあてはまる
5．あてはまる

1．自分の思考の筋道に飛躍や矛盾がないか確認しながら考えを進める。
　　　　　　　　　　　　　　　　　　　　　　　　　1 2 3 4 5
2．あまり重要でないことにも、つい手間ひまをかけすぎてしまう。
　　　　　　　　　　　　　　　　　　　　　　　　　1 2 3 4 5
3．印象的なことに出会うと、それを文章や絵、音楽などで表したくなる。
　　　　　　　　　　　　　　　　　　　　　　　　　1 2 3 4 5
4．宗教や信仰の世界は、自分とは無縁だと思う。　　　1 2 3 4 5
5．人の喜びや悲しみを、心から共に分かち合いたいと思う。1 2 3 4 5
6．周囲の意向や、その場の雰囲気に逆らわずに行動することが多い。
　　　　　　　　　　　　　　　　　　　　　　　　　1 2 3 4 5
7．複雑なものの中から、法則性や規則性を見つけだすことに感心がある。
　　　　　　　　　　　　　　　　　　　　　　　　　1 2 3 4 5
8．わずかな空き時間・待ち時間も、有効に活用する。　1 2 3 4 5
9．物事の美しい面を捉え、どうすればより美しさが際立つか考える。
　　　　　　　　　　　　　　　　　　　　　　　　　1 2 3 4 5
10．自分の人生にいつかは終わりがくるということを意識しながら生きている。　　　　　　　　　　　　　　　　　　　　　　1 2 3 4 5
11．仲間と力を合わせて、　1つの目標に向かってがんばるのが好きだ。
　　　　　　　　　　　　　　　　　　　　　　　　　1 2 3 4 5
12．他人に自分の弱点やもろい面を知られてつけ込まれないように、用心している。　　　　　　　　　　　　　　　　　　　　　1 2 3 4 5
13．試験勉強などでは丸暗記は避け、事柄の本質や原理を理解しようとする。
　　　　　　　　　　　　　　　　　　　　　　　　　1 2 3 4 5

14. 転んでもただでは起きない方である。　　　　　1 2 3 4 5
15. 身の回りの道具などに、生きものに対するような親しみを感じることがある。　　　　　1 2 3 4 5
16. 自分が生まれる前も死んだ後も続いていく、永遠の時の流れを感じることがある。　　　　　1 2 3 4 5
17. 相手の話をよく聞いて、気持ちを受けとめようとする方だ。
　　　　　1 2 3 4 5
18. 自分の属する集団に自分と異なる主張をする人がいると、気になって仕方がない。　　　　　1 2 3 4 5
19. より正しいものの見方・考え方はないかと、常に追求している。
　　　　　1 2 3 4 5
20. 目先のことよりも、長期的な損得を考えて行動する。　1 2 3 4 5
21. 身の回りにあるものの形や色に、強く心を引きつけられることがある。
　　　　　1 2 3 4 5
22. 大きな運命の流れを感じことがある。　　　　　1 2 3 4 5
23. 困っている人を見ると、放っておけない気持ちになる。　1 2 3 4 5
24. グループの中で、しきり役をつとめるのは、好きな方だ。1 2 3 4 5
25. 一度疑問を持ったら、納得のいく説明にたどり着くまで、簡単にあきらめない。　　　　　1 2 3 4 5
26. その時どきの目的や状況に応じて、無理のない計画を立てる。
　　　　　1 2 3 4 5
27. 自分がきれいだと思うものを、集めたり飾ったりする。　1 2 3 4 5
28. 自然や宇宙の偉大さの前に、謙虚な気持ちでありたいと思う。
　　　　　1 2 3 4 5
29. 人と心が通い合った時の喜びは、言葉では言い尽くせない。
　　　　　1 2 3 4 5
30. 対立する相手と闘ってでも、自分の意志を通そうとする。1 2 3 4 5
31. あいまいなこと・よく分からないことがあっても、さほど気にならない。
　　　　　1 2 3 4 5
32. 実現しそうもないことに手を出して、失敗することが多い。
　　　　　1 2 3 4 5
33. 自分の気持ちや感じにぴったりくる言葉を見つけようとする。
　　　　　1 2 3 4 5

34. 生命の素晴らしさ、神秘性に、畏敬の念を持っている。　１２３４５
35. 他人のことを、深く理解したいと思わない。　　　　１２３４５
36. 人に指示を出したり、命令するようなことが、気がすすまない。
　　　　　　　　　　　　　　　　　　　　　　　　　　１２３４５
37. よく理解できないことがあると、頭がすっきりするまで考え込む。
　　　　　　　　　　　　　　　　　　　　　　　　　　１２３４５
38. 仕事は手順・段取りを考えて、効率よく進めようとする。１２３４５
39. 気に入った絵や写真などを、時間の経つのも忘れて眺めていることが
　　ある。　　　　　　　　　　　　　　　　　　　　　　１２３４５
40. 一生の間にどの程度のことができるだろうかと、考えてみることがある。
　　　　　　　　　　　　　　　　　　　　　　　　　　１２３４５
41. ある人の生きざまを深く知って、心から共感を覚えることがある。
　　　　　　　　　　　　　　　　　　　　　　　　　　１２３４５
42. 話の流れを自分のペースに持っていくことが好きだ。　１２３４５
43. 重要な選択をする時は、プラス面・マイナス面を考えて、現実的に判
　　断する。　　　　　　　　　　　　　　　　　　　　　１２３４５
44. 芸術的なものには、あまり興味がない。　　　　　　　　１２３４５
45. この世界には、人間の力をはるかに超えた大いなるものの力が働いて
　　いると思う。　　　　　　　　　　　　　　　　　　　　１２３４５
46. 自分の予想外のことが起きると、すぐにその原因・理由を考える。
　　　　　　　　　　　　　　　　　　　　　　　　　　１２３４５
47. 人の役に立てたり、人と助け合えたりすることに、充足感を見出す。
　　　　　　　　　　　　　　　　　　　　　　　　　　１２３４５
48. 人の上に立つような仕事がしたい。　　　　　　　　　　１２３４５
49. 買いたい物がある時は、なるべく安売りや割引などのチャンスを利用
　　する。　　　　　　　　　　　　　　　　　　　　　　　１２３４５
50. 何かに見とれることがよくある。　　　　　　　　　　　　１２３４５
51. "自分が何のために生きているのか"などとは、考えたこともない。
　　　　　　　　　　　　　　　　　　　　　　　　　　１２３４５
52. 大切な人のために、尽くすことに喜びを感じる。　　　　　１２３４５
53. 人に対して説教をしたくなることがある。　　　　　　　　１２３４５
54. 無駄な時間や労力は、なるべく費やしたくない。　　　　　１２３４５
55. 美しい景色などを見ても、すぐに飽きてしまう方だ。　　　１２３４５

56. 自分に与えられた生を、精一杯生きようと思う。　　1 2 3 4 5
57. あまり人と親密な関係になりたいとは思わない。　　1 2 3 4 5
58. いかに相手をうまく説得するかに関心がある。　　　1 2 3 4 5
59. 自分にとって役に立つもの・便利なものは、積極的に活用する。
　　　　　　　　　　　　　　　　　　　　　　　　1 2 3 4 5
60. 気に入った小説や映画の世界の中に入り込んで、想像を巡らせている時がある。　　　　　　　　　　　　　　　　　　　　1 2 3 4 5
61. 世界の無限の広がりの中では、自分はごく小さな存在だと思う。
　　　　　　　　　　　　　　　　　　　　　　　　1 2 3 4 5
62. 親しい人たちとの結びつきを求める。　　　　　　　1 2 3 4 5
63. 事態を分析したり推理したりするのは面倒くさいと思う。1 2 3 4 5
64. 周囲の人に影響を与えるような人間でありたい。　　1 2 3 4 5
65. 得られる結果が同じなら、なるべく手間のかからない方法を選ぼうとする。　　　　　　　　　　　　　　　　　　　　　　1 2 3 4 5
66. 自分の好きな音楽の流れの中にひたっていると、とても気分が良くなる。
　　　　　　　　　　　　　　　　　　　　　　　　1 2 3 4 5
67. 死ぬ時に悔いが残らないような生き方をしたいと思っている。
　　　　　　　　　　　　　　　　　　　　　　　　1 2 3 4 5
68. 自分が誰かの心を傷つけてしまったことに気づくと、耐えられない気持ちになる。　　　　　　　　　　　　　　　　　　　1 2 3 4 5
69. 事態を自分の手でコントロールできない立場にいると、もどかしさを覚える。　　　　　　　　　　　　　　　　　　　　　1 2 3 4 5

第二部

あなたの家族の現在の様子についておたずねします。次の各項目について、最もよくあてはまると思うところに、○をつけてください。

【選択肢】
1. まったくない
2. たまにある
3. ときどきある
4. よくある
5. いつもある

1．家族で何かをする時は、みんなでやる。　　　　　　1 2 3 4 5
2．私の家族では、みんなで何かをするのが好きである。　1 2 3 4 5
3．私の家族では、自由な時間は、家族と一緒に過ごしている。
　　　　　　　　　　　　　　　　　　　　　　　　　1 2 3 4 5
4．私の家族は、みんなで一緒にしたいことがすぐに思いつく。
　　　　　　　　　　　　　　　　　　　　　　　　　1 2 3 4 5
5．私の家族では、お互いに密着している。　　　　　　1 2 3 4 5
6．家族の方が、他人よりもお互いに親しみを感じている。1 2 3 4 5
7．家族がまとまっていることは、とても大切である。　1 2 3 4 5
8．私の家族では、何かを決める時、家族の誰かに相談する。1 2 3 4 5
9．私の家族は、困った時、家族の誰かに助けを求める。　1 2 3 4 5
10．私の家族では、みんなを引っ張っていく者（リーダー）が決まっている。
　　　　　　　　　　　　　　　　　　　　　　　　　1 2 3 4 5
11．私の家族では、誰がどの家事・用事をするか決まっている。
　　　　　　　　　　　　　　　　　　　　　　　　　1 2 3 4 5
12．私の家族は、子供の言い分も聞いてしつけをしている。1 2 3 4 5
13．私の家族では、問題の解決には子どもの意見も聞いている。
　　　　　　　　　　　　　　　　　　　　　　　　　1 2 3 4 5
14．私の家族では、問題の性質に応じて、その取り組み方を変えている。
　　　　　　　　　　　　　　　　　　　　　　　　　1 2 3 4 5
15．家族を引っ張っていく者（リーダー）は、状況に応じて変わる。
　　　　　　　　　　　　　　　　　　　　　　　　　1 2 3 4 5
16．私の家族では、叱り方について親と子で話し合う。　1 2 3 4 5
17．家族は、それぞれの友人を気に入っている。　　　　1 2 3 4 5
18．家族の決まりは、必要に応じて変わる。　　　　　　1 2 3 4 5
19．私の家族では、家事・用事は、必要に応じて交代する。1 2 3 4 5
20．私の家族では、子どもが自主的に物事を決めている。1 2 3 4 5

第三部

　私たちは、変動する今日の国際社会とその中に置かれた中国について、幅広い方々を対象に意識調査を行っています。以下の質問に、皆様の率直なご意見をお聞かせください。

以下の各文について、あなたの考えにあてはまるところに○をつけてください。

【選択肢】
1．反対
2．どちらかといえば反対
3．どちらでもない
4．どちらかといえば賛成
5．賛成

1．義勇軍進行曲を聞くと感動をおぼえる。　　　　　　　　　1 2 3 4 5
2．物価の安い外国に暮らすのもいいが、少々高くついても中国に暮らしたい。　　　　　　　　　　　　　　　　　　　　　　　1 2 3 4 5
3．中国の経済力を考えれば、国連や国際会議における中国の発言権をもっと大きくあるべきだ。　　　　　　　　　　　　　　　1 2 3 4 5
4．中国は諸外国から学ぶことが多い。　　　　　　　　　　　1 2 3 4 5
5．祝祭日や国民の休日に、街で五星紅旗が揚げられているのを見ると最高な気分になる。　　　　　　　　　　　　　　　　　1 2 3 4 5
6．生まれ変わるとしたら、また中国人に生まれたい。　　　　1 2 3 4 5
7．世界の貧しい国の生活水準をあげるために、私たちは生活水準を下げる気にはならない。　　　　　　　　　　　　　　　　　1 2 3 4 5
8．もっと中国人は外国人に対して、いろいろな部分で門戸を開放すべきである。　　　　　　　　　　　　　　　　　　　　　　1 2 3 4 5
9．五星紅旗は世界一の国旗である。　　　　　　　　　　　　1 2 3 4 5
10．私は中国という国が好きだ。　　　　　　　　　　　　　　1 2 3 4 5
11．中国人は世界でもっとも優れた民族のひとつである。　　　1 2 3 4 5
12．他国の貧困の緩和は彼ら自身の問題であって、私たちとは無関係である。
　　　　　　　　　　　　　　　　　　　　　　　　　　　　　1 2 3 4 5
13．子ども（児童）が五星紅旗に対して起立させられたり、義勇軍進行曲を歌わされたりしているのを見るのは心苦しいことだ。　1 2 3 4 5
14．私は中国人であることを誇りに思う。　　　　　　　　　　1 2 3 4 5
15．アジアの将来を決定する上で、中国は最大の発言権を持つべきである。
　　　　　　　　　　　　　　　　　　　　　　　　　　　　　1 2 3 4 5
16．中国のスポーツ界に活躍する外国人勢は排除すべきだ。　　1 2 3 4 5

17. 神社・仏閣に参拝することは国民として望ましい態度である。
　　　　　　　　　　　　　　　　　　　　　　　　1 2 3 4 5
18. 国を思う気持ちは国民の一番大切な感情である。　1 2 3 4 5
19. 治安の良さから考えて、他の国には住みたくない。　1 2 3 4 5
20. 中国が戦後に驚異的な成長を遂げたのは、国民の優秀性による。
　　　　　　　　　　　　　　　　　　　　　　　　1 2 3 4 5
21. 外来文化を積極的に取り入れることは中国にとってプラスになる。
　　　　　　　　　　　　　　　　　　　　　　　　1 2 3 4 5
22. 中国の若者は中国の歴史や遺産に敬意を払わなければならない。
　　　　　　　　　　　　　　　　　　　　　　　　1 2 3 4 5
23. 中国にはあまり愛着を持っていない。　　　　　　1 2 3 4 5
24. 海外援助をするなら中国の不利益になるような援助はすべきでない。
　　　　　　　　　　　　　　　　　　　　　　　　1 2 3 4 5
25. 中国は政治的利益に一致しなくても、苦しんでいる国々にすすんで富を分かつべきだ。　　　　　　　　　　　　　　1 2 3 4 5
26. 中国の古い寺や民家を見ると非常に親しみを感じる。　1 2 3 4 5
27. 中国は世界で一番良い国である。　　　　　　　　1 2 3 4 5

第四部

以下の項目をよく読んで、自分の実状に基づき回答してください。各問題には四つの選択肢があり、一番相応しい選択肢を○で記してください。

　（一）0．憂鬱など全く感じていない
　　　　1．憂鬱あるいは阻喪的に感じる
　　　　2．毎日憂鬱に感じ、そこから脱却できない
　　　　3．憂鬱でたまらない
　（二）0．自分の未来を悲観的に思わない
　　　　1．自分の未来はあまり楽観ではないと思う
　　　　2．自分の未来に何の望みも持っていない
　　　　3．これからがだめだと感じ、そしてよくならないと思う
　（三）0．失敗感はあまりない
　　　　1．大多数の人と比べ、私は負け犬であると思う
　　　　2．人生を顧みると、ただの一連の失敗であると思う

　　　　3．自分は徹底的な負け犬だと思う
（四）0．何の不満も持っていない
　　　　1．平日のようにゆっくり生活を過ごせないと思う
　　　　2．どんなこともちょっとだけの満足も感じれない
　　　　3．すべてのことに対し、不満である
（五）0．心に特別の疚しさがない
　　　　1．時々疚しく感じ、あるいは自分が何の価値もない人間だと思う
　　　　2．非常に疚しく感じる
　　　　3．自分が非常に悪い、そしてなんの価値もないと思う
（六）0．自分に対し、落胆しない
　　　　1．自分に対し、落胆する
　　　　2．自分が嫌いである
　　　　3．自分を憎んでいる
（七）0．自分を傷つける考えはない
　　　　1．死んだ方がいいと思う
　　　　2．自殺を考えたことがある
　　　　3．チャンスがあれば、また自殺する
（八）0．他人と付き合う興味を失っていない
　　　　1．平日と比べ、他人と付き合う興味が薄くなってきた
　　　　2．他人と付き合う興味が大分失い、他人に対し何の感情も持っていない
　　　　3．他人に対し、何の興味も持っていない、そして他人を相手にしない
（九）0．平日のように決断できる
　　　　1．できるだけ決定を下すことを避ける
　　　　2．私にとって、決断を下すことが難しい
　　　　3．何の決断も下せない
（十）0．自分の外形は昔より悪いとは思わない
　　　　1．自分が年取り、人を引き付けないことを心配する
　　　　2．自分の外形はきっと変わった、そして人を引き付ける力はなくなった
　　　　3．私の外形は醜く、嫌われると思う

(十一) 0．平日と同じように仕事できる
　　　 1．あることをする時、余計な努力が必要
　　　 2．自分を強制して、あることができる
　　　 3．何のこともできない
(十二) 0．昔と比べ、疲れやすいと思わない
　　　 1．昔より疲れやすいと感じる
　　　 2．どんなことをやっても疲れる
　　　 3．非常に疲れやすい方なので、どんなこともできない
(十三) 0．食欲が昔と比べ悪くない
　　　 1．食欲が昔と比べ悪くなった
　　　 2．今の食欲が昔と比べ大変悪くなってきた
　　　 3．食欲がちっともない

記入漏れがないようもう一度ご確認ください。ご協力ありがとうございました！

九分割統合絵画法のタイトルによる
青年期在日韓国・朝鮮人の自己イメージの研究
―― 韓国・日本の大学生との比較調査も含めて ――

徐　　明　　淑

はじめに

　歴史的事情により朝鮮半島から日本に定住するようになった「在日」（本稿では、韓国籍、朝鮮籍、あるいは帰化によって日本籍を取得した人々も含め、朝鮮半島にルーツをもつ人々のことを「在日韓国・朝鮮人」と呼び、「在日」と略称する）は、現在約70万人いると言われている。「在日」1世は民族文化を内在化した後に来日し、生きていくために日本社会への同化につとめた。1世により近い2世はともかく、3世・4世になると言語を含め民族文化との乖離も進み、「在日」若者の日本社会における自己アイデンティティ確立のための方向性も多様化している。「在日」も一般的には移民として、心理学の側面などからいろいろな研究がなされている（李・田中、2010）。しかし、日本において「在日」社会が形成された歴史的経緯や文化的緊密性（儒教的アジア文化圏）などにより一般論では説明しきれない問題も多い。特に、ホスト社会である日本は地理的に恵まれていたこともあり独特の文化的伝統を持つ社会である（土居、1971；新渡戸、1938；河合、1976）。このようなホスト社会で生きざるを得ない「在日」の社会的適応に関しての困難さには枚挙にいとまがない（原尻、1997；福岡、1993；金、2001）。

　筆者は、先行研究（徐、2011）において①「在日」若者は日本社会に非常に同化しているにもかかわらず、微妙な心理的距離感が形成されている②「在日」は日本人でもない韓国人でもない、つまり特定の集団に対する

帰属意識概念が希薄であり、「在日」だけが持っている特別な意識を持っている③民族文化と民族語は「在日」若者の自己アイデンティティ形成に密接に関わっている、という結論を得た[1]。

　以上の先行研究から、民族文化を受け継ぐことが「在日」若者の自己アイデンティティ確立の上でどのような意味を持つのかを文化的・心理的側面から考察する必要があると思われる。「在日」若者のアイデンティティ確立状況は彼らがどのような自己イメージを持っているかによりある程度推測ができ、それぞれの若者が育ってきた条件と自己イメージとの関連が把握できれば「在日」若者の自己アイデンティティの確立のために考慮すべき要因が何であるかある程度特定できよう。「在日」若者のアイデンティティ確立の仕方も3世・4世になると多様化している。李・田中（2010）よる長期異文化滞在者の心理学研究によれば、移民の文化変容態度に関して「文化的アイデンティティと特徴」を維持したいかどうか、また「ホスト社会とのよい関係」を維持したいかどうかにより大別して統合・同化・分離・周辺化の4つの態度がみられるといわれている。そして、周辺化の場合、出身社会やホスト社会を超えた更に新しいタイプの自己アイデンティティ（「自由人」、「地球人」など）を求める者も出てきているという[2]。

　このような状況に鑑み、まず文献研究に基づき、「在日」若者の自己イメージ形成とアイデンティティ確立について述べる。

　人間関係が織り成す諸々のイメージの世界においてこそ我々の自己は生きており、この関係において自己自身を形成していることに疑いの余地はない。河合（1987）によると、人間存在の根底に本来的自己と呼ぶべき本性があり、心の全体の中心は自己であるという。われわれは元型としての自己について知り得べくもないが、その心の動きやイメージを意識化することができる。それを通じて自我の偏りをなくしつつ、あくまで真の自己への近似しつづける過程を、ユングは自己実現の過程と名付けたのである[3]。

　このような自己イメージはどのように形成され、そして自己アイデン

ティティの形成にどのような影響を与えているのだろうか。自己イメージは、個人が所属する社会に適応した行動様式を身につけるという社会化の過程を通して形成され、自分に対する満足の程度や、他人に対して優越しているかどうかなどの自己評価を含んでいる（藤木、1998）。青年期に入っての自己アイデンティティ形成には肯定的にしろ否定的にしろ自分は何者であるかという自己イメージが深く関わっている。幼少期にはあまり気にしていなかった他人の評価、自分の長所・短所に関する客観的事実についての認識が必要とされる。そこでは、自分と向き合うこと、自分について冷静に分析し、受け容れることができているかどうかが重要な要素となる（井上、2004）。また、肯定的な自己概念を育むには、自分自身を認め、受容することの重要性、そして自信を持つこと、円満な友人関係、家族関係の構築、得意分野の発掘・向上などの必要性があげられる。否定的な自己概念を生む原因に関しては、他人との過剰な比較、友人や親などの親しい人からの裏切り・拒絶、不安定な家族環境などがあげられる。

　それでは「在日」の自己観あるいは自己イメージはどのようなものだろうか？

　福岡（1993）は在日韓国人の若者150人あまりのライフストーリーの聞き取り調査を行ない、以下のような結果を述べている。「彼らは日本人の世界にも同胞の世界にも無理なく適応している。二つの自己を意識的に"使い分け"しているのではなく、"その場の雰囲気に"すっと適応している感じ」だという。田中（2003）によると3世に進めば脱文化が進み、民族的な区分にはより執着しなくなり、個人化の傾向がみられるようになる。心理的にも、世代進行に伴って集団のアイデンティティよりも個人のアイデンティティに比重を置く自己認知が生じていく。このような現象は一見矛盾してみえるが、視点の個人化は、差別的な視線から距離を置く認知的な機制ではないかと考えられる（李・田中、2010）。

　一方「在日」若者を取り巻く環境ともいえる日本と韓国の若者の自己イメージはどうであろうか。加賀美（2008）の自己観の比較論文（日韓の大学生が持つ理想的自己観12項目から構成された尺度）によると、将来なりた

い自分の理想像を描く価値観分析で韓国人学生の方が有意に高かったのは、「正義感が強い人」、「社会的に力のある人」、「人の意見に素直に合わせられる人」、「社会や人のために役に立つ人」、「異なる文化を尊重し他の文化圏の人々と積極的に交流する人」、「人と社会に関するメッセージが伝えられる人」の６項目であった。これに対し日本人学生は韓国人学生より「上下の区別なく対等な立場で人と接することができる人」、「好奇心が旺盛で向上心がある人」の２項目において有意に高かった。このように韓国人学生は、正義、社会的パワー、社会貢献、同調、異文化重視など対人・対社会の価値において高く、社会との接点に積極的であり対人関係を重視する傾向がみられた。一方、日本人学生は理想的自己の対等性、好奇心などかなり自己の内面に関心を持つ傾向がみられ、両者に違いがみられた。この比較研究は、「在日」若者にとってのホスト社会である日本が必ずしも開かれた寛容度の高い社会であるとはいえないことを示唆しているといえよう。

　一方、E. H. エリクソン（1973）は「アイデンティティ」という言葉を今日心理学の分野で使われている意味に広げた。心理学におけるエリクソンの貢献としては、まず、自我心理学の発展に対するものがあり、特にそのエゴ・アイデンティティ論はユニークな自我理論として高く評価されている。その問題関心の焦点は生活周期と社会制度の関係に合わされている。彼の生まれながらの境界意識は、自己の存在がどこかに確実に所属しているという意識を揺すり動かすものであり、自己の存在感を希薄にするものであった。この境界意識は、アイデンティティ形成に重大な影響を及ぼすものであると語っている。アイデンティティは主観的・心理的なものである一方、人間存在の社会的・歴史的側面を強調する概念なのである。

　鑪（1990）は、更に、より現実的なアイデンティティ理論を出している。アイデンティティは自分意識と深く関係している。自分意識とは内面的・外面的側面を内包していると語っている。外面的とは「社会的存在」を意味し、内面的は「こころの存在」を指す。外面的側面は、社会的存在でもある我々は他人を意識すると同時に他人の中に自分を発見し、他人と

の交流や関心のなかで理想の人に同一化し、さらにそれを抜けて自分らしさを獲得していくために必要である。内面的側面というのは、ルーツを明確にすることによって自分のアイデンティティを確立していこうとする姿勢に関連する。

　ルーツ探しは、アイデンティティが根を下ろす土壌の確保である。A.ヘイリー（1974）のいうように自己のアイデンティティを明確にし、確信を持つためには、自分の出自についての確認が必要なのである。自己の成り立ちを知り、自己のルーツを知ることは、あるべき自己を確認する心理と深くかかわっている。自分が自分であるというアイデンティを求める要求は、ルーツとなる自分の生まれ、親、育ち、環境や文化、そして歴史を知る衝動を生んでおり、彼がいうように自分ということについての意識やその内容を指している。

　ベリー（2006）は、移民の文化変容態度に関して、母文化アイデンティティが安全に守られる環境であればホスト文化も受け容れ易いが、母文化アイデンティティが脅かされると、ホスト文化を拒絶する傾向があると述べて、多文化社会において自文化が保証されることの重要性を強調している（李・田中、2010）。自文化が安心して保持できるかどうかは、ホスト社会における多文化共生に影響を与える可能性があると述べた。この点から判断しても「在日」若者のアイデンティティ模索の困難さは理解できる。

　「在日」が日本社会のなかで生きていくのに、社会との心理的距離感や非帰属意識などは決してポジティブな影響を持つものではないと思われる。土居（1971）は、人間は何ものかに所属するという経験を持たない限り、人間らしく存在することができないという。

　しかし、困難ではあるがこれらのネガティブな側面も「在日」が日本社会の一員として生き抜く上でポジティブに生かせる道もあり得る。問題は、いかにして、彼・彼女らが内部の持てる能力を引き出せ、この地域で生かせるか、ということである。「ある意味では韓国人でも日本人でもない感じだ、どっちの側にたってもものを考えることができる。少数派、多数派両方に触れている自分がいる。私しか持ってない特別なものではない

かなと思う」といった非帰属意識観念は、ある意味では非常に貴重なポジティブなものと見なせよう。つまり、全員がそうである訳ではないが、一部の「在日」は狭い意味での民族を基準にした偏狭なナショナリズムに左右されない新しい自己アイデンティティを確立した存在ではないかと思われる。誰でも持っているはずの民族意識、つまり日本・韓国・朝鮮といった幾分片寄った民族的アイデンティティがそういった「在日」にはあまり内在化されていない。このことは「在日」が将来日韓のあるいは日本と朝鮮半島の「架け橋」になりうる豊かな可能性を持った存在であるということを示唆していると思われる。

　日本と朝鮮半島の「架け橋」的存在となるためには、①関係する国々に対する深い愛着と文化的な理解を持つ者でなくてはならない。そうであることにより文化の融合を導く先駆けとなりうる。日本に生活基盤を持つ「在日」は、民族的な自覚を持ちながら、日本社会における個別的具体的接触ゆえに日本文化と朝鮮文化に対する良き理解者でありうる。またそのような存在であるためには、②朝鮮人・韓国人という過剰意識は持たなくてよいが、民族的プライドを持つことが是非とも必要である、ということも強調しておきたい。お互いの文化的土壌に対する理解と敬意は現実的状況の背後にありながらそれぞれの状況が好ましい方向に向かうことを願う上で基本となるものであろう。本論文ではそういった姿勢を持った存在を「架け橋」と定義したい。

　「在日」が周囲と自分が異なっていると感じることは、自らの特異性を障害としてではなく一種の賜物として感じ、その特異性を生かす上で精神的なバネとしうる可能性を示唆している。自らの特異性を価値あるものとして感じ、「架け橋」たらんとするためには存在の仕方に対して責任を持つという姿勢が必要であろうし、その意味でこのような困難な状況にいる「在日」若者にとって自己の中心軸になるはずのアイデンティティ確立は極めて重要なものであると考えられる。

　徐（2011）の少人数の「在日」若者を調査対象に行なったインタビューと質問紙調査では把握しきれていないことの克服が課題として残った。既

存の質問紙調査のようなある程度枠組みを特定した上での調査ではなく、被験者のより多様で豊かな心の動きに立ち入った調査方法が求められた。

　本論文ではこのような個人の心の動きまで立ち入った情報を得る手段として、文献の中で韓国における日本イメージの研究で用いられていた九分割統合絵画法（加賀美、2008）を採用することにした。その理由は被験者の形成したイメージを探り出す手法として九分割統合絵画法が豊かな情報を与えてくれるものであると判断したからである。その際、本研究では「在日」若者自体の調査とは別に、韓国の若者と日本の若者の調査も同時に行なった。それは「在日」が根源的に朝鮮半島と日本とを意識せざるを得ない存在であるからである。

2．研究目的

　本研究では、青年期「在日」の3世、4世が自分らしく生き、自己実現が十分にでき、そして東北アジア地域における重要な存在になりうることを想定し、その新しい「きざし」を探るために彼・彼女らの「心の中心である自己」のイメージはどのようなものであるかを明らかにすることを目的とする。その際比較検討の基礎とするため日本と韓国の若者の自己イメージの調査もあわせて行なった。

I　調査および考察

　インタビューと質問紙調査による予備調査を行なった後、被験者が面接者に言葉で表現できないものを補う調査法として、九分割統合絵画法を本調査に用いることにした。筆者は被験者の内面的な状況をよりよく知るためには話された言葉だけでなく被験者により絵画に書き込まれた言葉による表現を分析することも大事であるということに着目した。

　九分割統合絵画法は森谷（1987）により開発され、心理療法の分野で広く活用されている手法であり、与えられたタイトルのもとで被験者が自己の内面を非言語的表現である描画法を用いて表現する調査法である。本研

究でこの手法を採用したのは、微妙な心理的状況を把握する質的データ測定法としてこの手法が広く活用されていることと言語よりも描画を通してのほうが文化的背景の異なる者のイメージや心の動きを理解するのに適切ではないかと考えたからである。

1．九分割統合絵画法について

九分割統合絵画法は、森谷（1986）の説明によると以下のような特徴を持つものである：「一枚の紙の上に空間次元と時間次元を同時に表わすことが可能であり、様々なイメージをひとつに集約し、被験者の内面を整理するのに有用である。描かれた絵や文字は被験者の自由連想の過程として理解される。心に浮かんでくる種々雑多なイメージを結集させることがごく自然にできる。意識の中に入り込んでくるイメージを、いちいちその重要性を判断することなく、どんどん枠の中に入れ込むことができる。このプロセスはイメージを要素に分けていくプロセスである。それはあたかも、プリズムが不可視の太陽光線を7色に分散するのに似ている」。このようにして、この技法は被験者の内的イメージを要素に分けつつ、しかもいつも統合へ向かうように設定されている。この方法によれば言語という表現手段よりも、もっと直接的に生のイメージを把握することが可能となる。多様なイメージをその多様性をそこなうことなく、1枚の画用紙に表現できるという特徴をもっており、それ故に、複雑で、錯綜した未知のイメージを調査する方法として利用価値があると思われる。

2．九分割統合絵画法の調査方法

1）市販のA4判の白紙画用紙を枠づけした後，画面を9等分（3×3）に分割する。枠づけした画用紙と色鉛筆を被験者に与えた。

白紙画用紙に3×3の枠を付けるのは画面の構造化をある程度高くすることによって、表現をしやすくするためである。つまり、A4判画用紙そのままの上にものを書くよりも、9つに分割した枠にして画面を小さくすると絵が苦手な人でも絵や文字等を書き込むのに抵抗感が少なくなる。こ

のことはおよそ200人の大学生を対象として「私」というテーマで実験されていることからも明らかである（森谷、1987）。
２）「在日」の若者には「私とはなにか？」、韓国の大学生には「私にとって韓国と日本とは？」、日本の大学生には「私にとって日本と朝鮮半島とは？」というそれぞれのタイトルを与え、「思い浮かぶものを何でもいいから、自由に絵に描いてください。どうしても絵にできなければ文字、記号、図形などでもかまわない」と教示した。
３）画用紙に書き込む順序としては右下隅から反時計廻りに中心に向かう順序か、または、その逆に中心から時計廻りに右下隅に向かう順序か、どちらの順序でもいいから順番に番号を書き込み、その番号の順にひとこまずつ描き込むように説明した。

　この順序は従来のマンダラについての考え方、すなわち、外から中心に向かう「向上門」といわれる方法、およびその逆方向である中心から外へ向かう「向下門」といわれている順序に倣っている。被験者が任意に勝手な順序で描きいれる技法も考えられるが、後から絵を見直し、被験者の連想の糸を追体験するためにも、また、描画に精神を集中させるためにも、一定の順序に描画させるほうがよいと思われる[4]。
４）すべての区画に描き終わった後、その各々の絵に簡単な説明文か、言葉を記入してもらい、配った色鉛筆で色をつけるように説明した。九分割統合絵画法で色鉛筆を使うのはイメージの表現力を豊かにしてもらうのが目的であり、色の分析には今回は拘らない。
５）最後に、被験者自身の描いた絵の全体を見て何か思い付く「タイトル」を画用紙の裏面に書くように指示した。この作業は9個の枠に表現された様々なイメージ全体を改めて一つのものとして被験者に把握させるという意味がある。

　最初にタイトルを与えて描いてもらう時は、そのタイトルにより引き出されるイメージを連想形式で自由に表現してもらう。9個の枠に分割したり、書込み順序を指定するのは「連想のプロセスを記録するため」（森谷寛信、2011）でもある。その後で被験者自身がタイトルを付けるという意

味は、自由連想により表現された一連のイメージ全体を改めて眺めて、被験者自身に総括して表現してもらう点にある。つまりその意味は、被験者自身が与えられたタイトルに対する自分の自由連想による反応を改めて見直してみると、自分は一体どういう風に考えていたのかに「気付く」ことを要請する点にある。このことを踏まえて以後被験者が与えたタイトルを「気付き」のタイトルと称することにする。

3．被験者の分析

被験者は表1のように3つのグループから構成されている。

表1　被験者の領域区分

国籍／被験者	出身学校等	性別	平均年齢	学歴
韓国・日本・朝鮮／「在日」	1）日本の学校31名 　（男：12、女：19） 2）朝鮮学校34名 　（男：21、女：13）	女子32名 男子33名	22.22歳 (SD：5.35)	高校在学（卒）、大学卒（在学）、大学院卒等
日本／日本人	広島市の大学100名 　（韓国語履修者50名；男：21、女：29　韓国語非履修者50名；男：18、女：32）	女子61名 男子39名	19.37歳 (SD：1.26)	主に大学在学2，3年生
韓国／韓国人	昌原市の大学105名 　（日本文学履修者52名；男：33、女：19　日本文学非履修者53名；男：24、女：29）	女子48名 男子57名	23.19歳 (SD：1.34)	主に大学在学2，3年生
計	計270名	女性141名 男性129名	21.59歳 (SD：1.99)	

本研究のため2011年3月10日から5月30日まで、韓国昌原市の大学生、日本広島市の大学生と広島在住の「在日」3世・4世の3者を対象に「私にとって韓国と日本とは？」、「私にとって日本と朝鮮半島とは？」、「私とは何か？」というそれぞれの自己イメージに関する描画の調査を行った。

被験者の内訳は表1の通りであるが、（1）朝鮮学校（民族学校）で学んだ者34名のなかには、小・中・高は朝鮮学校に通ったが、大学は日本の

大学で学んだ者もいた。それ以外の「在日」の被験者31名は日本の学校で学んだ者であった。森谷（1987）のなかにも書いてある（描画の所要時間およそ60〜80分）ように人によっては描画を描いてもらうのに随分時間を要する場合もあるので、数日間預けた上で被験者が描き終わった後、回収を行なった。回収できた有効なデータは最終的に31名になった。「在日」のうち34名は広島の朝鮮学校に調査依頼をした後、疑問点や説明などを必要とする場合は随時訪問し何回かに分けて描画を収集した。（2）韓国の場合、2011年2月、事前に昌原市の大学を訪問して調査の趣旨を説明した後、再び4月の初め頃から約2週間韓国に滞在しながら描画を収集した。韓国では依頼した者ほぼ全員に協力してもらった。また、韓国人大学生の男子の中には兵役を終えて復学した者も含まれている（韓国男子の兵役期間は満18歳から30歳まで平均25カ月）。

（3）日本の場合、4月中旬頃から5月末まで約130枚の資料を配ったが最終的なデータとして103枚（3枚はイメージ無し、有効データは100枚）を採集した。調査には大学内の施設である語学棟のコンピュータ室と図書館を利用し、1人1人に調査の趣旨を説明した後、時間制限を設けずに自由に描いてもらった。そのうち約20枚は授業時間を割愛して協力していただき収集したものである。

4．与えられたタイトルの分析

1）日本と韓国の大学生に対するタイトル：「私にとって日本と朝鮮半島とは？」、「私にとって韓国と日本とは？」は対称的なタイトルで、共に日本と朝鮮半島に横たわる問題をそれぞれの若者のイメージとして取りあげようとするものである。その際、"言語的知識"（当然文化的理解に通じる）の有無が何らかの差として現れることが想定されるため、それぞれの相手国の言語の学習歴を持つか否かでグループ分けをしてデータを採集した。

「私にとって日本と朝鮮半島とは？」と「私にとって韓国と日本とは？」のようにタイトルの言葉を「韓国」と「朝鮮半島」にした理由は、日本に存在している「在日」にとっての朝鮮は南北合わせての朝鮮半島で

あり、韓国だけではない。反面、韓国側からみれば現実的な問題に関わる側面があるから韓国の大学生には「朝鮮半島」ではなく、「韓国」に限ることにした。今朝鮮半島には、南に大韓民国、北に朝鮮民主主義人民共和国という二つの国がある。

2)「在日」に対するタイトル：「私とは何か？」は、一見上記のグループに与えたタイトルと異なっているように思えるが、「在日」であれば当然、日本と朝鮮半島との関わりが問題とされるであろうと想定される。「在日」に対しては、特に明示的に日本と朝鮮半島の関係を持ちださなかったが、むしろそうすることにより「在日」の独特な状況が浮き出されるのではないかと期待したため、このような形でタイトルを与えた。

3) 被験者全員の「気付き」のタイトルをデータとして入力した。入力の際、日韓両言語に精通した広島市内H大学准教授に依頼し、バックトランスレーションを経て訳語を確定した。

Ⅱ 「気付き」のタイトルの分析

＊「気付き」のタイトルの分析の意義とその手順

1.「気付き」のタイトル分析の意義

一枚の紙の上に描画を描いてもらうこの方法は様々なイメージをひとつに集約した被験者の内的混乱を整理するのに有用である（森谷 1987）。描かれた絵や文字は被験者の自由連想の過程として理解され、その自由連想からの多様なイメージから被験者の心的力動や心的布置をひと目で見ることが可能となる[5]。この過程で被験者の気持ちを表現させるのは無意識に近いものである。この方法は無意識の表現を追求しているが、被験者の感情を形にする意識の表現も重要視するものと理解される。そのような意味で描画の全体を被験者に意識的に吟味してもらい、新たなタイトルを書いてもらうことは描画の分析において重要なプロセスであると考えられる。

2.「気付き」のタイトル分析の手順

分析の手順は、1から9までの描画のイメージと書き込まれた文字を繰り返し読み取った後、「在日」と日韓の大学生が九分割統合絵画に付けた「気付き」のタイトルを描画の内容をもとに分類した。分類する作業はGTA（Grounded Theory Approach）に従って行ない、その後、それぞれのグループの描画の書き込みを再検討し、グループへの分割の根拠と思われるものをカテゴリーとして定義し、収集された描画はすべて番号をつけてデータ処理を行なった。たとえば、「在日」の描画にはB-1-1〜B-1-31（日本学校出身者31名）、B-2-1〜B-2-34（朝鮮学校出身者34名）をつけた。韓国のデータにはA-1-1〜A-1-53（日本文学非履修者53名）、A-2-1〜A-2-52（日本文学履修者52名）をつけ、日本のデータにはC-1-1〜C-1-50（韓国語非履修者50名）、C-2-1〜C-2-50（韓国語履修者50名）をつけ、全部で270名である。

3．「在日」若者の「気付き」のタイトル分析

1）カテゴリーの定義とラベルの分類

66枚の描画を分類し、それぞれのカテゴリーを定義した（表2）。

上位概念の「カテゴリー」の定義の際はGTA法を用いて「気付き」のタイトルのカテゴリーを抽出した。その次に、タイトルだけでカテゴリー分類が困難なデータは描画の書き込み内容を綿密に分析し検討した結果である。その際、広島市立大学大学院生3人に協力してもらい、指導教授の立会の下で数回に渡って話し合い、「カテゴリー」を定義した。

2）カテゴリーの定義

表2　「在日」の若者の朝鮮学校出身者と日本学校出身のカテゴリーの定義

カテゴリー	1	2	3	4	5
朝鮮学校出身（34名）	未来への希望（11名）	旧植民地の子孫「在日」（6名）	存在している私・自分（14名）	私の役割（3名）	
日本学校出身（31名）	未来への希望（13名）	旧植民地の子孫「在日」（1名）	存在している私・自分（11名）	将来への不安（3名）	頼りは家族（3名）

カテゴリー定義におけるその内容区分を行なった。
3）カテゴリーの定義における「気付き」のタイトル分類
　①「未来への希望」は、未来への意欲、達成感、希望、夢、アピールするもの。②「旧植民地の子孫「在日」」は、朝鮮人として日本に住み、旧植民地の子孫という意識がはっきりしているもの。③「存在している私・自分」は、なぜ朝鮮人なのに日本に住んでいるかなど自分の存在に対する肯定・否定に対するもの。④「私の役割」は、将来自分のあるべき姿などを語っているもの。⑤「将来への不安」は将来への目標などが不明瞭であるもの。⑥「頼りは家族」は、家族が中心になるもの、などのようにその内容を分類した。
　その後、カテゴリーの分析を行なうために「ラベル」を分類した。分類の際は、同類の意味を成すものは属性を同じにした。
4）下位概念の「ラベル」の分類
①「スポーツ大会」は試合、全国制覇、全国大会、共和国代表、朝鮮代表、サンフレッチェ、②「自分探し」は頑張ろう、うまくいかない、分からない、思い、何故、鍵、扉、③「門出」は踏み出す時、進路、デビュー、④「民族学校」は山口朝鮮学校、四国朝鮮学校、広島朝鮮学校、我々の学校、民族教育、朝鮮大学、⑤「誇り」は民族性、民族に貢献、⑥「在日朝鮮人」は朝鮮人、在日朝鮮人、朝鮮民族、祖父母、⑦「スポーツ」はサッカー、野球、空手、走ることに専念、⑧「家族」は家、結婚、兄弟、家族、父母、⑨「同胞社会」は在日同胞、⑩「民族語」は朝鮮語、가나다라（ハングル）、⑪「地域言語」はＡＢＣ、あいうえお、가나다라（カナタラ）（ハングル）、⑫「歴史」は朝鮮歴史、祖国分断、強制連行など、⑬「高校無償化除外」は差別の意識、高校無償化除外など、⑭「優勝」は銀賞、スター、⑮「狭間」は日本・朝鮮・韓国、日・朝・韓の狭間、⑯「故郷」は帰属意識、帰ってきた、故郷など、⑰「在日の扉」はかぎ、扉、私の鍵、などのように分類した。
　以上の分類によりカテゴリー分析を行なった。以下の内容分析の数値は、それぞれの描画の枠（人数×9）のなかに書き込まれた下位概念の

九分割統合絵画法のタイトルによる青年期在日韓国・朝鮮人の自己イメージの研究

「ラベル」が一つ以上に集計されたものを順位に示す。

4．「在日」若者のカテゴリー分析の内容

1）朝鮮学校出身者34名（男子21名・女子13名）：

（1）「未来への希望」11名：99個（11×9）のキーワード。①スポーツ14、②民族学校12、③スポーツ大会10、④自分探し8、⑤在日朝鮮人7、⑥誕生6、⑦家族5、⑧門出4、⑨誇り・在日同胞・優勝3、⑩歴史問題・高校無償化除外2、⑪その他20。

（2）「旧植民地の子孫「在日」」6名：54（6×9）個のキーワード。①在日朝鮮人15、②民族学校8、③在日の扉5、④自分探し・狭間・家族・故郷3、⑤祖国分断・朝鮮青年会の働き手・広島2、⑥その他8。

（3）「存在している私・自分」14名：126（14×9）個のキーワード。①民族学校14、②人間12、③自分探し・私10、④朝鮮学生・在日朝鮮人8、⑤家族6、⑥日本5、⑦祖国4、⑧幼稚園・在日同胞・努力家3、⑨葛藤・狭間・互いが理解・地球人・冷たい眼差し・歴史問題・スポーツ2、⑩その他26。

（4）「私の役割」3名：27（3×9）個のキーワード。①民族学校6、②友達・固有の価値観3、③家族・自分探し2、④その他11。

2）日本学校出身31名（男子12名・女子19名）：

（1）「未来への希望」13名：117（13×9）個のキーワード。①家族16、②スポーツ8、③夢・美味しい物・貯金・御洒落4、④海・健康・韓国語・試飲・寝る・遊ぶ3、⑤笑い・韓国旅行・人・ディズニーランド・趣味・希望・韓国人・旅行2、⑥その他43。

（2）「旧植民地の子孫「在日」」1名：9（1×9）個のキーワード。①国籍3、②その他6。

（3）「存在している私・自分」11名：99（11×9）個のキーワード。①家族11、②自分探し9③在日韓国人・看護師（衛生士）・名前3、④葛藤・私・幸せ・拍手・成長2、⑤その他60。

（4）「将来への不安」3名：27（3×9）個のキーワード。①家族4、

271

②不安2、③その他21。
　(5)「頼りは家族」3名：27（3×9）個のキーワード。①健康5、②家族4、③韓国旅行2、④その他16。
　以上の分析内容を表（3）でまとめた。

5．「在日」の「気付き」のタイトルの分析（上位3位までの順）

表3　「在日」の「気付き」のタイトルの分析表

被験者	順位	カテゴリー 1 未来への希望／ラベル数	2 旧植民地の子孫「在日」／ラベル数	3 存在している私・自分／ラベル数	4 将来への不安／ラベル数	5 頼りは家族／ラベル数
日本学校出身者（男子12名・女子19名）	1	家族／16	国籍／3	家族／11	家族／4	健康／5
	2	スポーツ8	その他	自分探し／10	不安／2	家族／4
	3	夢・美味しい・貯金・御洒落／2・		在日韓国人／3・看護師／3・名前／3	その他	韓国旅行／2

被験者	順位	カテゴリー 1 未来への希望	2 旧植民地の子孫「在日」	3 存在している私・自分	4 私の役割
朝鮮学校出身者（男子21名・女子13名）	1	スポーツ／14	在日朝鮮人／15	民族学校／14	民族学校／6
	2	民族学校／12	民族学校／8	人間／12	友達・固有の価値観／3
	3	スポーツ大会／10	在日の扉／5	自分探し／10・私／10	家族・自分探し／2

　この表3では、朝鮮学校出身者のカテゴリーには「民族学校」が、そして日本学校出身者のほとんどのカテゴリーには「家族」が読み取れるが、なぜ朝鮮学校出身者のどのカテゴリーにも「民族学校」が重要視されているだろうか。「民族学校」の存在は「在日」問題を考える上で大きなウエイトを占めると思われるため以下簡単にその歩みを述べておく。
　「在日」の民族教育は、1945年8月15日以降、各地に朝鮮の言葉と文字

を教える場が作られた。最初は日本全国600か所におよぶ国語(朝鮮語)講習所が作られて、約6万人の学生がそこで学んだ。学生は6歳から15歳くらいまでであったが、ところによっては壮年や老人も含まれていた。しかし、GHQ(General Headquarters、占領軍総司令部)と日本政府は、朝鮮人民族教育を日本の学校教育法を無視した治安問題と共産主義の温床という理由で、1948年1月24日文部省学校教育庁を通して、各都道府県知事あてに「朝鮮人設立学校の取扱について」を通達し、「在日」の自主教育を否定した。これに対し「在日」の多い大阪、神戸では反対闘争が激しく繰り広げられた。その結果、「在日」と日本当局の間に衝突が起こった。それが頂点に達したのが1948年4月24日の大阪と神戸を中心とする「阪神教育闘争」である。「在日」が設立した民族学校の多数が朝鮮総連系(朝連)であり、したがって「阪神教育闘争」の運動の主体は朝連だった。その背景には北朝鮮樹立の支持を表明した朝連に対する日本政府とGHQの警戒感があった。その後、1949年10月朝鮮人学校閉鎖令が閣議決定されるとほとんどの学校が閉鎖され、子どもたちは日本学校へ転校、もしくは不就学を強いられることになった。民族学校の閉鎖に対する各地方自治体の対応はまちまちで、無認可校で民族教育を継続したところもあれば、日本当局との話し合いで公立学校の分校として存続したところ、または公立学校のなかに民族学級を設けたところもある。このような経緯を経ながら民族教育は継続されており、朝鮮総連の学校としては現在日本全国朝鮮学校の生徒数(幼稚園以外)は約1万名で、朝鮮籍、韓国籍、日本籍の生徒が在籍している。これに対し、在日本大韓民国居留民団系の民族学校は現在、東京韓国学校、金剛学園、建国学校、京都国際学園の4校がある(朴一・姜徳相・姜在彦・金敬得・姜誠・鄭大聲、2006)。

　「在日」若者は拉致問題・高校無償化問題(B-2-2)などもさる事ながら1世たちが守ってきた民族学校の大切さ、特に言語の重要性と民族教育の「継走棒」(=バトン)を次世代に継ぎたい者(B-2-2)、祖国の言葉・歴史・文化を学ぶことにより自分のアイデンティティを見つけられたという者(B-2-5)、朝鮮学校に通って自分が在日本朝鮮人ということ

が分かり朝鮮人なのになぜ日本で住んでいるのかを分かったという者（B-2-7）、異国の地にいても民族心を忘れないように建てられたのが民族学校であることが分かった者（B-2-18）、自分が住んでいる日本と祖国は仲が悪いが何時か互いが理解することを願い、同胞社会を守るのが自分の道であるという者（B-2-21）、など自らの存在と格闘しながら民族学校で学んでいる。

①カテゴリー1「未来への希望」のなかで「スポーツ」は朝鮮学校・日本学校出身者共通のキーワードである。2002年のサッカーのWorld-Cupの日韓共同開催は両国の若者だけでなく「在日」若者にも夢を与えるような祭典だったことはいうまでもない。スポーツの魅力が1人の「在日」若者の輝く人生を物語っている例（B-2-25）もある。

②カテゴリー2「旧植民地の子孫」には"故郷"という言葉がよく出ている（B-2-9、B-2-10）が"故郷"は被験者の描画から解釈すると1世たちの"고향（故郷）"を指している。「在日」の多くは歴史的経緯から朝鮮半島の南の人々の子孫である。それゆえ、多くの「在日」にとっては、故郷は韓国・祖国は朝鮮・生まれ育ちは日本、という特異な環境におかれることになった。

③カテゴリー3「存在している私・自分」において「自分探し」は「在日」若者の共通の関心事である。このような「在日」若者の姿は朝鮮学校出身者であるかあるいは日本学校出身者であるかということには関係ない。日本社会に育っていく上で違いが違いとして浮き彫りになったとき、社会との葛藤とそれへの適応の模索で自分探しに悩み「人と何か違うことを感じる。違うことに葛藤を覚えた（B-1-9）」と書いている。「私は朝鮮人なのに日本に住んでいる。今でも自分が何者かわからない（B-2-7）」などの表現から、彼・彼女らの悩みが読み取れる。

アイデンティティ確立には自己のルーツを知ることが必要であり（鑪1990）、そうすることによって自己の中心が確固たるものに繋がれると思われる。「在日」が自らのルーツを知り、そこに「根を下ろす」ことは「在日」のアイデンティティ確立の過程で避けて通ることのできないこと

であろう。

④カテゴリー４の「私の役割」では「私達は刺身を醤油でも楽しめる。又、チョジャンでも楽しめる（B-2-32）」（日本では刺身をワサビ醤油で食べるが朝鮮半島ではチョジャン（辛い酢味噌）で食べるのが一般的である）といった「在日」のアイデンティティ模索の新しい方向性を表わす者も見られる。朝鮮学校出身者も日本学校出身者も「在日」は、周囲と自分が異なる存在であることが表面化せざるを得ない状況に出くわした時、「何気なく朝鮮人だということを隠していた」、「嫌っていた」、「私は在日３世らしいが日本人である。韓国に興味なし」などの葛藤を覚えている（B-2-5、B-2-23、B-1-1、B-1-6、B-1-9、B-1-14）。このような状況は、長きに渡る植民地支配のもとで、朝鮮人自身の規範や価値観ではなく、帝国主義の規範や価値観を尊重するように教えられたこと（神社参拝強要、皇国人民教育、創氏改名、朝鮮語廃止政策（A-2-3、A-2-28、A-2-29、A-2-48、A-1-17、A-1-19、A-1-25、A-1-27））などで、多くの「在日」が民族の過去を知ることに関心が持てなくなったことによるものではないかと推測される。幸いなことに、自分が朝鮮人であることをスポーツクラブなどで懸命にアピールした結果より良い交流を持てるようになり、日本と同胞社会または世界で活躍したい（B-2-25）と思うようになったという「在日」もいる。周囲との違いを特異性として生かし自らの価値を高めている「在日」が自分たちの文化と言葉を学ぶことは、日本社会の中で積極的に生き、そして自分たちの存在に自信と責任を持てるようになることに繋がると思われる。

６．朝鮮学校出身者と日本学校出身者の言語的側面からの比較分析

今回の九分割絵画調査から朝鮮学校出身者が民族学校で学ぶ経緯をみると親の意思で入学する場合もあれば本人の意思で入学する場合もある。民族学校で学ぶ者のほとんどが民族教育の重要性を認識しているのが本研究の調査で明らかになった。言語（民族語）の習得はアイデンティティの確立に繋がると考えている者も多い（B-2-2、B-2-5、B-2-21、B-

2-25、B-2-30、B-2-32、B-2-34)。

　一方、日本学校出身者は韓国留学経験者二人(B-1-6、B-1-9)以外、民族語に対する自覚をあまり持っていない。しかし、韓国語を勉強したい(B-1-4、B-1-15、B-1-17、B-1-20)という気持ちを持っている者はかなりいる。ただ朝鮮学校出身者と日本学校出身者の違いは、前者は民族語が日本語と同様に日常語であるという意識をもっているが後者は民族語は日常語ではなく外国語と同様な意識を持っているという点にあるといえよう。

　教育に関する価値観は、社会化や自文化と関連し、教育・学習場面で人々が経験する感情や認知、行動様式に影響を及ぼすことが考えられる(加賀美、2005)。徐(2001)は、「在日」の母国語喪失現象の要因として①家庭内で民族語を身につけていくことが困難であることと②社会的環境による学習の動機づけが弱いことを取り上げ、これらの環境要因が「在日」若者が民族文化に対する誇りが持てなくなることに繋がることを示した。そしてこれらのすべての問題を解決するカギは民族語を含め民族文化の教育にあると提言した。なお、田渕(1991)は、両民族間の架け橋的役割を果たした雨森芳洲や柳宗悦、あるいは韓国文化の紹介に生涯をかけた金素雲の生き方にも触れ、彼らに共通しているのは、相手文化を尊重し、自民族中心主義から解放された柔軟な国際精神の持ち主であるといっている。そして彼らの架け橋的役割の教材化なども提案している[6]。お互いの文化を尊重しあうことにより新しい可能性が開けることを強く示唆する提案である。

　以上の分析から朝鮮学校出身者と日本学校出身者の差が強く表れているのは、朝鮮学校出身者が民族と同胞社会に貢献するのが自分の役割であると語る者が多い反面、日本学校出身者は家族を優先している者が多いという点である。

7. 日韓の大学生の「気付き」のタイトル分析
7-1. 日本の大学生の「気付き」のタイトルのカテゴリー定義

表4 日本の大学生の「気付き」のタイトルのカテゴリー定義

カテゴリー	1	2	3	4	5
日本 (韓国語履修者) 50名	朝鮮半島に対するイメージ(24)	隣国に対する魅力・好きな感情(9)	日本と朝鮮半島との歴史問題と関わり合い(8)	日本と朝鮮半島との文化的交流(9)	
日本 (韓国語非履修者) 50名	朝鮮半島に対するイメージ(25)	日本と朝鮮半島は近い国(6)	日本と朝鮮半島の歴史問題と関わり合い(4)	日本と朝鮮半島との文化交流(5)	日本と朝鮮半島との関係をよくしたい希望・期待(10)

タイトル分析の前にカテゴリーを定義した。定義は「在日」の分類方法と同様に行なった。

1）カテゴリーの定義における「気付き」のタイトル分類

　日本の大学生の「気付き」のタイトルの分析におけるカテゴリー定義の内容区分における上位概念のカテゴリー定義の際は「在日」のカテゴリー分類と同様の方法で行なった。しかし、日韓の大学生の「気付き」のタイトルの場合はタイトル自体が簡単明瞭な文もあれば長い文章もあったが、的確な意味を把握するために注意深く読み取りの作業を行なった。
①「朝鮮半島に対するイメージ」は、関心を抱いていないから特に近い国だとは思っていない、ただ漠然とした感じで友好意識もない、隣なのに意外と分からない国など。②「隣国に対する魅力・好きな感情」は、韓国とても好き、韓国好き、한국사랑해（韓国好き）、行ってみたい国、I love Korea、日本と違うところが新鮮に感じるもの、などハングルでタイトルを書いたものも含まれている。③「日本と朝鮮半島との歴史問題と関わり合い」は、歴史に関わるものと経済・スポーツなどの関わり合いのもの。④「日本と朝鮮半島との文化的交流」は、韓国の文化が身近に感じているもの、K-pop、ドラマ、留学生など親近感、互いの文化を知ることで理解が深まるもの。⑤「日本と朝鮮半島は近い国」は、隣国の魅力、私の身近にある朝鮮、身近、近い国など。⑥「日本と朝鮮半島との関係をよくしたい希望・期待」はお互いがよいイメージを持っていなかったが、良きライバルとして仲良くやっていきたい願望の表現など。

次に、カテゴリーの分析を行なうために下位概念の「ラベル」を分類した。

2）下位概念の「ラベル」の分類

日本の大学生のカテゴリー分析における「ラベル」の分類は以下の通りである。

「韓流ブーム」は韓国ドラマ、映画、音楽、俳優など、②「食文化」はキムチ、焼き肉、韓国のり、マッコリ（酒）、ビビンパなど。③「教育熱」は学歴重視社会、大学受験、教育熱心、英語教育熱高いなど。④「竹島」は日韓領土問題。⑤「スポーツライバル」はサッカー、野球、フィギュアスケート、ヨナ、金ヨナ（「ヨナ、金ヨナ」など表記は被験者による）など。⑥「伝統衣装」は韓国の韓服（チマ・チョゴリ）。⑦「ハングル」は韓国語の文字。⑧「テポドン」は北朝鮮のミサイル・核問題、金正日、独裁社会。⑨歴史問題は植民地支配、韓国併合、在日朝鮮人、朝鮮侵略、皇国臣民、1919年の3.1独立運動、伊藤博文と安重根、靖国問題など。⑩「反韓」は韓国に対する敵対感、歴史を作りかえる国、パクリ国家、南北で戦争中などの表現など。⑪「旅国」は南大門、行ってみたい国、観光客でいっぱい、夜景、ソウル、ソウルタワー、輝いている雰囲気、活気があるもの。⑫「隣国」は近い国、隣の国、距離だけでなく精神的な感情表現も含まれるなど。⑬「兵役」は軍事制度、徴兵制。⑭「友好」は握手、友人、真摯な理解、和解、共に生きる外交、東アジアの同伴者、友達、東北震災募金活動の助け合いの表現など。⑮「韓国の産業」は車、造船。⑯「太極旗」は韓国の国旗。⑰「南北分断」は板門店、南北戦争など。⑱「美人意識」は美意識が高い、美容整形など。⑲「IT社会」はサムスン，コンピュータや通信事業、製造・販売など。

7-2. 韓国の大学生の「気付き」のタイトルのカテゴリー定義

表5　韓国の大学生の「気付き」のタイトルのカテゴリー定義

カテゴリー	1	2	3	4	5	6
韓国 (日本文学 履修者) 52名	日本に対するイメージ(15)	日本に対するマイナスイメージ(7)	韓国と日本との歴史的問題と関わり合い(13)	韓国と日本との文化的交流(8)	両国間の肯定的・否定的側面にける両面性(9)	／
韓国 (日本文学 非履修者) 53名	日本に対するイメージ(5)	日本に対するマイナスイメージ(6)	韓国と日本との歴史的問題と関わり合い(12)	韓国と日本との文化的交流(3)	両国間の肯定的・否定的側面における両面性(16)	韓国と日本との関係をよくしたい希望・期待(11)

タイトル分析の前にカテゴリーを定義した。定義は「在日」の分類方法と同様に行なった。

1) カテゴリーの定義における「気付き」のタイトル分類

韓国の大学生の「気付き」のタイトルの分析におけるカテゴリー定義の内容区分は以下の通りである。

①「日本に対するイメージ」は、アニメーション、ヨーロッパ寄り、韓流ブーム、地震などのもの。②「日本に対するマイナスイメージ」は放射能放出、性産業、独島（ドクト）（＝竹島）、歴史問題など。③「韓国と日本の歴史問題と関わり合い」は、歴史問題と文化・スポーツなどにおける関わり合いの表現。④「韓国と日本との文化的交流」は、サムライ精神とソンビ精神、礼節と秩序意識、匠精神など互いに見習える文化的なもの。⑤「両国間の肯定的・否定的側面における両面性」は、文化的・歴史的な両側面に対するアンビバレトな表現など。⑥「韓国と日本との関係をよくしたい希望・期待」は、互いの良い面を協力・友好的に活かしたい表現、などのように分類した。

2) 下位概念の「ラベル」の分類

韓国の大学生のカテゴリー分析における「ラベル」の分類は以下の通りである。

①「アニメーション」はキャラクター、オタク、映画、ゲーム、アニメ製

作など。②「食文化」は寿司、ラーメン、たこ焼き、刺身、ツナ缶、カレー、味噌汁など。③「自然」は富士山、温泉、海など。④「匠精神」は物づくり、ロボット、車など。⑤「伝統衣装」は着物、浴衣など。⑥「日本語」は日本文学、日本語専門書、日本語の文字、職業に繋がる、大学の日本語授業など。⑦「放射能」は広島原爆、東北震災による原発放射能漏れなど。⑧「歴史問題」は植民地支配、教科書問題、靖国神社参拝、在日朝鮮人、慰安婦問題、朝鮮王朝26代王妃の明成皇后殺害、朝鮮侵略、皇国臣民、創氏改名、1919年の3.1独立運動、1592年の壬申の乱、民族抹殺政策、歴史的過去の傷、日本海と東海に対する歴史的表現、伊藤博文と安重根など。⑨「反日」は日本に対する敵対感、「日本沈没」映画など。⑩「日本の固有文化」は下駄、相撲、サムライ、茶道、切腹、畳み、パチンコ、天皇、神様が多いなど。⑪「隣国」は近い国、隣の国、距離だけでなく心理的な表現など。⑫「スポーツライバル」は2002サッカー日韓共同開催、フィギュアスケート、野球などの日韓の善意の競争など。⑬「キムチ」は、本来朝鮮のブランドであるが日本のキムチ産業があたかも日本のブランドであるように輸出していることへの反感の表現。⑭「友好」は握手、友人、真摯な理解、和解、共に生きる外交、東アジアの同伴者、友達、震災募金活動の助け合いの表現など。⑮「旅国」は東京タワーなど。⑯「環境問題」は自転車などの表現を分類した。

以上の分類によりカテゴリーを分析する。

7-3．日韓の大学生のカテゴリー分析の内容

1）日本の大学生の韓国語履修者50名

（1）「韓国・朝鮮に対するイメージ」24名：216個（24×9）のキーワード。①食文化39、②韓流ブーム16、③K-pop15、④スポーツライバル14、⑤ハングル13、⑥隣国11、⑦南北分断10、⑨整形美人・旅国9、⑩韓国産業8、⑪兵役・伝統衣装7、⑫教育熱・竹島6、⑬テポドン・歴史問題5、⑭反韓・太極旗・金正日・物価安・情け深い4、⑮韓国の通貨・友好・拉致問題2、⑯其の他10。

（2）「隣国に対する魅力・好きな感情」9名：81個（9×9）のキーワード。①K-pop16、②食文化11、③韓流ブーム8、④美容意識高い7、⑤スポーツライバル5、⑥友好・隣国4、⑦歴史問題・ハングル3、⑧南北分断・教育熱・旅国・物価安2、⑨その他12。
（3）「日韓の歴史問題と両国との関わり合い」8名：72（8×9）個のキーワード。①歴史問題10、
②友好8、③食文化6、④ハングル・韓流ドラマ・K-pop5、⑤隣国・南北分断4、⑥テポドン・独島(ドクト)（＝竹島）・スポーツライバル3、⑦韓国産業・人と物が似ている・南北格差2、⑧その他10。
（4）「日本と韓国との文化的交流」9名：81個（9×9）のキーワード。①食文化11、②K-pop・韓流ブーム7、③スポーツライバル6、④ハングル5、⑤隣国・竹島・美容意識4、⑥反韓・友好・歴史問題・南北分断・金正日3、⑦拉致問題・箸の違い・旅国2、⑧その他12。

2）日本の大学生の韓国語非履修者50名
（1）「韓国・朝鮮に対するイメージ」25名：225個（25×9）のキーワード。①食文化37、②K-pop・韓流ドラマ16、③テポドン13、④南北分断12、⑤美容11、⑥韓国産業5、⑦朝鮮の伝統衣装7、⑧IT社会・ハングル・金正日・スポーツライバル6、⑨歴史問題・隣国・教育熱・兵役5、⑩拉致問題・太極旗・顔が似ている・日韓友好4、⑪儒教文化・日章旗・反日・物価安い・島国日本3、⑫放射能・地震・留学生・文化伝来・愛国心・南北格差・旅国・竹島2、⑬その他17。
（2）「日本と朝鮮半島は近い国」6名：54個（6×9）のキーワード。①食文化12、②美容意識高い8、③K-pop5、④朝鮮の伝統衣装・韓流ドラマ4、⑤旅国3、⑥ハンクル・隣国・兵役2、⑦その他12。
（3）「日本と朝鮮半島の歴史問題と関わり合い」4名：36個（4×9）のキーワード。①食文化5、②スポーツライバル・歴史問題4、③韓流ドラマ・仲良くなりたい3、④美容意識・K-pop・南北分断2、⑤その他11。
（4）「日本と韓国との文化交流」5名：45個（5×9）のキーワード。①食文化9、②美容意識5、③テポドン・K-pop・韓流ドラマ4、④竹

島・隣国3、⑤南北分断・スポーツライバル・ハングル・旅国2、⑥その他5。

（5）「日本と朝鮮半島との関係を良くしたい希望・期待」10名：90（10×9）個のキーワード。①歴史問題・スポーツライバル・テポドン10、②食文化9、③K-pop7、④美容意識・竹島6、⑤南北分断・日韓友好5、⑥隣国・拉致問題4、⑦IT社会3、⑧兵役・教育熱・韓流ドラマ・文化伝授2、⑨その他3。

3）韓国の大学生の日本文学履修者52名

（1）「日本に対するイメージ」15名：135（15×9）個のキーワード。①アニメーション13、②自然・食文化12、③歴史問題・地震・日本の固有文化9、④日本語8、⑤隣国・独島（ドクト）（＝竹島）6、⑥放射能・スポーツライバル5、⑦桜・旅国4、⑧J-POP・茶髪ギャル3、⑨大韓民国・島国・近くて遠い国・日章旗・友好・匠精神・伝統衣装・秩序意識・裏表のある日本人2、⑩その他9。

（2）「日本に対するマイナスイメージ」7名：63（7×9）個のキーワード。①歴史問題9、②放射能・地震7、③反日・独島（ドクト）（＝竹島）5、④食文化4、⑤アニメーション・スポーツライバル・裏表3、⑥性産業・茶髪ギャル・自然2、⑦その他11。

（3）「朝鮮半島と日本との歴史問題と関わり合い」13名：117（13×9）個のキーワード。①歴史問題19、②友好11、③地震10、④独島（ドクト）（＝竹島）9、⑤隣国・スポーツライバル7、⑥日本語6、⑦日本の固有文化・自然5、⑧アニメーシション・食文化・匠精神・日章旗4、⑨韓流ブーム・桜・反日3、⑩J-pop・経済大国2、⑪その他9。

（4）「朝鮮半島と日本との文化的交流」8名：72（8×9）個のキーワード。①日本の固有文化10、②アニメーション7、③伝統衣装6、④食文化・歴史・桜5、⑤匠精神・自然4、⑥地震3、⑦スポーツライバル・独島（ドクト）（＝竹島）・日本語・日章旗2、⑧その他15。

（5）「両国間の肯定的・否定的側面における両面性」9名：81（9×9）個のキーワード。①アニメーション11、②歴史問題8、③地震・日本の固

有文化7、④竹島6、⑤放射能5、⑥親切・食文化・桜4、⑦自然・日章旗3、⑧匠精神・隣国・友好・性文化・日本語2、⑨その他9。

4）韓国の大学生の日本文学非履修者53名
（1）「日本に対するイメージ」5名：45（5×9）個のキーワード。①独島(ドクト)（＝竹島）・アニメーション・地震・匠精神4、②日本語・歴史3、③食文化・反日・韓流ブーム2、その他17。
（2）「日本に対するマイナスイメージ」6名：54（6×9）個のキーワード。①歴史問題22、②反日・独島(ドクト)（＝竹島）6、③放射能3、④日章旗・韓流ドラマ・スポーツライバル・友好・隣国・自然2、⑤その他5。
（3）「韓国と日本との歴史問題と関わり合い」12名：108（12×9）個のキーワード。①歴史問題27、②スポーツライバル14、③独島(ドクト)（＝竹島）10、④友好9、⑤地震6、⑥アニメーション・隣国5、⑦近くて遠い国4、⑧韓流ブーム・キムチ・放射能3、⑨日本語・日韓交流・匠精神・身長の差異・反日・桜2、⑩その他7。
（4）韓国と日本との「文化的交流」3名：27（3×9）個のキーワード。①食文化5、②自然4、③日本の固有文化3、④アニメーション2、⑤その他13。
（5）「両国間の肯定的・否定的側面における両面性」16名：144（16×9）個のキーワード。①歴史問題23、②独島(ドクト)（＝竹島）13、③友好12、④隣国10、⑤スポーツラスバル9、⑥アニメーション7、⑦韓流ブーム6、⑧自然・反日5、⑨放射能・日章旗・経済大国4、⑩桜・キムチ・近くて遠い国・地震・日本の固有文化・匠精神3、⑪食文化・経済文化交流・性産業・文化伝授・丁寧・顔が似ている・日本語2、その他10。
（6）「韓国と日本との関係を良くしたい希望・期待」11名：99（11×9）個のキーワード。①友好31、②歴史問題23、③スポーツライバル・独島(ドクト)（＝竹島）6、④地震・隣国5、⑤食文化4、⑥J-pop・反日3、⑦放射能・文化伝授2、⑧その他9。
以上の日韓の描画のカテゴリー分析を上位3位まで、比較表（6）でまとめる。

8．日韓の大学生の描画のカテゴリーの比較分析

表6　日韓の大学生の描画のカテゴリーの比較分析表

被験者＼カテゴリー	日本の大学生		韓国の大学生	
	韓国語履修者（A）	韓国語非履修者（B）	日本語履修者（A1）	日本語非履修者（B1）
1．朝鮮半島に対するイメージ（A），（B） 1．日本に対するイメージ（A1），（B1）	1．食文化／39 2．韓流ブーム／16 3．K-pop／15	1．食文化37 2．韓流ブーム・K-pop／16 3．テポドン／13	1．アニメ13 2．自然・食文化／12 3．歴史・自身・日本の固有文化／9	1．竹島・アニメ・地震・匠精神／13 2．日本語・歴史／3 3．食文化・反日・韓流／2
2．隣国に対する好きな感情（A） 2．日本と朝鮮半島は近い国（B） 2．日本に対するイメージ（A1），（B1）	1．K-pop／16 2．食文化／11 3．韓流ブーム／8	1．食文化12 2．美容意識高い8 3．K-pop／5	1．歴史問題／9 2．放射能・地震／7 3．反日・独島（＝竹島）／5	1．歴史問題／22 2．反日・独島（＝竹島）／6 3．放射能／3
3．日本と朝鮮半島との歴史問題と関わり合い（A），（B） 3．韓国と日本との歴史問題と関わり合い（A1），（B1）	1．歴史問題／10 2．友好／8 3．食文化／6	1．歴史・スポーツライバル・テポドン／10 2．食文化／9 3．K-pop／7	1．歴史問題／19 2．友好／11 3．地震／10	1．歴史問題／27 2．スポーツライバル／14 3．独島（＝竹島）／10
4．日本と朝鮮半島との文化的交流（A），（B） 4．韓国と日本との文化的交流（A1），（B1）	1．食文化／11 2．K-pop・韓流／7 3．スポーツライバル／6	1．食文化／9 2．美容意識／5 3．テポドン・K-pop・韓流／4	1．日本固有文化／10 2．アニメーション／7 3．伝統衣装／6	1．食文化／5 2．自然／4 3．日本の固有文化／10

九分割統合絵画法のタイトルによる青年期在日韓国・朝鮮人の自己イメージの研究

5．日本と朝鮮半島との関係をよくしたい希望・期待（B） 5．韓国と日本との関係をよくしたい希望・期待（B1）		1．食文化／5 2．スポーツ・歴史／4 3．韓流・仲良くなりたい／3	1．友好／31 2．歴史問題／27 3．スポーツライバル・独島（=竹島）／6
6．両国間の肯定的・否定的側面における両面性（A1），（B1）		1．アニメーション11 2．歴史問題8 3．地震・日本の固有文化7	1．歴史問題23 2．独島（=竹島）13 3．友好12

以上の分析を上位3位まで表（7）、（8）でまとめる。

1）日本の大学生の描画の「気付き」のタイトル分析（上位3位までの順）

表7　日本の大学生の描画の「気付き」のタイトル分析表

カテゴリー／被験者	順位	1	2	3	4	
日本（韓国語履修者）男子24・女子26		朝鮮半島に対するイメージ／キーワード	隣国に対する魅力・好きな感情／キーワード	日本と朝鮮半島の歴史問題と関わり合い／キーワード	日本と朝鮮半島との文化的交流／キーワード	
	1	食文化／39	K-pop／16	歴史問題／27	食文化／11	
	2	韓流ブーム／16	食文化／11	スポーツライバル／14	K-pop・韓流ブーム／7	
	3	K-pop／15	韓流ブーム／8	竹島／10	スポーツライバル／6	

	順位	1	2	3	4	5
日本（韓国語非履修者）男子18・女子32		朝鮮半島に対するイメージ	日本と朝鮮半島は近い国	日本と朝鮮半島の歴史問題と関わり合い	日本と朝鮮半島との文化的交流	日本と朝鮮半島との関係をよくしたい希望・期待
	1	食文化／37	食文化／12	歴史問題／10	食文化／9	食文化／5

285

| | 2 | K-pop・韓流ブーム／16 | 美容意識高い／8 | 友好／8 | 美容意識／5 | スポーツ・歴史問題／4 |
| | 3 | テポドン／13 | K-pop／5 | 食文化／6 | テポドン・K-pop韓流ブーム／4 | 韓流ブーム・仲良くなりたい／3 |

2）韓国の大学生の描画の「気付き」のタイトル分析（上位3位までの順）

表8　韓国の大学生の描画の「気付き」のタイトル分析表

カテゴリー／被験者	順位	1 日本に対するイメージ	2 日本に対するマイナスイメージ	3 朝鮮半島と日本との歴史問題と関わり合い	4 朝鮮半島と日本との文化的交流	5 両国の肯定的・否定的側面における両面性
日本文学履修者（男子33・女子19）	1	アニメーション／13	歴史問題／9	歴史問題／19	日本の固有文化／10	アニメーション／11
	2	自然／12・食文化／12	放射能・地震／7	友好／11	アニメーション／7	歴史問題／8
	3	日本固有文化／9	反日／5・独島（ドクト）／5	地震／10	伝統衣装／6	地震・日本の固有文化／7

カテゴリー／被験者	順位	1 日本に対するイメージ	2 日本に対するマイナスイメージ	3 朝鮮半島と日本との歴史問題と関わり合い	4 朝鮮半島と日本との文化的交流	5 両国の肯定的・否定的側面における両面性	6 両国の関係をよくしたい希望・期待
日本文学非履修者（男子24・女子29）	1	独島（ドクト）・アニメーション・地震・匠精神／4	歴史問題／22	歴史問題／27	食文化／5	歴史問題／23	友好／31
	2	日本語・歴史問題／3	反日・独島（ドクト）／6	スポーツ／14	自然／4	独島（ドクト）＝竹島／13	歴史問題／23

		食文化・反日・韓流ブーム／2	放射能／3	独島＝竹島／10	日本の固有文化／3	友好／12	スポーツ・独島＝竹島／6
	3						

（表7・8の表記はスペースの状況により「スポーツライバルをスポーツ、アニメーションをアニメ」のように記入した例もある）

　以上の表7から日本の大学生「気付き」のタイトルを分析すると、いずれのカテゴリーにおいても文化という要素が優位を示している。

　日本では1998年故金大中大統領の韓日大衆文化開放政策以来、韓流ブームの影響で若者の間では韓国の食文化や音楽などが広く知られるようになっている。しかし、日本における朝鮮半島の食文化（キムチと焼肉）といえば「在日」の果たした歴史的経緯を見逃すことはできない。

　日本におけるキムチは戦後「在日」が普及した食べ物であり、1945年日本の敗戦後、「在日」が苦しい生活の中で生きるための糧として「食堂」を開き築き上げた経済文化そのものである。それが今日、それまでの日本の食生活にはなかった新しい食文化を創り上げたものである。また、焼肉とは直火で畜肉を焼く方法であるが朝鮮半島では古くから存在したものである。焼肉とキムチに代表される朝鮮民族の食生活の智恵が日本の食文化として受け入れられるようになったのは「在日」のたゆまぬ努力の結果ともいえよう（朴一・姜徳相・姜在彦・金敬得・姜誠・鄭大聲、2006）。

　食文化に続いて、韓流ブーム、K-pop、美容意識、スポーツなど若者志向の大衆文化的なものも日本社会に現れている。2003年度の「冬のソナタ」でのヨン様ブーム、2005年の東方神起の日本デビュー、2010年のK-popブームなどはそういった傾向に拍車をかけたものであると考えられる。

　大野（2007）は、ポップカルチャー越境現象である韓流ブームは「狭義の東アジア人」アイデンティティ形成の可能性を示唆するものであると論じた。「冬のソナタ」、「宮廷女官チャングムの誓い」など韓国発のテレビ番組や映画は愛情表現の奥ゆかしいもので、儒教的ラブストーリーは露骨

な愛情表現を見慣れた者からみればまどろっこしくて見ていられないものかも知れない。「チャングムの誓い」は儒教を統治理念にしていた朝鮮王朝時代の名もなき女性が宮中の最高料理人で王の主治医にもなるという実在人物のサクセス・ストーリーに基づいたものであるが、その伝えるメッセージは、聖なるものでも世俗でもない、現実のある種の生き様を理想とする儒教的価値観であり、そのような「古き良き東アジア」に今を生きる日本の若者が共感を覚えたのではないだろうか。

　一方、表8の韓国大学生の日本に対するイメージは、「歴史問題」、「独島(ドク)(＝竹島)」、「日本の固有文化」、「アニメーション」、「地震」の順である。多くの韓国の大学生は「歴史問題」を取り上げているが、そのなかで「19歳少女が日本を眺める（A-2-51)、21世紀韓国にとって日本はどんな存在でいるだろうか（A-1-51)、韓国と日本の過去・現在・未来（A-1-11)、協力と善意の競争のなかで互いの発展を伴う両国（A-1-37)」などの描画からみると彼・彼女らは決して後ろ向きではなく、過去に正面から向き合い、そしてそこから未来を開こうという未来志向的なメセージを描画のなかに表現している。

　韓国人大学生の日本イメージは、日本は「嫌い」だが、友好的な日韓関係の強化を望み、機会があれば日本に行きたいと希望する学生が相当数いること（日韓相互理解研究会、1992）や、「日本国家」との社会的距離は遠いが「日本人個人」との社会的距離は近く、「国家としての日本イメージ」は警戒すべきだが（32.4％）見習うべきでもある（33.10％）（玄2005）という。これは彼らのアンビバレントな日本観を反映した結果だといえる（岩井・朴・加賀美・守谷、2008)。

　表（7、8）においては、日本の大学生に顕著にみられるのは大衆文化的なものであり、韓国の大学生に多くみられるのは「歴史問題」と「日本の固有の文化」への言及である。しかし、全体的には多くの日韓の大学生たちは文化的な側面に互いの良いところを魅力としてとらえているのが見受けられる。日本の大学生の韓国に対するイメージとしては、情け深い人々(C-2-14)、情熱的な国民性（C-2-27)、努力家（C-2-29)、フレ

ンドリー(C-2-35)、人が優しい(C-1-41)、輝いている(C-2-35)、などの表現があり、また韓国の若者の日本のイメージとしては、思いやり(A-2-6)、匠精神(A-2-29)、秩序(A-1-37)、清潔(A-2-31)、親切(A-2-17)などが見られる。両国の若者が相手の異なる文化を魅力として描き出しているのが注目される。

　洪(2009)の論文によると、最近はむしろ日本の小説、テレビドラマなどのコンテンツを活発に取り入れている韓国映画界の傾向があり、文化は異質なものも含めて相互交流をしながら持続的に拡大している。お互いの違いを認め合い、融合文化を創造していくことである。「和而不同」であり、「和諍」である。ここでは、偏狭なナショナリズムは排除されなければならず、共生・関わり合いの関係を築いていく必要があることが再確認されている。

　このように文化には人々を結びつける計り知れない力が込められている。日韓の新しい文化交流の時代を築いた故金大中氏が述べていたように「文化は、歴史のある一時点の優劣だけで判断して交流できるものではない。文化は、過去、現在、未来につながる悠久の相互学習を通して形成されるからだ。そうしてみるとき、文化交流はお互いから学び合うプロセスである(金、2011)」[7]。

9．日本と韓国の大学生の言語的側面における比較分析

1）表7をみると、日本の大学生の韓国に対するイメージは、文化的な側面において良い印象を持っている。中でもほとんどのカテゴリーには食文化が圧倒的に多い。特に韓国語履修者はカテゴリー3の「日本と朝鮮半島の歴史問題と関わりあい」以外に、文化の側面が多く示されている。このことは日本の大学生も韓国の大学生も相手の言語を学習した者は歴史問題などよりは文化的な面に魅力を感じていることが分かる。言い換えれば相手の文化を学習した者はそうでない者より相手により一層の親近感を持ち、相手の良いところに目を向け理解するという点があるのではないだろうか。

2）表8をみると、韓国の日本文学履修者は他の側面よりは文化、特に「日本の固有文化」に関心を示している。「日本の固有文化」の定義語は「下駄・相撲・サムライ・茶道・畳・パチンコ・天皇・神様が多い」などである。

　この分析表によると日韓の大学生は互いの異なる文化に良いイメージを持っているといえよう。しかし、韓国語非履修の日本の大学生と日本文学非履修の韓国の大学生を比較すると前者は「文化」に、後者は「歴史問題」に反応を示しているのが顕著にみられる。日本文学非履修者の多くの韓国の大学生は日本のイメージとして「歴史問題」と「独島（＝竹島）」を取り上げている。これは韓国の歴史教育によるところが大きいと思われるが、互いの言語を履修した者とそうでない者には文化を通して相手国を理解しようする姿勢に差があることを示している。E．W．サイード（2000）が「階級間の対立感情の矯正手段としての、またナショナリズムと地方的偏狭さの弊害の緩和手段としての、またさらに道徳的生活の成長に「正当な可能性」を与える思考手段としての文化を重視している」[8]といったように、文化的理解がお互いの関係発展のためいかに重要な役割を果たしているかが理解できる。

おわりに

1．まとめ

　「在日」若者は自己アイデンティティ確立のためそれぞれ困難な道を歩んでいるが、3・4世になると新しいアイデンティティを追求する者も出てきている。すなわち、日本社会における歴史的被害者意識を乗り越えて、自己の存在意識を狭いナショナリズムから解き放ち、より普遍的な価値を結びつけて考えようとする若者である。そのような新しい「きざし」は今回行なった九分割統合絵画法による彼らの自己イメージ調査からも読み取れる。今後の東北アジア地域の発展を考える上でこのような「在日」若者の存在は、この地域における重要なキー・ファクターの役割を果たす

存在として成長してくれる希望を抱かせるものである。しかし、我々が自己アイデンティティを確立するためには「根を下ろす」土壌が必要である。そのためには「在日」若者がまず日本社会の中に生きつつも朝鮮半島の出身者であるという自負を持つことは必要だと思われる。

　「在日」にとっては日本と朝鮮半島は、意識するにせよしないにせよ、常に自らの意識を規定する潜在的な枠組みである。そのため日韓の大学生の日本と朝鮮半島に横たわるイメージ調査も併せて行なった。その際、"言語的知識"（当然文化的理解に通じる）の有無によるグループ分けをしてデータを収集した。「在日」若者および日本と韓国の大学生の3者のデータを分析した結果は以下のようなものであった。

1）「在日」の若者は、①自分たちが異質であることに対する社会の視線に抵抗感を感じている。②言語などによる文化は「在日」若者の思考の範囲と思考形成に影響を及ぼしている。③「在日」若者のなかには新しい生き方を模索している者もいる。

2）日本の大学生の朝鮮半島に対するイメージは韓国語履修者と非履修者の間に若干違いは出ているものの、全体的に韓国の大衆文化と隣国の文化に魅力を感じている者が多い。

3）韓国の大学生は、日本文学履修者は日本のアニメーション、伝統衣装などの日本の固有文化に魅力を感じている。一方非履修者は歴史問題に関心が高い。しかし、日本文学非履修者の多くは歴史問題に触れてはいるもののカテゴリー6「朝鮮半島と日本との関係を良くしたい希望・期待」の「友好」に関心が集中しているのが分かる。

4）2）、3）に共通して見られるように日本と韓国の大学生は基本的には友好的でお互いの文化に魅力を感じている。しかし、ここで見落とせないのは韓国の大学生の中にあるもう一歩立ち入った認識である。例えば日韓の文化的側面について「秩序（日本）と礼節（韓国）」あるいは「サムライ精神とソンビ精神」を挙げる者がいた。このことは韓国社会にはいまだに儒教的精神が根強く残っていることを思い起こさせ、歴史的問題もさることながらこのような文化風土に対する理解も日本と朝鮮半島の真の友好

関係を築いていく上で必要とされることを示唆している。

　現在の日韓の若者のお互いに対する好ましい感情を考えると「在日」が日本と朝鮮半島の「架け橋」としての役割を果たして欲しいと期待される土壌は十分にあると思われ、そのために是非必要とされるのは「在日」の朝鮮の伝統的な文化風土への理解ではないかと思われる。「在日」若者に自己アイデンティティ確立のためには「根を下ろす」ことのできる土壌が必要であるが、朝鮮の伝統的な文化的精神風土がまさにそのようなものの一つではないかと考えられる。

2．本研究の限界と今後の課題

　本研究の限界は言語的側面を考慮して被験者を分類したため「在日」若者の場合は自然に朝鮮学校出身者（在学生）と日本学校出身者に分かれてしまった。そのために年齢的にも高校在学生を主体とするグループと社会人とのずれが生じ、教育的背景もかなり異なるものとなってしまった。

　また、多くの「在日」若者は日本学校を卒業し日本社会の中で通名を用いて生活している。日本社会に埋没し調査対象とはならない「在日」も多いと思われるが「在日」若者の実態調査の充実はこれからの課題であろう。

　本調査を通してみれば、日本・韓国の若者と比較して「在日」若者の場合には総じて深い葛藤が読み取れる。今後、この方向からの研究も必要であると思われる。

3．一つの提言

1）歴史的にディアスポラとは離散して異邦人の間にさまようユダヤ人を指す言葉であるが、「在日」もまさに本来の"故郷"から切り離されて"異郷"にさまようディアスポラである。韓国併合から一世紀が過ぎ、戦後66年を迎えている今、「在日」若者は自分たちの文化と伝統を知り、この日本社会の中で特別な役割を担う者としての新しい生き方が期待されている。つまり日本と朝鮮半島の新しい歴史を創っていく上で歴史的に大き

な役割が期待されている。それは新たな創造であり新しい生き方の模索である。E．W．サイード（2001）のいうように「創造とは過去と渡り合うひとつの方法であり、過去をいわばオリジナルなものとして、もしくは始まりとして生きなおすこと」[9]である。

「在日」が民族文化（言語など）に対する誇りを持ち、重要なパートナーとして日本社会にうまく適応し、更には日本と朝鮮半島の「架け橋」としての存在を示していくカギは「教育」にあると思われる。「ひと」が「ひと」として自分らしく生きるためには他人のものではなく精神的支えになる自分たち固有の「誇り」が必要である。そのようなものとして、「在日」の教育の中に朝鮮の「ソンビ精神」の普及を含めることを提言したいと思う。これは本研究の九分割統合絵画の中（A-1-37）にも書き込まれている朝鮮半島の伝統的な精神文化の一つである。

2）ソンビ精神について

サムライ精神（新渡戸、1938））が潔さを象徴する日本の精神文化の基本とするなら、朝鮮ではソンビ精神が儒教的理念を社会に具現する精神文化の基本であり続けてきたといえよう。朝鮮の精神文化を理解する上でソンビ精神に対する理解は欠くことのできないものである。

ソンビは閉鎖的な身分ではなく、能力を原理とする開放的な階級であり、その能力とは儒教経典的な教養能力であった。朱子（1130-1200）の没後三百年にして儒教の朱子学を正しく継承して、朝鮮の新しい土壌にその花を咲かせたのは李退渓（1501-1570）である。退渓は「선비」を定義して「権力と権威に屈しないのがソンビ」であるといった。退渓は朝鮮半島におけるソンビ精神の具現者ともいえる。その退渓の継承した朱子学が、さらに一世紀遅れて日本に移植された。退渓は、朱子学東漸史の上で、中国と日本を繋ぐ重要な役割を果たし、日本に対しても極めて友好的だった。当時朝鮮の朝庭の大臣達は「絶倭」の方策を主張し、日本との和議を拒否していたのに対し、退渓は北の女真と日本との間に立って朝鮮が二正面作戦をとることを避け、先ず以て日本の和議を受け入れることを至上の策とした。退渓は常に敬畏の念を以て、心の発動しない場合には、自己の心性

の純粋さをそのまま存養すべきことを説き、心が発動しようとする場合には、その発動のきざしを反省察識して人欲の芽生えを抑制することを説いた（友枝、1985）。

退渓は56歳の時「郷約(ヒャンヤク)」を草した。これは当時の家族村落共同体、郷村における民衆の相互扶助と人々の生活の倫理的な規範を確立することを目的として作られたものである。つまり現代の地方自治を先取りしたものであった。これらの郷約の制定・実施にあたってはあまねく郷人全体に可否の意見を聴取し、修正を前提として定め、「孝悌忠信」の美徳を郷人の道徳の根本的あり方を個人の主体におき、学校教育による根本方針を示した（高橋、1985）。これはまさに、現代における民主主義社会における本来の道徳観といって差し支えないのではないだろうか[10]。

ソンビは学問を通して、知識を獲得するだけでなく、道理に適った人格的成就を達成することを目標におく。ソンビが官職に就くのは、それが目的ではなく、官職によって志した信念を実現する機会を獲得するためである。ソンビには二つの方向性がある。一つはその時代において正しい道を自ら実践することと、もう一つは後世のために正しい道を教えることである。ソンビとはどの時代においてもその社会が追及する理想と価値秩序を提示する知識人であり、その時代理念の価値秩序をみずから実践する守護神である。朝鮮時代においては儒教理念に基づいた「ソンビ」が登場し、人倫に根ざした「綱常」（人が守るべき道理）を提示し「義理」の実現に献身したものである。植民地時代に独立のために闘争した「独立闘士」たちはその流れを汲んだものであり、当時の時代精神の中枢の役割を担ったものである。

3）ソンビ精神の現代的意味

以上、朝鮮時代（1392-1910）の代表的儒学者李退渓を通して朝鮮の伝統的な精神文化である「ソンビ精神」の概略を説明した。しかしソンビ精神は過去のものではなく現在にも生き続けている精神であるといえよう。

「知識人の表象とは同化よりは反骨精神であり、ロマンスなり、利害なり、挑戦なりは、すべて、現状に対する異議申し立て行為のなかで光を放

つ」といった20世紀の知識人E.W.サイード（1993）は、時代は異なるものの16世紀の朝鮮のソンビの本質を的確にとらえているといえよう。ソンビ精神は、人類史において、「理念」の立場から「現状」に対し「もの申す」という伝統の大きな流れの一つの現れである。

　近代においてアジア諸国が規範としてきたヨーロッパ文明は「進歩」という名のもとでの資本主義的物質的価値を追求するものであった。しかしそれも大きな行き詰まりを見せている。このような状況の中で価値観の大きな転換が迫られている。ソンビ精神においては「所有」よりも「存在」が重視される。つまり物質的な面よりも精神的な側面が重視されている。我々の「在り方」を問題とするソンビ精神は現実の世界の動きの中では取るに足りないものと思われるかも知れないが、国家あるいは国際社会の動きの背後にあるのは文化的土壌であり、伝統的なソンビ精神は、近代民主主義を先取りした道徳観と共に、新たな世界秩序を考える上で何らかの貢献をするものではないかと考えられる。

　退渓は「いま」（現在）を大切にする。退渓は、「みち」が「過ぎ去った時間」（過去）にあるのではなく、「いま」（現在）、そして「これから」（未来）にあるとみた。李退渓の「ソンビ精神」は16世紀の朝鮮といった時代性と地域性を離れて普遍性を持つようになり、今や世界の数か国で研究が進められている朝鮮半島の精神文化である。「在日」若者がそのことに気付き、その精神を理解することは、困難な状況にあって誇りと希望を持つ上での一助になるものではないかと考えられるので、「在日」の民族教育おいてソンビ精神をサポートプログラムに生かされることを期待している。

引用文献

1) 徐明淑　2011「青年期の在日韓国・朝鮮人のアイデンティティ研究―歴史認識と言語の視点から―」『グローバル化をめぐる日・中・韓国の伝統的価値観の位相』平成20～22年度特定研究成果報告書（代表：欒竹民），広島市立大学、142-168頁
2) 李正姫・田中共子　2010「在日コリアン二世・三世の二文化環境への態度

とメンタルヘルス（1）―文化的アイデンティティの自己認識に関する面接調査―」『岡山大学大学院社会文化科学研究科紀要第』30、177頁
3) 河合隼雄　1978『ユングの生涯』第三文明社、168-192頁
4) 森谷寛之　1986「イメージの多様性とその統合―マンダラ画法について―心理臨床学研究」3（2）、72頁
5) 森谷寛之　1986「イメージの多様性とその統合―マンダラ画法について―心理臨床学研究」3（2）、71頁
6) 田渕五十生　1991「在日韓国・朝鮮人理解の教育内容」『異文化間教育』5、123-134頁
7) 金大中　2011『歴史を信じて』（Ⅱ）岩波書店，89頁
8) E.W.サイード　2000　大橋洋一他訳　2009『故国喪失についての省察』（2）みすず書房，132頁
9) E.W.サイード　2001　大橋洋一他訳　2007『権力、政治、文化』（上）太田出版、39頁
10) 第8回退渓学国際学術会議論文集　1985『李退渓哲学の歴史的位置』東洋書院、77頁

参考文献

A.Haley, 1974,『Roots』, Vanguard Press
荒このみ　2009『マルコムX』岩波新書
新井郁男　1995「日本人の異文化接触とアイデンティティ」『異文化間教育』9号
朴一・姜徳相・姜在彦・金敬得・姜誠・鄭大聲　2006『在日コリアンの歴史』明石書店
C.G.ユング　1935　松代洋一他訳　1995『自我と無意識』第三文明社
土居健郎　1971『「甘え」の構造』弘文堂
井上孝代・伊藤武彦　1995「来日1年目の留学生の異文化適応と健康―質問紙調査と異文化間カウンセリングの事例から―」『異文化間教育』9
E.H.エリクソン　1966　岩瀬庸理訳　1973『アイデンティティ』金沢文庫
E.W.サイード　1993　大橋洋一訳　1998『知識人とはなにか』平凡社
E.W.サイード　1994　川田潤ほか　2008『収奪のポリティックス』NTT出版
E.W.サイード　1993　大橋洋一訳　1998『文化と帝国主義』（2）みすず書房
新渡戸稲造　1938『武士道』岩波文庫
井上比呂子　2004「PD007大学生の自己イメージ・自己評価についての一考察」『日本教育心理学会総会発表論文集』46
岩井朝乃・朴志仙・加賀美常美代・守谷智美　2008「韓国「国史」教科書の日

本像と韓国人学生の日本イメージ」『言語文化と日本語教育』35
伊藤亜希子　2009「保育者と移民家庭との異文化間の関係づくりをめざす試み―ドイツの保育施設における事例から―」『異文化間教育』30
江渕一公　1996「異文化間教育学の可能性」『異文化間教育』10
畑野快　2010「アイデンティティ形成プロセスについての一考察」『発達人間学論叢』13
廿日出里美　1998「幼児教育における異文化間教育の理論と方法論の展望」『異文化間教育』12
洪潤植　2009「政策提言韓中日国際学術シンポジウム「東アジアにおける『文化的アイデンティティ』の形成と三ヵ国連携強化の方案を探る」の総括と提言」『九州大学アジア総合政策センター紀要』3
原裕視　1995「異文化接触とアイデンティティ」『異文化間教育』9
原尻英樹　1997『「在日」としてのコリアン』講談社現代新書
原尻英樹　1995「日本における異文化間教育の理念在日朝鮮人研究の立場から」『異文化間教育』9
堀切友紀子　2008「日本語学習者の外来語に対する苦手意識と受容態度英語母語話者の場合」『異文化間教育』28
福岡安則　1993『在日韓国・朝鮮人』中公新書
福島治　1996「身近な対人関係における自己呈示：望ましい自己イメーシの呈示と自尊心及び対人不安の関係」『社会心理学研究』12（1）
加藤幸次　1996「異文化共生社会と異文化間教育」『異文化間教育』10
加賀美常美代　2008「日韓の女子大学生の国際交流意識とキャリア形成の比較」『お茶の水女子大学人文科学研究』4
加賀美常美代　2005「教育的価値観の構造の理論的考察」『人間文化論叢』8
加賀美常美代　2008「韓国「国史」教科書の日本像と韓国人学生の日本イメージ」『言語文化と日本語教育』35
加賀美常美代・守谷智美・岩井朝乃・朴志仙・沈貞美　2008「韓国における小・中・高・大学生の日本イメージの形成過程―「九分割統合絵画法」による分析から―」『異文化間教育』28
神野真麻　2009「PE014日英青年のアイデンティティ形成に関する比較研究」『日本教育心理学会総会発表論文集』（51）8
金子晴勇　1995「人間学の新しい可能性：新しい自己イメージを求めて」『キリスト教と諸学』11
河井亨　2011「自己とコミュニティの関係についての社会学的考察：G.H.ミードとE.H.エリクソンの再読を通じて」『京都大学大学院研究科紀要』57
河合隼雄　1987『影の現象学』講談社

河合隼雄　2004『深層意識への道』岩波書店
河合隼雄　1976『母性社会日本の病理』中央公論社
小林亮　2010「留学生の社会的アイデンティティと対日イメージとの関連について─ドイツ留学と中国人留学生の比較─」『異文化間教育』32
奇恵英　2005「日本・韓国のアイデンティティ形成に関する「集団性」の相違」『福岡女学院大学大学院紀要，臨床心理学』2
金大中　2011『死刑囚から大統領へ』（I）岩波書店
金時鐘　2001『「在日」のはざまで』平凡社
森谷寛之　1987「イメージ調査法としての九分割統合絵画法─大学生の「自己イメージ」について」『臨床描画研究』
森谷寛之　1989「九分割統合絵画法と家族画」『臨床画法研究』
箕浦康子　1995「異文化接触の下でのアイデンティティ」『異文化間教育』9
見世千賀子　1995「オーストリアにおける多文化主義的言語教育の特質」『異文化間教育』9
水野英莉　1999「役割からの離脱─現代社会におけるアイデンティティ形成の一側面－」『京都社会学年報』7
永田章子・岡本祐子　2005「重要な他者との関係を通して構築される関係性発達の検討」『教育心理学研究』53
西原明史　1996「異文化理解教育人類学─特に文化を語るという「政治性」をめぐって」『異文化間教育』10
西原鈴子　2007「バイカルチュラル家族の子ども─言語獲得と言語運用」『異文化間教育』26
大野道夫　1987「アイデンティティ形成の分析枠の研究─Identity と intimacy の視点から─」『東京大学教育学部紀要』27
大野俊　2007「越境するポプカルチャーと「東アジア人」アイデンティティ」『九州大学アジア総合政策センター紀要』2
呉圭祥　2009『在日本朝鮮人連盟』岩波書店
大崎園生　2004「自己の感情体験様式と共感性からみる青年期のアイデンティティについて」『経営研究』19（1）
櫻井歓　2002「高吉嬉〈在朝日本人二世〉のアイデンティティ形成─旗田巍と朝鮮・日本─」『東京大学大学院教育学研究科』6
白鳥優子・清水紀子　2001「青年期女子のアイデンティティ形成と友人関係」『日本心理学会総会発表論文集』43
島田虔次　1967『朱子学と陽明学』岩波新書
徐明淑　2001「在日韓国・朝鮮人のアイデンティティ研究─母国語とアイデンティティとの関係を中心に─」修士論文，広島市立大学（未公刊）

杉谷真佐子　1991「第二外国語教育と非言語情報」『異文化間教育』5
宋英子　2002「特集歴史のなかの「在日」在日朝鮮人教育と国際理解のはざま」『還』11
渋川瑠衣・松下姫歌　2010「大学生における自己の変動性・多面性の概念について」『広島大学心理学研究』10
友枝龍太郎　1985『李退渓』退渓学研究院（韓国Seoul）
田口知広　2010「言語の背景には国民性や価値観がある」『朝日大学一般教育紀要』36
高橋洸治　2003「現在の子ども性とアイデンティティ形成―価値次元の欠落と回復―」『静岡大学教育学部研究報告』53
高橋進　1985『李退渓と敬の哲学』東洋書院、16-17頁
田中共子　1991「在日留学生の文化的適応とソーシャル・スキル」『異文化間教育』5
鑪幹八郎　1990『アイデンティティの心理学』講談社現代新書
トニ・モリスン　1970『青い目がほしい』大社淑子訳　2001　ハヤカワepi文庫
高橋靖恵　2004「青年の家族行事体験が家族アイデンティティ形成に及ぼす影響に対する意見」『青年心理学研究』16
田中宏　2010「疎外の社会か、共生の社会か」『世界』4
塘利枝子・廿日出里美・小澤里恵子・鈴木一代　2008「文化間移動とアイデンティティ形成　教心第50回総会，自主シンポジウム」『日本教育心理学学会』
徳山道子　1998「日本人教師の異文化適応と社会・文化的要因」『異文化間教育』12
友沢照江　1995「多文化と外国語教育アメリカ合衆国新しい試み」『異文化間教育』9
吉谷武志　1996「国際機関（OECD）による異文化間教育研究の意義―教育研究革新センターECALPプロジェクトから」『異文化間教育』10
山本雅代　2007「複数の言語と文化が交叉するところ―「異言語間家族学」への一考察―」『異文化間教育』26
山田礼子　2009「多文化共生社会をめざして―異文化間教育の政策問題―」『異文化間教育』30
山本都久　2002「不適応測定としての現実自己と他の自己イメージのズレについて」『富山大学教育学紀要』57

動的家族画からみる日中韓大学生の家族関係

吉　沅　洪

問題と目的

　日本、中国と韓国は東アジアに位置し、経済的連携は、現在の最悪の金融危機においてこそ最重要課題として推進されているが、文化・政治面での連携も緊密になりつつある。特に1990年代以降の日本と中華人民共和国との関係については、「政冷経熱」という中国人民共和国主席である胡錦涛による造語が意味するように、政治分野では冷却しているが、経済分野では過熱しているのである。日本、中国、韓国の三国はまさに経済、政治と文化などにおいて、運命共同体のような関係にあると思われている。

　国を支えているのは人間であり、人間を支えているのは家族である。個々の人間がいかにその人らしく生きることができるかは、その人間が属する家族が発揮する家族機能によるところが多いことは否定できない。家族は人間にとって非常に大切であるため家族関係や、家族力動、家族機能などについて、社会学や心理学の立場から様々な考え方が提唱されており、中でも社会学者マードックMurdockの見解がしばしば紹介されている。彼は家族機能として①性的機能　②経済的機能　③生殖的機能　④教育的機能の４点を挙げている。これらの機能は、確かに時代や文化を超えて、家族が持つ本質的な機能と見られるであろう。家族機能について、心理学の立場、特に近年発展しつつある家族心理学の分野からも言及されており心理学者の詫摩ら（1977）は、「現代人が家族という場に求めるもの」という観点から家族の機能を次のように集約している。①休息を求める場所である。家に帰れば素顔に戻り、リラックスできる。そして心身の健康

を保つためにストレスの対処法を身につける。②感情表現の自由が保障される。感情を共用し、親密性、相互の存在を確認し合える。③子どもの社会化を促進する。家族は子どもを社会人として一人前の人間に育成する機能を持つ。④人間としての基本的欲求でもある性的欲求を充足させる場としての意味。

　日中韓の三国の家族関係や家族機能などについて研究していくうえでは、中国の伝統的思想である儒教の影響を無視できない。周知のように儒教とは孔子（紀元前551～紀元前479）の教えに基づく思想体系であり、漢の武帝（在位紀元前141～紀元前87）の時代に、大儒者であった董仲舒（紀元前176年？～紀元前104年？）によって国教化された。過去2千年間の中国人の暮らし方を要約すれば、それは中国哲学で支配的な地位を占めてきた儒教精神に基づくものであろう。その結果、中国人の生活の隅ずみまで儒教は浸透し、詩や歴史、政治や社会生活、行動の規範を形成する倫理にその影響がみられるのである。これまでに中国人の生活や思想に孔子ほど大きな影響を及ぼしてきた人物はいない。孔子は中国史上でもっとも尊敬されており、「先師」、「万世の師」と呼ばれている。あらゆる時代を通じて英語ではConfuciusと呼ばれているが、これは中国語の「孔夫子」（夫子は儒学者に対する尊称）のローマ字表記Kung-Fu-tzuに由来する。

　儒教はまず「孝・悌・忠・信・礼・義・廉・恥」（親孝行、兄弟順良、忠心、信義、礼儀、正義、清廉、羞恥）が道徳の基本であることを提唱しているが、南宋の朱熹によって集大成された儒教の新体系である「朱子学」によれば、人間が遵守すべき基本的な規範は「仁・義・智・禮・信」の五つ（五倫）であると説く。つまり、仁は博愛の心、義は正義の心、智は是非を判別する知力、禮は敬う心、信は真実を信じる心である。また、実践を尊んだ「朱子学」では、これらの五倫の生活における具体的な現れとして、とりわけ、「孝」および「忠」を重要視する。「孝」は「家庭生活における子どもの親に対する尊敬」であり、「忠」は「地域生活における社会的人間関係の尊敬」である。さらに、「朱子学」では、家庭は、とりもなおさず生活規範の訓練・実践を行う場であり、「個人と社会との架け橋の

場」であるとされる。つまり、父親と息子、夫と妻、兄と弟、男と女、年長者と年少者など、家庭における人間関係の規範が秩序立てられることによって、地域生活・社会生活・家庭生活に一定の秩序がもたらされている。このように見てくると、「孝」の観念が家庭生活におけるおよそ全ての規範であるとすることができる。

従って、人間の関係の中で「孝」が最重要視されている中国では社会の基本的な単位は家族であると思われる。家族が生活圏に集団として加わって以来、経済、社会、政治の単位として機能している。そして、家の中は道徳的訓練を行う場であり、個人と社会との架け橋の場でもある。このような家族がすべての中心であるという考え方は、儒教思想のためと考えられる。T & D. Hoobler（1994）は「中国的な親族関係によって家族は大いなる安心感と、世の中で直面する様々問題に対処する方法が与えられた」と指摘している。

以上をまとめると、儒教文化は実質的には「孝文化」であると言える。しかし、孝文化は主体と対象について限定している。主体は孝行を実行する者であり、つまり誰が孝行をするのか、多くの場合には子ども、廷臣、部下を指している。そして孝行を受ける者は、親、皇帝、上司を意味する。劉・郭（2009）は、孝文化は中国人の考え方や生活様式に絶大な影響を及ぼしているのみならず、個人の人格形成に対して制約もしていると述べており、その制約は以下の３つにまとめられている。①情緒の安定性。孝文化は「喜怒不露声色」、つまり喜びや怒りなどの感情を声と表情に表現させてはならないことを強調している。中国人は対外的に穏やかなように振る舞うために、内心の感情と動きを処理するのにエネルギーと時間を多く必要とされる。②内向性。「吾日三省吾身」の通り、日常の行いについて内省が要求される。③低開放性。孝文化は個体の自主的言行と冒険的行為を制限するため、開放性が低いだけではなく、創造力の不足になりがちである。さらに、孝文化は養育方式と親子関係において顕著に現れていると指摘している。専制型と溺愛型の養育方式は児童の社交能力と負の相関関係にあり、拒みと叱りは不安、抑うつ、衝動的な人格形成との間に著

しい相関関係がみられる。そして、児童の基本的信頼は親との親密関係において育てられるため、よく厳しく叱る親に育てられた児童は自分の考えや創造性を失いがちである。ただ、劉・郭は中国において、孝文化より血縁関係がもっと普遍的、そして長久な社会的意味を持っていることも指摘している。この観点は吉（1999）の中国人は血縁関係を中心とする家族関係を最も重要視しているという指摘を支持するものとなった。

　韓国ではどうであろうか。韓国においても古くから行動規範として生活を秩序づけてきた儒教思想の影響が大きい。15世紀に朝鮮半島に建国された李氏朝鮮は、儒教を国教に定め（T & D. Hoobler、1994）以後、儒教は韓国においても不動の地位を築き、近代まで国家の統一理念であると同時に、生活規範・道徳として現代に息づいてきた（吉田・秀村、2000）。韓国では、生活の各場面における人々の行為・行動は、儒教の教えに基づくことにより、秩序づけられ、社会化された行動となってきた（崔・住松、1992）。日帝の植民統治、米軍政など他力によって伝統社会秩序が急激に解体される過程においても、新しい社会秩序を創出するための内省的文化変動は起こらなかった。そのため、伝統的統治、経済の秩序が崩壊した後も儒教思想は相当な部分残存し、流入してきた外来の文化要素と複雑な方式で無秩序に結合してきた（金・李、2007）。

　韓国の金大中大統領（当時）は、「忠・孝思想と21世紀の韓国」と題するものを「1999年3月18日、儒林指導者との懇談会」に特別寄稿をした。内容は、「世界思想の革命と儒学の展開」、「忠孝指導の再照明」、「儒教の忠と民主主義」、「儒教の孝と相互配慮の倫理」、「儒教と21世紀」、「精神革命で先進国をつくる」からなっている。つまり、今日の韓国における生活の規範と伝統的な儒教観念に照らして考えることの大切さを説いた。これは、急速な近代化・工業化過程を通して人々の暮らしが大きく変容してきた今日の韓国にあって、どのようなアイデンティティを堅持しつつ今後の国づくりを進めていくべきかを、広く国民に問いかけたものでもあった。確かに、韓国における生活の基底には、古くから儒教観念が存在していた。韓国の人々は、儒教観念に照らしつつ、さまざまな行動決定をなして

きたと言って決して過言ではない。そして、人々が儒教観念を共有の規範とすることによって、家庭のみならず、地域社会における一定の秩序が保たれ継承されてきた。例えば、韓国の老人福祉法の前文において「伝統的家族制度で重んじてきた敬老思想に基づいた老人福祉制度、及び老人福祉政策が運営されていること」が強調されており、ここにも敬老、および孝行の思想に基づいているのである。

しかし、日本に導入された儒教は、国家に対する忠誠心を親に対する孝行に優先させることによって、天皇制国家としての統制を図ろうとしたものであり、このことが戦後は、日本人の忠孝への嫌悪的感情へと結びついていると細江らは指摘している（1991）。従って、天皇制を前提とした忠孝教育は、学校教育の中から姿を消すことになり、これに伴って親孝行教育が取り上げられることも次第に少なくなってきている。

さて、描画活動は、描き手の内面にある欲求、感情、衝動を表現したり、処理できる機会があること、これまでの心的な防衛を再構成するなどの建設的な方向がとれること、非言語的レベルでの人間関係を検討する場があること、などの特徴が挙げられる。

このように、描画者自身の内的世界の投影されたものであるという見解は、一般に知られ認められているが、特に人物描画を心理学的検査として用いる試みは、比較的に古くから行われている。1926年にGoodenoughが「描画による知能の測定」を発表しており、1948年BuckがH-T-P（House-Tree-Person）を開発した。H-T-P法は人物画をパーソナリティ検索のための投影法として、ごく初期から用いたものの1つであるといえよう。続いて、パーソナリティ検査としての人物描画法（Drawing a person D-A-P）はMachover（1949）によって始められた。Hulse（1952）は、1枚の用紙に被験者の家族全員の姿を描く技法、つまり家族描画法（Drawing a family、D-A-F）を用いて家族成員間の葛藤について考察した。しかしこのようなD-A-PやD-A-Fはその教示も得られる結果としての描画もともに静的なものである。これらの描画に対して何らかの運動性、すなわち動的（kinetic）要素が加味されるならば、得られる情報の量と質が飛躍的に増加し、多く

の意義ある臨床的知見を獲得することができる。このような観点から、Burns と Kaufman（1970、1972）は、動的教示、つまり家族が何らかの行為、もしくは動作を行っているところを描くようにと試みた結果、動的家族描画法（Kinetic Family Drawing、K-F-D）が開発された。すなわち、動的家族描画法は投影法の中でも描画法に属し、描画者自身が捉えた親や同胞の姿、家族での自己位置など、主観的情緒理解という認知の結果として、家族像が描写されると考えられている。従って、K-F-Dは単に家族の描写を求めるものではなく、動的要素の加味された家族描写である。その結果、単に羅列的に家族が描写された場合よりも、はるかに力動的な家族関係の投影された描画となる。

　動的家族画は、その後様々な発展を遂げる。Prout & Phillips（1974）は動的家族描画法に示唆を受けて、動的学校画（Kinetic School Drawing）を提案している。これは、自分と教師、級友が何かをしているところを描くという課題である。例えば、Prout & Celmer（1984）は、小学校5年生の動的学校画の分析から、積極的な学習活動を描いた生徒の学力が高いと報告している。また、Furth、G.（1988）は退行動的家族画（Retarded Kinetic School Drawing）を考案し、「5歳のときのあなた自身と家族が、それぞれ何かしているところを描きなさい」という教示を用いて家族画を描かせるのである。Furthはその人が5歳のときをどう感じているかを理解することによって、過去の感情体験を修正する、つまり過去に支配された現在の生き方を変えるという臨床的応用が可能ではないかとしている。

　動的家族画は、加藤（1975）らが、翻訳紹介して以来日本で広く臨床現場において使用され、バウムテストと並んでなくてはならない描画診断法となっている。数々の事例検討の外、日比（1986）による詳細な研究があり、加藤ら（1986）も一連の研究を報告している。さらに、星野（1991）は動的家族描画法が果たして人の内的世界の理解に実際に役に立つかどうかを、いくつかの施設の協力を得て、そこで生活している子どもたちの描画について診断を行ってみた。結果としては①描画自体から診断をくだすには限界がある②両親の片方、または両方など省略されているときの診断

は慎重になされなければならない③象徴の多義的要素や1つの事物に相反する2つの意味のある場合、1つに決め難く、往々にして両価的価値になることが予想され、それを防ぐには描画各部を詳しく検討し、状況の判断を考え、誤りの少ない解釈をすべきである④診断者自身が診断の経験を重ね、不注意な見落としや致命的な誤りをさける、としている。

　小村（1995）は、父親が仕事に忙しくて家族に関わることの少なくなった様相を絵画教室に通う子どもの家族画を分析し報告している。寺嶋（1996）は、380名という多数の小学生に家族画を描かせる調査を行ったが、これは動的要素を付加しない家族画テスト（Family Drawing Test、FDT）である。江幡・吉田（2000）は対象人数17名と少ないものの小学5、6年生の家族イメージをとらえるものとして興味深い。高橋・大野（2003）は、2、3歳児を持つ母親に動的家族画を描いてもらい母子関係のアセスメントとしての有効性を検討している。山尾・田中（2004）は幼稚園5歳児および小学校1年生の動的家族画から発達および家族への思いについて調査しており、北本・宮本（2004）は小学校4年生から6年生の児童405名を対象に動的家族描画法を指標として児童の抑うつと家族雰囲気について研究調査をしている。

　そして、家族の配置などから家族成員間の心理的な関係が類推しやすいことや、描き手の内面にある親和、葛藤、対決、攻撃、回避などが視覚化されて捉えやすいことから、浅川ら（2002）は動的家族画と質問紙の尺度を組み合わせて、206名の大学生を対象に母親の養育態度が青年期の自己愛的人格傾向に及ぼす影響について研究調査を行った。

　以上紹介した研究は、いずれも日本人を対象とする研究ばかりで、異なる文化における比較研究はほぼ皆無である。本研究は、動的家族描画法を用いて日本、中国と韓国三か国の大学生が持っている心理的特性を明らかにし、そして儒教の孝文化との関連について検討することを目的とする。

Ⅰ　方法

①検査用具
　1枚の白紙（A4サイズ）と、1本の鉛筆（4B）、そして消しゴムである。

②教示
　「あなたを含めて、あなたの家族のみんなについて、何かしているところを絵に描いてください。漫画や棒のような人ではなく完全な人を描いてください。何か、つまり何らかの行為をしている、そういうみんなを描くということを忘れてはいけません。あなた自身も描くということを忘れないでください。」

　このような教示を与えた後に、しばしば被験者が聞いてくる質問は、「家族全員で、何か1つのことをしているのですか、それとも各人がそれぞれ別のことをしているところを描くのですか？」などである。「どちらでも良いし、どちらかでなくても良い。まったく自由です」と答える。何らかの暗示するような応答をなるべく避けて、非指示的で受容的な態度で対応しなければならない。

③検査者の態度
　教示を与えた後は、検査者は被験者の描画過程を注目しない方がいい。集団法の場合には、見回る程度でよい。被験者が描画を拒否することはめったにないが、もしも、そのような場合には被験者を勇気づけ、描画の完成するまで検査場面にとどめるようにする。このような検査場面の設定以外には時間制限をすることもなく、被験者が言葉や身振りで描画の完成を伝える時まで、その場面を維持するようにする。

④描画完了後の手続き
　描画完了後に被験者から、描画の中でそれぞれの人物像がだれであるのか（続柄）、年齢はいくつか、そして、何をしているのか（行為の種類）を確かめて、用紙の余白に記入しておくことが望ましい。これは詳細でない

描画を補足するためでもあるし、記録の散逸を防いで正確な資料を保管するためでもある。また、被験者への描画についての確認のための質問が、あいまいな被験者の家族認知に洞察を促すような、有効な面接効果を伴うことが生じる場合もある。このように、「家族」を描くことは、家族という人間関係が構成要素として含まれるだけに、描画に投影されてきた家族像や家族イメージを媒体にした面接や治療が可能でもある。

⑤調査協力者

　有効データの調査協力者は、韓国の大学生233名（男性109名、女性124名）、日本の大学生65名（男性43名、女性22名、）、中国人の大学生62名（男性20名、女性42名）、性別の記入に欠損値があった3名をいれて合計すると363名であった。年齢は最大値が29才、最小値が18才平均年齢は21.2才、標準偏差は1.87である。

⑥調査の実施時期と方法

　調査は、2008年10月から2009年1月にわたり、授業時間を借りて集団で実施した。韓国では南部・中部・北部地域の3か所の4年生制大学で、日本では東京・静岡・愛知・広島の4か所の4年制大学で調査を行い、中国では、北京・蘇州・重慶の3カ所の4年制大学で調査を行った。

Ⅱ　手続き

1．描かれた全部の人物について、次の5点を検討した。
　(1)．それぞれの人物像の描写の順位（図1のA）
　(2)．それぞれの人物像の頭頂部から、用紙上縁までの垂直線の長さ（図1のB）
　(3)．身長のmm単位の実測値。ここでいう身長とは、頭部の先端から脚部方向への身体が明示されているところまでの垂直最短距離であり、たとえば座位により脚部の屈曲などは考慮しない（図1のC）
　(4)．自己像から他の各人物像までの、それぞれの直線最短距離（図1のD）

(5). 複数の人物像間の接触、描画の重なり（図1のE）

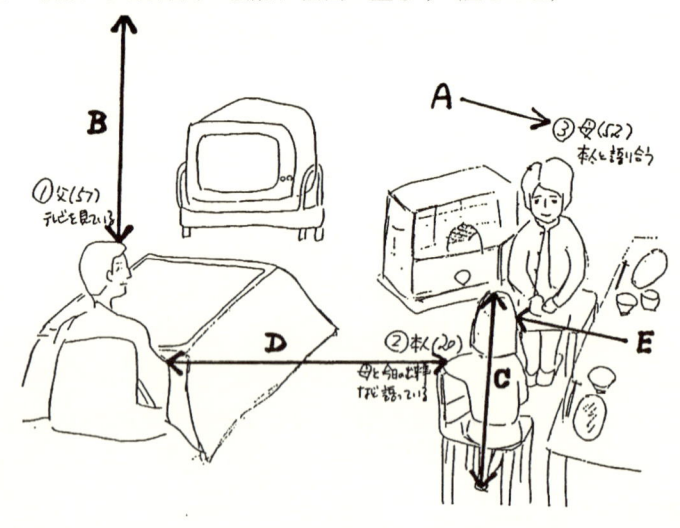

図1　サンプル　ある女子短大生のK－F－D（日比裕康、1986）

2. 父親、母親、自分の三者の人物像に限って、次の検討を行った。
   (1). 描写の順位（1の①と同様）。
   (2). 頭の高さ（1の②と同様）

なお、①、②および④については、順位もしくは実測値に基づいて、次のような6通りの組み合わせに分類した。

　　父親像→母親像→自己像
　　父親像→自己像→母親像
　　母親像→父親像→自己像
　　母親像→自己像→父親像
　　自己像→父親像→母親像
　　自己像→母親像→父親像

   (3). 身長（1の③と同様、②を参照のこと）
   (4). 向き、つまり各人物像の顔面の方向（正面、横顔、背面）と、倒置された姿

（5）．自己像からの距離（1の④、⑤と同様）
（6）．人物像の行為
（7）．描画の様式
（8）．象徴（描写された事物）

なお、上記項目の検討に当たっては、著者以外に3名を加え、4名の合議によって判断した。

Ⅲ　結果と考察

本研究に使われたＫ－Ｆ－Ｄ描画は、父親、母親、自己像が描写されるが、これらの者以外の描写されている家族をも含めて、全ての資料について、以下に示す数点について考察することとする。

（1）描写順位

「あなたを含めて家族全員を何かしている姿で描きなさい」という教示を与えられて、Ａ4という大きさの用紙内に、だれを最初に描き、だれを最後に描くかという問題は、端的に被験者の自分の家族に対する認知的構えを示すものであり、かつ相当に意識的水準におけるものであると考えられる。日比（1986）は、人物像の描画順位には、相当に意識的レベルにおける問題であり、家族内の日常的序列が的確に反映されていることが多いとしており、また特に適応上の問題を有していない描画者の多くは、父親像を最初に描くものであると述べている。

表1は、最初に描かれた人物像の割合を示している。ここでは、父親像＞母親像＞自分像の順に描かれていることが明らかになった。まず、家長であり働き手であり、一般的に母親よりも年長の親である父親から描き始める大学生が44.4%いるというは、十分に予測されていることである。そして、表2は国籍（韓、中、日）と性別を独立変数に、描画順位（6パターン）を従属変数にしたχ^2乗検定してみたところ、国別の差はみられなかった。また、自分像から描き始める大学生はそれぞれ1割を超え彼らの

表1　最初に描かれた人物像（％）

	描写順位	度数	パーセント
有　効	父親像→母親像→自己像	161	44.4%
	父親像→自己像→母親像	40	11.0%
	母親像→父親像→自己像	69	19.0%
	母親像→自己像→父親像	14	3.8%
	自己像→父親像→母親像	44	12.1%
	自己像→母親像→父親像	34	9.4%
	合　　計	362	99.7%
欠損値	システム欠損値	1	0.3%
合　　計		363	100%

表2　性別、描写順位と国籍のクロス

国籍			描写順位 父母自己	描写順位 父自己母	描写順位 母父自己	描写順位 母自己父	描写順位 自己父母	描写順位 自己母父	合計
韓国	男性	人数	61	8	15	1	15	9	109
	女性	人数	48	20	27	8	11	10	124
	合計	人数	109	28	42	9	26	19	233
中国	男性	人数	7	1	6	0	2	4	20
	女性	人数	18	4	9	2	7	2	42
	合計	人数	25	5	15	2	9	6	62
日本	男性	人数	18	5	4	1	9	6	43
	女性	人数	7	2	8	2	0	3	22
	合計	人数	25	7	12	3	9	9	65
3国合計	合計	人数	159	40	69	14	44	34	360

青年期的な自己中心性をうかがわせる。そして、自己像を最後に描く割合（合計63.4％）は、父親像を最初に描く割合（55.4％）をしのいでおり、これは被験者の謙虚さ、未完成であるという自己意識を表すものであると同

時に、家族内における自己の位置づけや被保護者であるという自己意識のゆえであろう。

描画順には家庭内の日常的序列、家庭内の相対的重要度が現れるとすれば、父親が一家の長であり、大黒柱であるという認識が再確認でき、この結果は日比（1986）の結果と一致している。

（2）人物像の位置

前述したように、Ｋ－Ｆ－Ｄは力動的な家族関係の投影された描画である。これらは形式的には、人物像の位置、大きさ、相互間の距離などの相対的関係において顕著なものとなると考えられる。上方に描かれた自分は家族内のリーダーの役割を与えられている。下方は沈んだ状態で、抑うつ感情や沈滞感と関係する。描かれた人は寝ている場合にはこの傾向がさらに強化される。中央部の人物は描画の中心であり、家族の中心人物でもある。自己像が中央の場合は自己中心性や未熟を意味する。祖父母が中央部に位置する場合、経済的、心理的リーダーであることがあり、注意すべきである。

人物像の頭部の先端から、用紙の上端までの垂直距離をミリ単位で計測した。そして、家族成員のうちのだれを用紙の最上部に描くのかについて、まとめたのは表3である。

表3　人物像の頭頂部から、用紙上縁までの垂直線の長さ

	度数	最小値	最大値	平均値	標準偏差
年齢	362	18	29	21.19613	1.871994
学年	362	1	4	2.46961	0.640649
父上縁線	363	2	250	85.43526	47.44707
母上縁線	363	2	241	88.51515	47.91829
自上縁線	363	7	257	109.741	50.77204

つまり、父親が最上部に位置づけられていることが明らかになった。この量的変数について多重比較を行い、国別による違いをみたところ、日中

韓三国において有意差が見られなかった。すなわち、子どもたちの目には、家庭内の権力者は父だと映っており、父親の優位性は保たれていると言える。

（3）人物像の大きさ

人物像の大きさを計測し、比較した。身長を、大きさを代表するものとみなし、頭部の先端から脚部方向への身体が明示されているところまでの垂直最短距離をミリ単位で計測、座位による脚部の屈曲などは考慮しなかった。K-F-Dという比較的自由度の高い家族描画法において、当該人物についての興味や関心を、およそ端的に表現してくる徴候のひとつは、その大きさである。注意すべき人物や身体部位を過度に大きく、あるいは小さく描くことによって、肯定的あるいは否定的な感情の負荷が投影されるものである。

自己を小さく描く行為は、貧弱な自己概念を反映しているのかもしれない。逆に、不適応状態の者は自分を最大に描くことで自己矛盾の様子を示すことがある。

表4　人物像の身長

	人数	最小値	最大値	平均値	標準偏差
父親身長	363	3	232	56.75207	31.89164
母親身長	363	4	186	56.03581	29.89773
自分身長	363	3	450	53.09366	35.34662

表4から分かるように今回の調査において、描かれた父親の人物像と母親の人物像の平均はかなり近いが、自分自身の人物像は少し小さく描かれている。日比（1986）が行った「女子短大生の描画特徴」においては、4割近い被験者が母親像を最大に描くという結果を得た。女子短大生にとって大きく描かれた母親像は、まさしく彼女たちの同性の親に寄せる肯定感情そのものの投影であると説明しており、発達的に自己の性役割への同一

視が高まる時期であるため、この結果は母親認知の度合いが高いことを物語っているのであろう。

　また、国籍と描画人物を独立変数にして、身長を従属変数にした分散分析を行ってみた結果、描画内容による違いがなかった。また、量的変数の国籍による違いをみたところ、表5の太字になったところに差がみられた。つまり、父親と母親の身長について、中国と日本の間に人物の身長において有意な差があり、中国の父親像と母親像とも日本のより大きく描かれているのである。この結果から、中国人大学生は日本人大学生と比べると、両親に対する関心が強く、心理的影響も大きく儒教文化の「孝文化」に影響された結果とも考えられる。また、韓国人大学と日本大学生の間に

表5　多重比較による人物像の身長

従属変数	(I)国籍	(J)国籍	平均値の差(I-J)	標準誤差	有意確率	95%信頼区間 下限	95%信頼区間 上限
父身長	韓国	中国	-8.845322526	4.494261	0.121637	-19.4223	1.731689
		日本	5.680196399	4.439401	0.407675	-4.7677	16.1281
	中国	韓国	8.845322526	4.494261	0.121637	-1.73169	19.42233
		日本	**14.52551893**	5.600572	0.026666	1.344862	27.70618
	日本	韓国	-5.680196399	4.439401	0.407675	-16.1281	4.767705
		中国	**-14.52551893**	5.600572	0.026666	-27.7062	-1.34486
母身長	韓国	中国	-9.74907126	4.199084	0.054101	-19.6314	0.133256
		日本	6.04091653	4.147827	0.313303	-3.72078	15.80261
	中国	韓国	9.74907126	4.199084	0.054101	-0.13326	19.6314
		日本	**15.78998779**	5.232734	0.007673	3.475019	28.10496
	日本	韓国	-6.04091653	4.147827	0.313303	-15.8026	3.72078
		中国	**-15.78998779**	5.232734	0.007673	-28.105	-3.47502
自身長	韓国	中国	-5.319216481	5.020041	0.539834	-17.1336	6.49519
		日本	0.545008183	4.958763	0.993362	-11.1252	12.2152
	中国	韓国	5.319216481	5.020041	0.539834	-6.49519	17.13362
		日本	5.864224664	6.255778	0.616972	-8.85843	20.58688
	日本	韓国	-0.545008183	4.958763	0.993362	-12.2152	11.12518
		中国	-5.864224664	6.255778	0.616972	-20.5869	8.858427

有意な差がみられていないことから、親から受ける影響の強さは日中韓三国においては、中国が最も強いことが明らかになった。

(4) 自己像から他の各人物像までの、それぞれの直線最短距離

家族成員それぞれに対する心的構えは、それぞれの人物像の描写の順位、位置、大きさなどに投影されてくる。さらにK-F-Dの大きな眼目である家族内力動性、すなわち家族関係そのものは、人物像間の距離に表現されている。また、距離は人物像間の物理的距離を意味し、一般に描画者との距離が遠い場合、その対象への孤立感や拒絶感などを現わすと言われている。北本・宮本（2004）の研究によれば、自己と相手の距離について家族評価の高い生徒ほど父親との距離が遠いことが認められた。表6は自分と他の家族との直線距離、つまり、自分と父親、自分と母親、父親と母親との距離をミリ単位で計測した結果をまとめたもので「父親と母親との距離＜自分と母親との距離＜自分と父親との距離」という結果が明らかになった。

表6　人物像間の距離

	人数	最小値	最大値	平均値	標準偏差
自父距離	363	0	1221	54.19835	75.55697
自母距離	363	0	206	50.19284	40.88836
父母距離	363	0	206	40.83196	38.59632

国籍と描画人物を独立変数にして、人物間距離を従属変数にした分散分析を行った結果、父と母の距離が一番短いことが明らかになったものの国による違いは見られず、本研究の結果は北本・宮本（2004）の家族評価高群が父親との距離が遠いという結果と一致している。本研究は、家族関係を投影的に反映すると考えられている「家族イメージ法」を用いて、韓国人留学生と日本人大学生および大学院生を対象として両国の学生から見た両親との心理的距離の差異について調べることを目的とした。調査対象は

大分県内の3つの大学の学部および大学院に在籍する韓国人留学生（男・女25名ずつ、年齢18～27歳、平均年齢22歳）と日本人大学生（男28名、女29名、年齢18～24歳、平均年齢21歳）とした。分析の結果、両親への現実の心理的距離において「韓国・日本」と「男性・女性」による差はみられなかったが「父親・母親」の差がみられ、父親との心理的距離の方が母親とのそれよりも有意に遠かった。一方、両親への理想の心理的距離においては、「韓国・日本」の差は無く「男性・女性」の主効果に傾向が見られ、男性の方が女性よりも遠かった。

今回の調査結果からみると、日中韓三国の大学生にとって父親の否定感が薄いと考えられるが、父親の関与度が低くても、父親と母親の距離が近

表7　多重比較による人物間の最短距離

従属変数	(I)国籍	(J)国籍	平均値の差(I-J)	標準誤差	有意確率	95%信頼区間 下限	95%信頼区間 上限
自父距離	韓国	中国	-1.299763593	10.74649	0.991968	-26.5911	23.99154
		日本	-4.624549918	10.61531	0.900717	-29.6071	20.35803
	中国	韓国	1.299763593	10.74649	0.991968	-23.9915	26.59107
		日本	-3.324786325	13.39185	0.966596	-34.8418	28.19225
	日本	韓国	4.624549918	10.61531	0.900717	-20.358	29.60713
		中国	3.324786325	13.39185	0.966596	-28.1922	34.84182
自母距離	韓国	中国	-9.578453225	5.759793	0.220957	-23.1338	3.976922
		日本	**-13.72765957**	5.689485	0.043029	-27.1176	-0.33775
	中国	韓国	9.578453225	5.759793	0.220957	-3.97692	23.13383
		日本	-4.149206349	7.177628	0.831924	-21.0414	12.74297
	日本	韓国	**13.72765957**	5.689485	0.043029	0.33775	27.11757
		中国	4.149206349	7.177628	0.831924	-12.743	21.04138
父母距離	韓国	中国	**-14.04653833**	5.440314	0.027527	-26.85	-1.24304
		日本	-4.411129296	5.373905	0.690342	-17.0583	8.23608
	中国	韓国	**14.04653833**	5.440314	0.027527	1.243041	26.85004
		日本	9.635409035	6.779506	0.331001	-6.31981	25.59063
	日本	韓国	4.411129296	5.373905	0.690342	-8.23608	17.05834
		中国	-9.635409035	6.779506	0.331001	-25.5906	6.319808

いことから、両親の団結力により家族がうまく機能していると言えよう。反対に父親の存在があまりにも近すぎる場合、今回の調査対象である青年期にいる大学生にとってそれがかえって窮屈さを生じさせるのかもしれない。

（5）複数の人物像間の接触、描画の重なり

加藤・伊倉・久保（1975）は、人物の消去、あるいは重なりという行為は、何らかの葛藤の現れであると述べている。国籍（日本、中国、韓国）、性別（男性、女性）を独立変数に、重なりを従属変数にしたχ^2乗検定を行ってみた結果、性差は見られなかったが、中国と韓国の間に重なりの割合の違いがみられたのである。

表8　重なりと性別と国別のクロス表

国籍				重なり ある	重なり なし	合計
韓国	性別	男性	度数	22	88	110
			期待度数	24.44444	85.55556	110
			調整済み残差	-0.77012	0.770122	
		女性	度数	30	94	124
			期待度数	27.55556	96.44444	124
			調整済み残差	0.770122	-0.77012	
	合計		度数	52	182	234
			期待度数	52	182	234
中国	性別	男性	度数	1	19	20
			期待度数	0.967742	19.03226	20
			調整済み残差	0.040841	-0.04084	
		女性	度数	2	40	42
			期待度数	2.032258	39.96774	42

			調整済み残差	-0.04084	0.040841	
	合計		度数	3	59	62
			期待度数	3	59	62
日本	性別	男性	度数	4	39	43
			期待度数	3.969231	39.03077	43
			調整済み残差	0.027864	-0.02786	
		女性	度数	2	20	22
			期待度数	2.030769	19.96923	22
			調整済み残差	-0.02786	0.027864	
	合計		度数	6	59	65
			期待度数	6	59	65

　つまり、韓国人大学生は中国人大学生より家族画に重なりがみられた。韓国人大学生は家族間において親近感がみられていると同時に、家族関係において葛藤も多く存在することが推測される。

（6）向き、つまり各人物像の顔面の方向

　描写された人物像が、いずれの方向に向いているのかについて、まとめたものが表9である。一般的にＫ－Ｆ－Ｄの臨床的解釈においては、正面は肯定、横顔が半肯定的（半否定的でもある）、背面と倒置は否定感情が、それぞれ意味するものとして考えられる。他の家族成員と正対する姿で描く場合には横顔が、台所仕事をしている母親像や、最後に描かれやすい自己像は背面になりがちである、といった合理的説明はもちろん成立する。しかし、そのような「行為・動作」を選択的に付加して、当該人物を描くところにＫ－Ｆ－Ｄの診断学的意味が存在する。今回の調査結果から、父親像、母親像、自己像において、正面＞横顔＞背面の傾向が見られた。これは父親、母親、そして自分に対して肯定が多く、否定的な感情や受け止めなどが少ないことを物語っている。

また、国籍（日本、中国、韓国）、性別（男性、女性）を独立変数に、それぞれ父親の顔方向、母親の顔方向、自分の顔方向を従属変数にしたχ^2検定を行ってみた結果、性差も国による違いもが見られなかった。

表9　人物像の顔面の方向

父顔方向			人数	パーセント	有効パーセント	累積パーセント
有効	正面		217	59.77961433	60.4456825	60.4456825
	横顔		98	26.99724518	27.2980501	87.7437326
	背面		37	10.19283747	10.3064067	98.0501393
	倒置		7	1.928374656	1.94986072	100
	合計		359	98.89807163	100	
欠損値	システム欠損値		4	1.101928375		
	合　　計		363	100		
母顔方向						
			人数	パーセント	有効パーセント	累積パーセント
有効	正面		207	57.02479339	57.8212291	57.8212291
	横顔		111	30.5785124	31.0055866	88.8268156
	背面		37	10.19283747	10.3351955	99.1620112
	倒置		3	0.826446281	0.83798883	100
	合計		358	98.62258953	100	
欠損値	システム欠損値		5	1.377410468		
	合　　計		363	100		
自顔方向						
			人数	パーセント	有効パーセント	累積パーセント
有効	正面		186	51.23966942	51.810585	51.810585
	横顔		125	34.43526171	34.8189415	86.6295265
	背面		45	12.39669421	12.5348189	99.1643454
	倒置		3	0.826446281	0.8356546	100
	合計		359	98.89807163	100	
欠損値	システム欠損値		4	1.101928375		
	合　　計		363	100		

（7）人物像の行為

「家族を何かしている姿で描いてください」という教示のもとに完成されたK-F-Dの最大の特徴と利点は、当然それぞれの自分に付加される行為・動作である。それゆえに限られた用紙内において、つまり制限された条件の下であるにもかかわらず、それぞれの人文像が自由に描かれることによって、相互の事物像間の力動性が浮き彫りにされてくるのである。
ここでは、父親、母親、自己像に付加された行為の種類に限って検討してみる。

(1). 父親像の行為

描かれた父親が何をしているところを記入してもらったが、その上位10項目をまとめたものが表10である。日本の父親は、「テレビを見ている」「食事をしている」「寝ている」、中国の父親は、「テレビを見ている」「料理をしている」「食事をしている」、韓国の父親は、「食事をしている」「テレビを見ている」「運転している」の順となっている。日比（1986）によれば、「テレビを見ている」父親を描いたものがもっと多かった結果と一致している。つま

表10　父親の行動（前10位）

日本の父親行為		人数	パーセント
有効	テレビを見ている	29	22.66
	食事をしている	22	17.19
	寝ている	8	6.25
	PCを触っている	7	5.47
	新聞を読んでいる	6	4.69
	仕事をしている	6	4.69
	スポーツをしている	6	4.69
	話をしている	5	3.91
	料理をしている	5	3.91
	散歩をしている	4	3.13
中国の父親行為		人数	パーセント
有効	テレビを見ている	17	25.76
	料理をしている	11	16.67
	食事をしている	9	13.64
	新聞を読んでいる	5	7.58
	仕事をしている	5	7.58
	話をしている	2	3.03
	家事をしている	2	3.03
	酒を飲んでいる	2	3.03
	手伝いをしている	2	3.03
	掃除をしている	2	3.03
韓国の父親行為		人数	パーセント
有効	食事をしている	56	20.97
	テレビを見ている	47	17.60
	運転している	13	4.87
	スポーツをしている	11	4.12
	料理をしている	9	3.37
	仕事をしている	8	3.00
	写真を撮っている	8	3.00
	ゲームをしている	6	2.25
	新聞を読んでいる	5	1.87
	遊んでいる	5	1.87

り、家庭で安息を求める私的な姿を子どもに認知されているのである。「寝ている」もそうであろう。また、「食事をしている」は、大抵父親一人の行為ではなく家族みんなが参加する行為として描かれており、家族の交流がうかがえる。

(2). 母親像の行為

描かれた母親が何をしているところを記入してもらったが、その上位10項目をまとめたものが表11である。日本の母親は、「料理している」「テレビを見ている」「食事をしている」、中国の母親は、「料理をしている」「家事をしている」「テレビを見ている」、韓国の母親は、「食事をしている」「料理している」「テレビを見ている」の順となっている。つまり、家族のために家のことをしている姿、家族と交流する姿が認知されている。画一的なイメージかもしれないが、肯定的に捉えられている。日本の母親に見られた「読書している」「写真撮影している」、中国母親に見られ

表11 母親の行動（前10位）

日本の母親行為

		人数	パーセント
有効	料理をしている	28	21.88
	テレビを見ている	20	15.63
	食事をしている	19	14.84
	家事をしている	10	7.81
	話をしている	6	4.69
	台所仕事をしている	6	4.69
	スポーツをしている	5	3.91
	寝ている	4	3.13
	読書している	3	2.34
	写真を撮っている	3	2.34

中国の母親行為

		人数	パーセント
有効	料理をしている	23	34.85
	家事をしている	10	15.15
	テレビを見ている	7	10.61
	食事をしている	7	10.61
	掃除をしている	4	6.06
	話をしている	3	4.55
	編み物をしている	3	4.55
	写真を撮っている	2	3.03
	新聞を読んでいる	1	1.52
	仕事をしている	1	1.52
	台所仕事をしている	1	1.52
	スポーツをしている	1	1.52
	洗濯物をしている	1	1.52
	みんなを見ている	1	1.52
	泳いでいる	1	1.52

韓国の母親行為

		人数	パーセント
有効	食事をしている	57	21.35
	料理をしている	39	14.61
	テレビを見ている	24	8.99
	台所仕事をしている	16	5.99
	家事をしている	10	3.75
	乗り物を乗っている	9	3.37
	仕事をしている	8	3.00
	写真を撮っている	8	3.00
	話をしている	7	2.62
	掃除をしている	6	2.25

動的家族画からみる日中韓大学生の家族関係

た「編み物をしている」「写真を撮っている」、韓国の母親に見られた「写真を撮っている」などの行為は家族のために、あるいは家族とともに何かをする以外に、個人としての母親像を認知しているのは新たな傾向と考えられる。

(3)．自己像の行為

描かれた自分が何をしているところを記入してもらったが、その上位10項目をまとめたものが表12である。日本の大学生は、「食事をしている」「テレビを見ている」「寝ている」、中国の大学生は、「食事をしている」「テレビを見ている」「読書をしている」、韓国の大学生は、「食事をしている」「テレビを見ている」「パソコンを触っている」の順となっている。つまり、第1位と第2位は三国においてまったく同じ行為であるに対して、第3位は、日本、中国と韓国は、それぞれ「寝ている」、「読書している」と「パソコンを触っている」となっている。日本の「寝ている」は、中国、韓国の「読書している」「パソコンを触っている」に比べ、非活動的な印象を持つ。

表12　自己像の行動（前10位）

日本の自分行為		人数	パーセント
有効	食事をしている	25	19.53
	テレビを見ている	22	17.19
	寝ている	9	7.03
	読書している	7	5.47
	手伝いをしている	6	4.69
	ＰＣを触っている	6	4.69
	話をしている	5	3.91
	スポーツをしている	5	3.91
	仕事をしている	3	2.34
	買い物をしている	3	2.34

中国の自分行為		人数	パーセント
有効	食事をしている	10	15.15
	テレビを見ている	9	13.64
	読書している	7	10.61
	ＰＣを触っている	7	10.61
	料理をしている	7	10.61
	手伝いをしている	5	7.58
	家事をしている	4	6.06
	話をしている	3	4.55
	勉強をしている	3	4.55
	掃除をしている	2	3.03

韓国の自分行為		人数	パーセント
有効	食事をしている	64	23.97
	テレビを見ている	30	11.24
	ＰＣを触っている	23	8.61
	勉強している	13	4.87
	遊んでいる	11	4.12
	話をしている	9	3.37
	読書している	9	3.37
	写真を撮っている	9	3.37
	スポーツをしている	8	3.00
	ゲームをしている	7	*2.62*

（8）描画の様式

Burns（1982）はK－F－D画の特徴を浮き彫りにするために、家族画を全体的に、そのトーンや質を捉えることと述べている。本研究は、描画様式の豊かさについて5件法で評価をした。国籍を独立変数にして、描画様式を従属変数にした一要因分散分析を行った。その結果としては、韓国は日本と中国よりも全体の描画が豊かであることが分かった。つまり、韓国人大学生の絵に描かれた人物の描写、鉛筆のタッチなどを含めた表現は日本、中国より豊富であり、多彩である。この結果は日中韓における感情表現の文化差異と大いに関係していると考えられる。

表13　多重比較による描画様式の豊かさ

(I)国籍	(J)国籍	平均値の差(I-J)	標準誤差	有意確率	95%信頼区間 下限	95%信頼区間 上限
韓国	中国	0.551232692	0.136559	0.000195437	0.229848	0.872617
	日本	0.42913257	0.134892	0.004532098	0.111671	0.746594
中国	韓国	-0.551232692	0.136559	0.000195437	-0.87262	-0.22985
	日本	-0.122100122	0.170174	0.753296424	-0.5226	0.278397
日本	韓国	-0.42913257	0.134892	0.004532098	-0.74659	-0.11167
	中国	0.122100122	0.170174	0.753296424	-0.2784	0.522597

＊平均の差は.05で有意

（9）象徴（描写された事物）

日比（1986）は象徴について、具体的に示されないが、描画に描かれた事物や事象に、不安、攻撃などの感情が集約的表現されるとしている。また、日比は象徴的事物や事象を50音順に67項目挙げているが、その内容はテレビ、冷蔵庫、掃除機などの家の中にある事物が多い。紙面の都合で表14に示されたものに限定する。

ここではK－F－Dに表現された自分像以外の、すべての事物を出現頻度の高い項目から列挙して、その主なものについて解釈上の意義を検討する。

表14　描画中の事物

	韓国	中国	日本
1	食卓	食卓	食卓
2	テレビ	テレビ	パソコン
3	パソコン	テーブル	テレビ
4	台所	ソファ	テーブル
5	料理器具	料理器具	ペット
6	ソファ	パソコン	台所

　日比（1986）の研究では、「こたつ」「テレビ」「食器・食物・台所」は上位を占めているが、今回の研究において食卓は日中間三国において第1位に頻繁に描かれている。これは多くの場合、家族そろって食事をしている行為、あるいは餃子作りのような家族そろって料理している行為とともに描かれているため、いうまでもなく摂食欲求の充足という、家庭の第1義的な機能と関連するものであろう。食欲とは、すなわち1次的生理欲求であり、第2位のテレビとパソコンは2次的社会的欲求にかかわるものである。この両者を意味する描写物の出現率の違いは、被験者は1次的生理欲求がまず保障されてから、2次的社会的欲求に注目がいくことを物語っている。

Ⅳ　事例

　本研究は日中韓合計363名の調査協力者から事例を選択に当たって、まず両親が両方描かれている、そして描画様式が比較的に豊かなものを選んだ。以下のようにそれぞれ説明、および分析を行った。心理臨床においては、投影法のプロトコール（記録）だけを見て解釈を行うことを目かくし分析と言う。通常臨床的にはこのやり方を避けるべきだと言われているが、ここでは描画順位、身長、自分像の行為、象徴などに注目して述べることにする。

（1）事例1：日本の大学生Aさん

事例の概要：

年齢：22歳

学年：4年生

性別：男性

現在同居中の家族構成：父、母、本人、妹2人、猫2匹の計6人家族。

描画の順番、続柄、年齢および行為の種類について、以下のように記入している：

①自分（22歳、大4）：ピアノを弾いている。よく「テレビが聞こえない」と注意される。

②父（49歳）：テレビを見ながら晩酌。妹と雑談している。

③妹（19歳）：テレビを見ながら父を雑談している。現在アルバイトをしている。

④母（52歳）：皿洗いをしている。仕事をしながら、家事全般をこなす。

⑤すずめ（？歳）：5年目の猫。老いのせいか元気がない。

⑥しずく（？歳）：母が拾ってきて新人猫。やんちゃで落ち着きがなく、

いつもすずめにちょっかいを出して遊んでいる。
説明および分析：事例1の描画順位は、自己像→父親像→母親像となっている。つまり、Aさんは大黒柱の父親像から描いたのではなく、自己像から描き始めており、また人物の大きさにおいても、自己像が一番大きく、しかも全身が描かれている。家族に「テレビを聞こえない」と注意されながらも、家族に背を向けてピアノを弾いている行為をとるところを含めて考えると、Aさんはもしかしたら家族の中で自己主張することを試みており、比較的に自分自身を肯定的に捉えているのではないかと窺える。

（2）事例2：中国の大学生Bさん

事例の概要：
年齢：20歳
学年：2年生
性別：女性
現在同居中の家族構成：
父、母、本人の計3人家族。

描画の順番、続柄、年齢および行為の種類について、以下のように記入している：
①父（45歳）：ご飯を作っている。
②母（42歳）：テレビを見ながら、父のためにセーターを編んでいる。
③私（20歳、大2）：お母さんと一緒にテレビを見ている。

説明および分析：事例2の描画順位は、父親像→母親像→自己像となっている。つまり、Bさんは大黒柱の父親像から描き、しかも人物の大きさに

おいても、父親像が一番大きく全身が描かれている。人物間の最短距離については、父親と母親の距離が一番近く、行為の内容をみたら、母親は「テレビを見ながら、父のためにセーターを編んでいる」、父親は家族のために「ご飯を作っている」と描かれている。壁に飾っている写真もBさんは真ん中にいて、家族3人が笑っている写真である。家族関係が非常に緊密であり、良好であると感じられる。

　（3）事例3：韓国大学生Cさん
事例の概要：
年齢：20歳
学年：3年生
性別：女性
現在同居中の家族構成：父、母、本人、弟の計4人家族。

描画の順番、続柄、年齢および行為の種類について、以下のように記入している：
①母（47歳）：テレビを見ている。
②父（48歳）：テレビを見ながら、家事で疲れた母の腕をもんでいる。
③弟（18歳）：サッカーの試合をしている。
④私（20歳、大3）：弟のサッカー試合の応援をしている。
説明および分析：事例3の描画順位は、母親像→父親像→自己像となっている。つまり、Bさんは大黒柱の父親像から描いたのではなく、母親像から描き始めている。また人物の大きさにおいては、弟は一番大きく全身が描かれている。人物間の最短距離については、父親と母親の距離が一番近く、行為の内容をみたら、父親は「テレビを見ながら、家事で疲れた母の腕をもんでいる」。両親の関係は非常に親密であることがいえよう。自分は「弟のサッカー試合の応援をしている」、親子関係より兄弟関係が重視されていると窺える。

結論と今後の課題

本研究では、動的家族描画法を用いて日本、中国と韓国の大学生が持つ心理的特性について比較調査を行い、そして孝文化との関連についても検討を試みた。主に以下の結論を得られた。

1．日中韓三国において、父親像＞母親像＞自分像の順に描かれていることが明らかになり、父親が一家の長であり、大黒柱であるという認識が再確認できた。

2．日中韓三国において、父親が最上部に位置づけられていることが明らかになり、家庭内の権力者は父だと映っており、父親の優位性は保たれていると言える。

3．描かれた父親の人物像と母親の人物像の平均はかなり近いが、自分自身の人物像は少し小さく、中国の父親像と母親像とも日本のそれより大きく描かれている。この結果から、中国人大学生は日本人大学と比べる

と、父親母親に対する関心が強く、心理的影響が大きいと言える。

4．日中韓三国において、「父親と母親との距離＜自分と母親との距離＜自分と父親との距離」という結果が分かり、父と母の距離が一番短いことが明らかになった。日中韓三国の大学生にとって父親の否定感が薄いと考えられるが、父親の関与度が低くても父親と母親の距離が近いことから、両親の団結力により家族がうまく機能していると言えよう。

5．韓国人大学生は中国人大学より家族画に重なりがみられた。韓国人大学生は家族間において親近感がみられていると同時に、家族関係において葛藤も多く存在することが推測される。

6．父親像、母親像、自己像において、正面＞横顔＞背面の傾向が見られた。これは父親、母親、そして自分に対して肯定が多く、否定的な感情や受け止めなどが少ないことを意味すると考えられる。

7．父親像行為として、日中韓とも「テレビを見ている」と「食事をしている」は上の2位を占めており、家庭で安息を求める私的な姿が認知されている。母親像行為として、順位が若干違っているが、「料理している」「テレビを見ている」「食事をしている」は上の3位であった。自己像行為としては、第1位と第2位はそれぞれ「食事をしている」と「テレビを見ている」であり、日中韓の第3位はそれぞれ「寝ている」、「読書している」と「パソコンを触っている」となっている。日本の「寝ている」は、中国、韓国の「読書している」「パソコンを触っている」に比べ、非活動的な印象を持つ。

8．韓国は日本と中国よりも全体の描画が豊かであることが分かり日中韓における感情表現の文化差異と大いに関係していると考えられる。

9．描写された事物としては、食卓は日中韓三国において第1位に頻繁に描かれている。これは多くの場合、家族そろって食事をしている行為、あるいは餃子作りのような家族そろって料理している行為とともに描かれているため、いうまでもなく摂食欲求の充足という、家庭の第1義的な機能と関連するものであろう。

鄭（2005）は中国本土、香港、台湾、日本、韓国の国・地域で個別面接

聴取法によって東アジア価値観について国際比較調査を行ない、東アジアにおける伝統的価値観の全体像について次のようにまとめている。中国人は、男女・年齢層を問わずに、儒教思想を中心とした伝統的な家庭観・婚姻観と価値観から離れつつ、個人主義を中心とした自分本位の価値観へ転向してきた傾向が窺える。日本では、明治維新以後大きな社会変革は経験せず、伝統的家庭・婚姻観、価値観を部分的に留保しならが欧米の自由主義思想も吸収した結果、日本人は子どもがほしいが結婚しない人が増え、また家庭を重視するが家庭にそれほど満足していないという両面性のある意識が強いと見える。そして韓国では、社会は大きく変わってきたにもかかわらず男性優位の社会として、伝統的家庭観、婚姻観、価値観を守ってきていると言える。安定した家庭や婚姻を大切にすること、男性志向などの伝統的価値観を何より優先的に重視するのが特徴である。

今回の調査では、動的家族画を用いて日本・韓国・中国の家族関係と家族機能について比較検討を行った。今後の調査では描画法の他、質問紙法、あるいはインタビュー調査を同時に用いることによってさらに調査内容を豊かにし、考察を深めていきたい。また、今回の研究の調査対象となった韓国人大学生は233名、日本人大学生65名、中国人大学生62名であったため、有効データのバランスが大変悪いと言わざるを得ない。このことは本研究の限界であり、今後の研究への課題でもあると言えるだろう。同じ儒教文化をもつと言われる日本、中国と韓国において、社会の激動に従って伝統的家庭観、婚姻観、価値観に対する意識も変化してきている。それらの相違性について慎重に解明していくことは、今後の東アジアの将来の発展を見通す研究において一層注目すべきであろう。

引用・参考文献

浅川潔司・月岡万里子・山田美和　2002「母親の養育態度が青年の自己愛的人格傾向に及ぼす影響」『学校教育学研究』14、79-85頁

江幡綾子・吉田昭久　2000「子どもの絵に見られる家族内コミュニケーションの実態と心理的課題―動的家族画テスト（KFD）を通して」『茨城大学教育学部紀要（人文・社会科学, 芸術）』49、95-115頁

加藤孝正・伊倉日出一・久保義和　1975「動的家族描法のスタイルに関する研究」『日本芸術療法学会』7、63-71頁

加藤孝正　1986「特集・描画テストの読み方―動的家族描画法（K-F-D）」『臨床描画研究Ⅰ』、87-103頁

北本桜香・宮本邦雄　2004「児童の抑うつと家族雰囲気について―動的家族描画法を指標として―」『東海女子大学紀要』24、147-153頁

吉沅洪 1999「中国人の家族と血縁―儒教精神を中心とする人間関係についての歴史的概観―」『臨床心理研究京都文教大学心理臨床センター紀要』創刊号、117-121頁。

金泰憲・李允碩　2007「儒教の国・韓国の異変：家族観の変化と少子化」『国際文化研究』11、119-128頁

Goodenough, F. L. (1926), *Measurement of intelligence by drawing* Harcoyrt, Brace and World.

小村チエ子　1995『子どもの絵からのメッセージ』朱鷺書房

崔吉城・住松真由美訳　1992『韓国の祖先崇拝』御茶ノ水書房

高橋正泰・大野博之　2003「動的家族画テストに見られる母親の描画特徴と心理特性―母子関係アセスメントとしての有効性の検討―」『九州大学心理学研究』4、279-285頁

詫摩武俊・依田明編著　1977『家族心理学』　川島書店

田中新正・白正喜　2003「韓国人留学生と日本人大学生の両親への心理的距離の比較研究：「家族イメージ法」による」『大分大学教育福祉科学部紀要』25（2）、215-223頁

寺嶋繁典　1996「家族画テストにおける一般児童の特徴」『関西大学社会学部紀要』28（1）、81-109頁

鄭躍軍　2005「東アジア諸国の伝統的価値観の変遷に関する計量分析」『行動計量学』32（2）、161-172頁

Furth, G. (1988), *The secret world of drawings: Healing through art* Sigo Press.

Buck, J. N. (1948), The H-T-P Technique. A qualitative and quantitative scoring manual *Journal of Clinical Psychology, Monograph Supplement No. 5*, Brandon, Vermont.

Burns, R. C. & Kaufman, S. H. (1970), *Kinetic family drawings (K-F-D): An introduction to understanding children through kinetic drawing* Brunner-Mazel.

Burns, R. C. & Kaufman, S. H. (1972), *Actions, styles and symbols in kinetic family Drawings (K-F-D): An interpretative manual. Brunner-Mazel* New York.（加藤孝正・伊倉日出一・久保義和訳（1975）子どもの家族画診断　黎明書房）

Burns, R. C. (1982), *Self-growth in Families. Kinetic family drawings (KFD) research and application. Brunner-Mazel* New York.

日比裕康　1986『動的家族描画法（K-F-D）—家族画による人格理解—』ナカニシヤ出版

Hoobler, T. & Hoobler, D. (1994), *Confucianism (World Religions)*（鈴木博訳1994『儒教』青土社）

星野俊治　1991「動的家族描画法の有効性に関する一考察」『北海道教育大学情緒障害教育研究紀要』10、133-140頁

細江容子・竹田久美子・袖井孝子・鄭淑子・徐炳淑　1991「日・台・韓大学生の老人に対する態度と老後責任に関する研究（第1報）」『日本家政学会誌』42（4）、297-303頁

Hulse, W. C. (1952), Childhood conflict expressed through family drawing. *J. Proj. Tech.*, 16: pp. 66-79

Prout, H. T. & Phillips, P. D. (1974), A Clinical Note: The Kinetic School Drawing *Psychology in the Schools* 11, pp. 303-306

Prout & Celmer (1984), School Drawings and Academic Achievement: A Validity Study of the Kinetic School Drawing Technique, *Psychology in the Schools* 21, pp. 176-180

Machover, K. (1949), *Personality projection in the drawing of the human figure* Charles C. Thomas

Murdock, G. P. (1949), *Social Structure*（内藤莞爾監訳　1978『社会構造—核家族の社会人類学』新泉社）

山尾沙耶香・田中吉資　2004「幼稚園5歳児及び小学校1年生の動的家族画：発達及び家族への思い」『香川大学教育実践総合研究』9、101-114頁

吉田光男・秀村研二筆　2000『朝鮮の歴史と社会』放送大学教育振興会

劉超・郭永玉　2009「孝文化が中国人の人格形成における深層機制（孝文化与中国人人格形成的深層机制）」『心理学探新』29、7-12頁

執筆者一覧（執筆順）

欒　竹民　（ラン　チクミン：はじめに、第1章）
　　　　　広島市立大学国際学部教授

常　志斌　（ジョウ　シヒン：第2章）
　　　　　上海大学外国語学院日本語学部専任講師

施　　暉　（シ　キ：第3章）
　　　　　蘇州大学外国語学院日本語学部准教授

李　成浩　（リ　セイコウ：第4章）
　　　　　北京第二外国語学院日本語学部専任講師

秀　　茹　（シュウ　ル：第5章）
　　　　　広島市立大学大学院国際学研究科博士後期課程

飯島　典子　（イイジマ　ノリコ：第6章）
　　　　　広島市立大学国際学部准教授

金　愛慶　（キム　エキョン：第7章）
　　　　　名古屋学院大学スポーツ健康学部准教授

張　　平　（チョウ　ヘイ：第8章）
　　　　　国際関係学院心理教育センター准教授

徐　明淑　（ソ　ミョンシュク：第9章）
　　　　　広島市立大学大学院国際学研究科博士後期課程修了

吉　沅洪　（キツ　ゲンコウ：第10章）
　　　　　広島市立大学国際学部准教授

国際学部叢書シリーズ

第1巻　広島市立大学国際学部現代アジア研究会編『現代アジアの変化と連続性』彩流社

第2巻　広島市立大学国際学部国際社会研究会編『多文化・共生・グローバル化―普遍化と多様化のはざま』ミネルヴァ書房.

第3巻　Rinnert, C. Farouk, O. and Inoue, Y. (Eds.) Hiroshima and Peace. Hiroshima: Keisuisha.

広島市立大学国際学部叢書4
日中韓の伝統的価値観の位相
――「孝」とその周辺――

平成24年3月31日　発　行

編　者　欒　竹民・飯島典子・吉　沅洪
発行所　株式会社　溪水社
　　　　広島市中区小町1－4（〒730-0041）
　　　　電話（082）246-7909／FAX（082）246-7876
　　　　e-mail: info@keisui.co.jp

ISBN978-4-86327-181-4 C3036

ⓒ2012 Printed in Japan